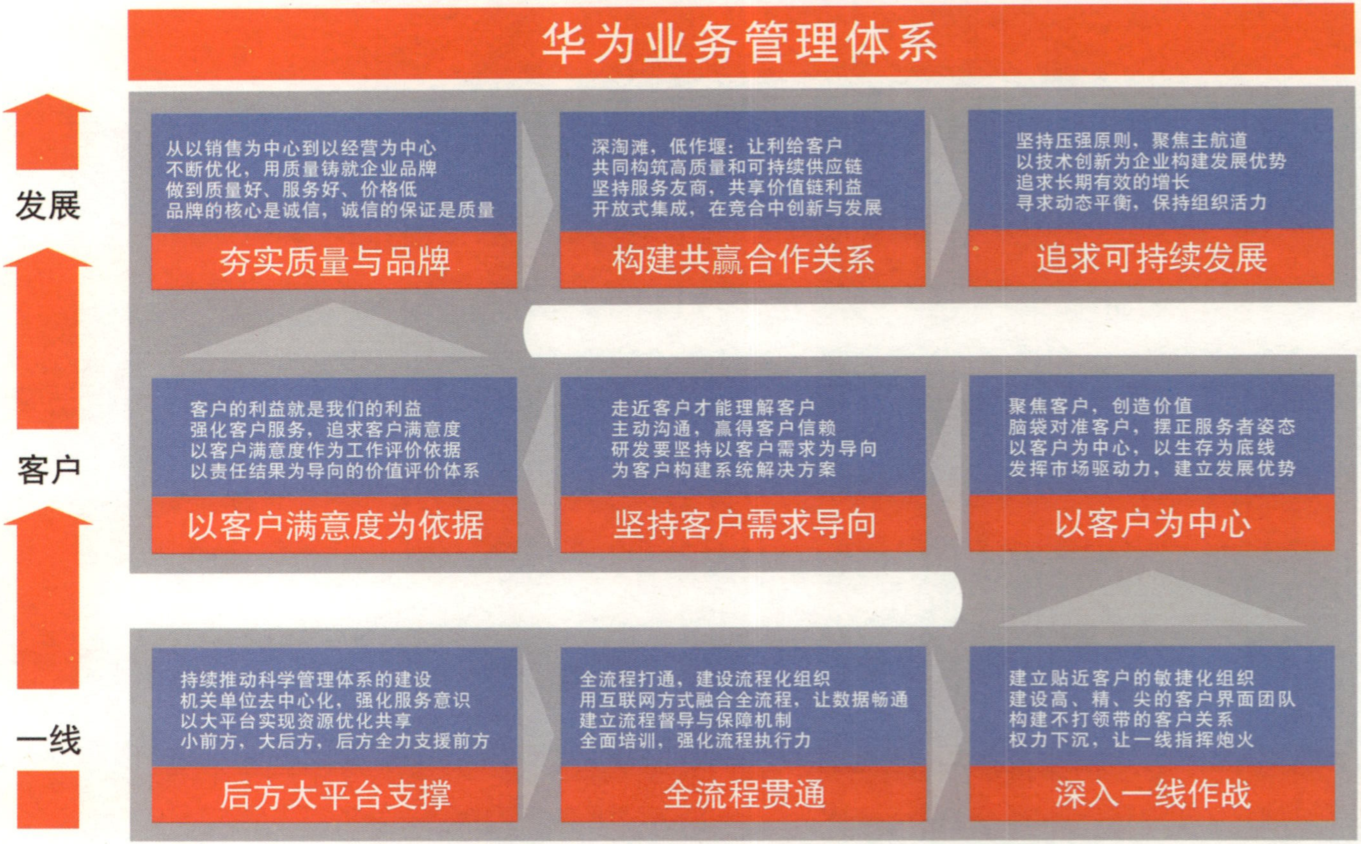
华为业务管理体系
发展
客户
一线
从以销售为中心到以经营为中心
不断优化，用质量铸就企业品牌
做到质量好、服务好、价格低
品牌的核心是诚信，诚信的保证是质量
夯实质量与品牌
深淘滩，低作堰：让利给客户
共同构筑高质量和可持续供应链
坚持服务友商，共享价值链利益
开放式集成，在竞合中创新与发展
构建共赢合作关系
坚持压强原则，聚焦主航道
以技术创新为企业构建发展优势
追求长期有效的增长
寻求动态平衡，保持组织活力
追求可持续发展
客户的利益就是我们的利益
强化客户服务，追求客户满意度
以客户满意度作为工作评价依据
以责任结果为导向的价值评价体系
以客户满意度为依据
走近客户才能理解客户
主动沟通，赢得客户信赖
研发要坚持以客户需求为导向
为客户构建系统解决方案
坚持客户需求导向
聚焦客户，创造价值
脑袋对准客户，摆正服务者姿态
以客户为中心，以生存为底线
发挥市场驱动力，建立发展优势
以客户为中心
持续推动科学管理体系的建设
机关单位去中心化，强化服务意识
以大平台实现资源优化共享
小前方，大后方，后方全力支援前方
后方大平台支撑
全流程打通，建设流程化组织
用互联网方式融合全流程，让数据畅通
建立流程督导与保障机制
全面培训，强化流程执行力
全流程贯通
建立贴近客户的敏捷化组织
建设高、精、尖的客户界面团队
构建不打领带的客户关系
权力下沉，让一线指挥炮火
深入一线作战

华为管理方法论丛书

华为

业务管理方法论

易生俊 孙科柳 蒋业财◎著

中国人民大学出版社

·北京·

我认为成功的标准只有一个，就是实现商业目的。其他都不是目的。这一点一定要搞清楚。我们一定要有一个导向，就是商业成功才是成功。

——任正非

经过近30年的发展，华为已经成为一种现象，成为众多中国企业学习的标杆。“华为现象”代表着中国30多年改革开放的经济成就和经营管理成就，对“华为现象”的研究某种意义上也是对中国企业经营管理的研究。正是因为这种意义，包括本书在内的华为系列研究课题，获得了多位管理研究专家、企业管理者以及华为工作人员等多方面的支持和帮助，他们为本书的内容研究贡献了自己的智慧，在此我们致以诚挚敬意和衷心感谢。

（按姓氏笔画排序）

王　霁　中国人民大学管理哲学研究中心主任
亓　萌　曾任职于IBM公司，现任职于湖北永喆控股集团
左　骏　用友网络股份有限公司高级副总裁
吕意凡　国美集团副总裁&CIO
刘智强　华中科技大学管理学院教授
祁　婷　前华为人，苏交科集团股份有限公司总裁助理、人力资源总监
孙　丽　职通线教育科技（北京）股份有限公司管理研究员
孙亚彬　华商永续精益生产咨询公司总经理
李代华　前华为人，北京艾时光餐饮管理有限公司董事长
张　余　北京华通正元管理咨询有限公司管理研究员
陈林空　前华为人，北京华通正元管理咨询有限公司标杆管理研究员
陈雨点　华为原资深HR、变革项目PMO，管理创新联盟创始人
罗建华　原顺丰速运人力资源部经营人才管理负责人
季勇军　华为原客户经理、华三通信行业代表，上海智臻智能网络公司北方大区总监
周文明　华为原2012实验室网络安全研究员，现从事金融投资行业
郑亚明　前华为人，深圳市英威腾电气股份有限公司副总裁
封扬帆　柠聚力科技CEO，财经作家
南　毅　深圳普华宇鹏公司高级经理，深度参与甲骨文、华为等公司项目服务
钟虹添　中国人才战略学院院长，美国和思顾问集团首席专家
侯振锋　职通线教育科技（北京）股份有限公司副总裁
袁海涛　前华为人，中国商业经济学会众筹促进会副会长
夏　凯　销售罗盘创始人，原用友大学营销学院创始院长
柴金山　华为原开发中心项目负责人，深圳创捷科技公司第一事业部总经理
郭楚凡　培训师，曾任华为市场部经理、人力资源部经理等职
符立明　前华为人，小菊咖啡创始人之一
彭剑锋　《华为公司基本法》起草小组组长，中国人民大学教授
蒋云飞　容纳咨询集团董事长
蒋业财　精益生产顾问，原阿迪达斯中国区制造工厂改善部部长
路　雷　顺丰速运华南大区销售管理负责人
解文涛　小菊咖啡股东合伙人，标杆管理研究课题与管理思想输出负责人
潦　寒　作家，学者，企业副总，《销售与管理》主笔

我们着力推进标杆管理研究

你正在翻阅的这本书，是标杆管理研究的成果之一。标杆管理研究是我们与多家机构联合推进的一个研究项目，其目的是深入总结、提炼中国30多年来的优秀经营管理思想，为中国广大企业迎战未来、再出发提供经验借鉴。目前，已经有数十家企业以及部分行业协会与我们合作，并获得了中国人民大学出版社的鼎力支持，这让人深感欣慰。

所谓标杆管理研究，是指对企业中的优秀管理经验和思想的研究，其衡量标准是管理的实效性、先进性。由于一段时间里我们研究华为公司的管理，一些人问我们：标杆管理研究是不是就是指标杆企业研究，是不是只研究知名企业或者大企业？这是一个误解，对此要加以澄清。

1. 着眼于管理，而非企业

应当说，华为是一个特例。华为既是非常知名的、规模非常大的企业，也是经营管理思想领先的、具备深厚管理文化和管理创新探索理念的企业。从企业的角度看，放眼望去，中国似乎只有一个华为如此出类拔萃，甚至可以说如此有违常态，但却是如此的让人振奋。

很高兴的是，借着华为，我们看到中国的企业也可以像西方企业那样拥有国际竞争力。所以，一种观念认为华为对中国企业界的贡献不仅仅在于它创造的产业价值，意义更重大的是它对中国企业界经营管理思想和意识的教育和普及，它唤起中国企业的精神觉醒和道路自信。借由华为这种带着鲜明中国文化特色的企业，我们认识到，中国企业也可以做得很好，用我们中国的民族智慧、文化力量赋予企业现代生命力。所以，将华为公司的管理作为重点研究也是情理之中。

但是，客观地说，我们所要做的标杆管理研究并不是必然地指向大企业，事实上我们应该着重研究的是“管理”而非企业，我们并非是要给企业著书立说，我们的本意是“发现管理智慧”。所以，无论企业大小，也无论企业是不是行业第一，我们重点关注的是：它的管理思想、方法和经验是否存在一般意义上的先进性。说到底，我们研究的是“标杆管理”而非“标杆企业”。当然，管理存在于企业的实践当中，不能脱离了企业谈管理。做此提醒，只是希望读者朋友能够用管理的视角看待问题，而非迷失在企业的光环中，或者漠视那些小企业、不知名企业，对它们的优秀管理经验和方法视而不见。

2. 大管理研究

我们所说的管理也需要澄清。管理是什么？学术上的定义不在此讨论，标杆管理研究中所谓管理是大管理概念，是组织运作的全范畴。一些人将战略、运营、市场与管理分开理解，常将管理狭义地理解为内部运营管理。这不是我们的本意，我们讲的标杆管理研究是将企业作为一个系统，用系统视角看待企业各方面，我们称之为“大管理”。当下，在一些企业中几乎不存在系统思考，每遇到一个问题，都只是被动地响应——这里面，既有组织体系带来的问题，也有经营管理者思维局限的问题。企业经营管理者应该具备这样的意识：不仅要解决某个问题，更要了解与之相关联的各种要素，找到问题背后的根因，最终系统性地解决。

理论上，把企业的各个部分拆开来看待是可以的，毕竟每一个部分都有它的特性，人的管理、作业的管理、客户的管理等，都可以单独来看。但是，在实践中，你永远无法将某个部分单独拿出来完全独立地建设，否则就会造成精益管理思想中的“精益孤岛”，产生一种得不偿失的结构失衡。就如德鲁克所言，管理始终是一个系统。它有基础要求的部分，有各管理要素的协同效应。多年管理研究的体会告诉我们：必须把企业视为一个有机体，发现其系统运行的基本规律，然后找准切入点，但并不是止于切入点，而是发现关键驱动因素，利用它改变整体。

3. 从实践出发，供众多企业借鉴

我们的标杆管理研究始终坚持一个角度：借鉴分析、实践导向。中国企业的管理研究工作，并不是不多，事实上各类大学以及科研机构，对中国企业的研究是很多的，但是问题在于，他们的研究更多的是偏向学术性的、理论性的。

我们的研究旨在为众多寻求转型升级的中国企业服务，这既是我们的愿望，也是我们的目标。我们认为，这些致力于持续进步、主动改良和创新的企业是中国经济发展的活力源泉，是持续迸发经济创造力的主要群体，但是这个群体也最需要管理建设上的支持。或者直接点说，我国的众多企业过去是粗放发展的，既缺少管理投入意识，也缺少管理投入能力。真正有意义的管理研究应当为它们打开思维意识，提供智慧支持。

既然是服务于中国企业转型升级，我们就不惧于发表这样一个论点：我们研究标杆管理的根本目的，乃是与中国企业的管理现状相结合，是有目的地选择一般性的、对中国大多数企业具有实用参考价值的管理思想、理念和方法。所以，我们从实践效用的角度进行分析，形成一般的方法论，便于读者朋友们理解自己的问题。我们认为，这才是有意义的管理研究。

发现中国管理道路

我们同样不惮于提出这样的观点：中国企业界到了需要重视管理的时候。可以这样认为，中国企业过去是基础发展的30年，以粗放为特征，未来将是创新发展的30年，以高品质为特征。这必将是一个痛苦的转型期。我们已经感受到了这种转型之痛，这种转型之痛不仅仅是由于企业自身在科技创新能力、资本、市场空间等基础条件上的不足，更是因为很多企业不知道自己该怎么办，不知道自己可以坚持什么，需要放弃什么，不知道自己所坚持的是否正确。

我们必须意识到，近年来科技创新在我国多领域蓬勃发展，资本渠道也越来越多样化，市场方面消费型经济更是异军突起，这些都为企业的第二次崛起奠定了良好的基础。因此，我们真正的问题不是硬条件建设，中国企业真正缺少的是道路自信、理论自信和方法论自信，缺少的是对“我们该怎样才能拥抱住急剧变化的未来”这一问题的解答。我们缺少一种理论武器和思想武器，就如同马克思主义救中国，中国的中小企业拿什么救自己？

在过去很长一段时间里，中国企业只能向西方企业学习。中国企业面临的社会环境、经济环境、国际产业环境与西方企业所面临的境况大不一样，这就决定了中国企业不可能按部就班地把西方企业的成功经验搬过来直接加以利用。而且，对于大多数中国企业而言，学习西方标杆企业要付出的经济代价和时间成本都是难以承受的。

而且，我们也不缺标杆，不缺管理实践探索的先锋。我们有一大批走在世界前列，或者走在产业前列，具备突出特色的管理思想、实践经验。唯一的问题是，不少人还没有意识到这些企业在哪里，它们怎么做的，它们的做法对于我们产业经济发展有何益处？

我们每个人都需要发现的眼睛！我们的标杆管理研究，就是打造这双眼睛。我们需要有意识地总结、分析我们自身的管理建树，需要在更广泛的视野中将全中国最优秀的管理智慧汇集起来并促成广泛的交流，这种汇集和交流也是凝练、激荡和提升。经此认真的努力，我们有理由相信中国经济产业界形成自己的管理智慧、管理道路是可期待的。也只有这样，我们中国产业界人士才可以自信地说，我们是优秀的，不仅仅有优秀的产品，还在于我们具有特色鲜明的经营管理哲学和思想，这将成为我们民族产业不断向前发展的理论自信、道路自信的源头。

研究性质与方法

在研究性质上，我们坚持站在第三方的维度，采用第三方观察、研究的方式，进行公正、客观、中立的分析，展开研究工作。

1. 第三方研究

要强调，标杆管理研究追寻的是普遍意义上的管理思想和方法论，既不能脱离企业，但也不是深陷企业之中。一个好的经营管理方法，对企业的改变是巨大的，我们看到华为的针尖战略、管道哲学、干部轮岗等，我们也看到日本的精益思想、阿米巴经营模式等。问题是这个“好”，不是企业自身说的。现今中国企业仍然存在一股浮躁之风，自我吹捧、浮夸现象比比皆是。在新时期，这种风气是会要了命的，企业经营管理不能自欺，更不能拿自欺的东西欺人。

所以，我们现在要强调第三方研究原则。要客观、中立，是非分明，要从个别企业的局限中跳出，深入地发掘具有普遍借鉴意义的思维方法。

当然，我们要无限贴近企业的真实。所以，我们每一项标杆管理研究，都需要深入企业，或者与企业内部人士共同研究。我们欣慰地看到，这样的共识越来越多，在我们推进标杆管理研究的这几年里，越来越多的人加入我们的团队，想来这也是大家都认识到需要务实推进管理建设，具有管理思想建设的紧迫感。

2. 研究团队

有必要说明的是，你手中的每一本标杆管理图书都是多人协作的成果。这是一个团队要做的事。当然，作者在其中承担了绝大部分工作，也是主导者。但是，在整个研究过程中，我们有高校管理专家、企业一线的高级管理人员、专职的管理研究人员，还有采访、编写人员。正是我们团队中的这些人协调合作，产生了这些成果。

当然，这只是开始。未来很长一段时间里，我们将持续不断地跟踪各行业各类企业的管理创见，也希望更多有研究意愿和能力的人加入这个队伍。

3. 研究方法

关于标杆管理研究，我们大体采用了以下几个方法。对这些研究方法的理解也可以帮助读者朋友们更好地理解本套丛书的内容，并学以致用。

（1）系统归纳方法。本丛书研究的内容最基本的特征，是将国内已经取得巨大成功的标杆企业的管理实践和一些中小企业的某些代表性的标杆管理方法进行理论框架的系统归纳。因而，您所看到的本套丛书不是零散地讲述一些中国企业的成功故事和创业故事，而是遵循一般性的、普遍性的经营管理规律和要求，将它们的历史实践进行了梳理。我们这样做的目的，是让读者朋友能够在阅读过程中理解源于实践的管理逻辑和管理系统，形成管理实践的基本框架思维。采用系统归纳方法当然便于理解，但也会存在问题，即我们所选取的研究对象、收录的关于标杆管理的事例是有取舍的，而不能要求全面，这一点敬请读者理解。确切地说，我们希望促进读者在阅读的过程中有明确的概念和理论的体系化思考，并有目的地学习。

（2）调查访谈方法。我们的课题研究获得了相关标杆企业内部管理者以及标杆企业前核心成员的大力支持，他们提供了个人的直观体验和见解，这是直接调查访谈的部分，已经全面融入本套丛书的内容中。出于个人隐私的原因，他们部分人的姓名未见于本书的任何位置，但他们提供的无碍于各企业商业机密的信息和见解，对这套丛书的完成至关重要。在此之外，我们收集整理了在过去十多年里标杆管理以及各标杆企业的各类资讯、文章，以及相关的著作，这也是资料调查的一部分。我们相当谨慎地判断了资料中的各项内容，尽最大努力保证客观、公正地讲述标杆管理的真实事例。

(3) 比较分析方法。从学习要求出发，我们当然不能只看一两个标杆企业的经营管理实践案例，也不可能只探讨一两种标杆管理思维。我们认为，在了解标杆管理实践的同时，还应当了解一般企业可能出现的问题、其他企业的优秀实践、管理理论观点这三点。换言之，标杆的实践、一般管理问题、其他企业的实践、管理理论这四者如果能够比照起来，更有利于我们开阔视野。因此，本套丛书依据每一个主题，采用了比较分析方法，其结果是将上述四个方面的内容在必要处进行对标处理。

我们认为，这样的处理方法对大多数管理者都是有益的。这使得本套丛书更像是一套高阶管理普及读本，从中您既可以看到标杆企业处理各类问题的策略和方法，还可以比较形形色色的经营管理理念、方法和策略的优劣。通过比较，可以增进您自身对管理的洞见。

邀请与致谢

作为一项计划，中国企业标杆管理研究的工作将常态化运作。我们计划对中国企业，特别是那些具有经营管理创新做法的企业始终保持关注，并在足够了解、认真评估后，随时把这些企业纳入研究课题。

我们希望，那些有管理创见的企业，能够有开放的心胸，在协调一致的基础上与我们建立研究关系。我们相信这样的理念：当你足够开放而不是封闭的时候，你拥有的可能更多，这是一个需要总结沉淀、需要碰撞激荡，方能不落后于人的时代。这也是一种存在哲学！

在这里，我们对参与研究的专家、管理咨询顾问、那些在所研究企业工作过的人员，以及执笔团队给予最诚挚的敬意。

我们衷心地希望，这套丛书能够给那些致力于提升企业经营效益、谋求持久发展的企业经营者和管理者带来切实的帮助，哪怕只有些许触动，带来点滴灵感，亦甚欣慰。同时，倘若您发现本套丛书中存在的不足之处，也请向我们提出宝贵的意见和建议，我们必当努力修改和完善。谢谢大家！

标杆管理研究组

2016 年 6 月

业务是企业管理的基线。任何组织层面的管理活动都必然要建立在业务运行的效率顺畅上，这是一个常识。从这一常识出发，市场变化了，客户需求变化了，业务开展模式变化了，组织管理方式必须有所调整，包括推倒部门墙、打通决策线、实现前后端不同环境下的协同等。正是这种随着业务进行管理调整和变革的能力，左右着企业经营的成效。

华为是一个能够持续突破成长天花板的企业。为何如此？华为 CFO 孟晚舟有一个答案："通过一系列的变革项目及流程责任落地，确保客户需求的快速响应，不断降低内部运作成本，提高业务运作效率，有效支撑公司全球化战略目标和可持续发展。"其实就是以业务为导向，全流程贯通。任正非也指出："要建立一系列以客户为中心、以生存为底线的管理体系，就是在摆脱企业对个人的依赖，使要做的事，从输入到输出，直接地端到端，简洁并控制有效地连通，尽可能地减少层级，使成本最低，效率最高。"这是华为以业务为驱动的核心管理思想，也是华为业务管理的精要所在。无论是组织管理，还是市场销售，都必须以业务为导向。

这不是凭空想象出来的一套运营管理方法，而是华为经过多年实践总结出来的经验。具体到组织末端的业务管理手段，如著名的"铁三角"就是源于华为苏丹代表处的实践和总结。他们在一次中标失败后，反思发现，在与客户接触时，大家各自为政，缺少横向交流，每个人只负责自己的领域，没有整体方案，导致客户对解决方案、交付能力不满意。这种“以销售为中心”而不是“以经营为中心”的业务管理模式，不正是大多数企业眼下所面临的问题吗？华为苏丹代表处痛定思痛，提出了铁三角模式，并进而在华为内部全面推广。这是典型的从业务角度驱动市场，并倒逼组织变革的经典案例。华为十分重视这种业务驱动的发展模式。从 1997 年起，华为开始引入世界级管理咨询公司，全面构筑客户需求驱动的组织流程和管理体系，从业务流程、组织、品质控制、人力资源、财务、客户满意度等方面进行了系统变革。通过降低组织运营重心，聚焦到为客户创造价值的业务实战层面。

华为的核心价值观是“以客户为中心，以奋斗者为本，持续地艰苦奋斗”，其落脚点必然会回到业务管理层面，即如何持续地为客户提供优质服务。任正非说：“为客户服务是华为存在的唯一理由，也是华为生存下去的唯一基础。”因而华为的一切业务活动和组织管理行为，诸如组织结构确立、产品研发、绩效评价、干部及员工管理等，都在围绕着客户价值最大化运转。对于华为而言，满足客户需求已经不仅仅局限于销售产品，或售后服务，而是为客户提供从产品设计、生产，到交付、安装，再到后期服务的整体解决方案。华为在尽其所能地帮助客户实现商业成功，这是市场竞争所决定的。在此牵引之下，任正非指出：“华为必须做到质量好、服务好、价格低，优先满足客户需求。”这些经营理念在华为的业务管理中被层层落实、层层做实。

为此，华为不断强化一线作战能力，以及将公司后方建成支撑平台和服务机构，如成立战略预备队、重装旅、资源池等。最明显的就是将原有的矩阵式组织结构变动为“大平台”模式，为的就是及时向一线作战组织提供“炮弹”。我们经常听到任正非说“向管理要效益”。如何落地？业务驱动是手段，以客户为中心是内核。

领导力大师沃伦·本尼斯指出：“每当一个社会系统在时代的持续变化中为了生存而竞争时，它就会培养出一些特定的组织行为。”可以说，华为的业务管理模式是贴近客户需求、适应市场变化的一种自我优化。

为了让读者朋友系统、深入地了解华为业务管理背后的逻辑以及管理思想、策略，华为标杆管理研究团队通过细致地整合、分析，从以客户为中心、客户需求导向、共赢合作关系、质量与品牌、一线作战、后方大平台、全流程贯通、客户满意度、可持续发展九个方面，全面地为广大读者再现了华为业务管理的方法体系。

本书立足于华为当下最新发展动态，同时横跨华为近三十年发展，仔细梳理了华为的业务发展历程及特点，对中国各类企业组织都有一定的借鉴意义。从某种意义上讲，华为是一个可供我们剖析、学习的组织变革样本。

谢谢各位参与者，也谢谢各位读者朋友！

作者

2016 年 7 月于北京

第 1 章
以客户为中心

9. 4　寻求动态平衡，保持组织活力

第1章　以客户为中心

从企业活下去的根本来看，企业要有利润，但利润只能从客户那里来。所以，我们不为客户服务，还能为谁服务？客户是我们生存的唯一理由！既然决定企业生死存亡的是客户，提供企业生存价值的是客户，企业就必须以客户为中心，为客户服务。

——任正非

导语：以客户为中心，发挥市场驱动力

华为现在已经走在了信息和通讯技术行业的前沿，下一步该怎么走，就得靠自己去探索。未来方向并不清晰，也充满不确定性，如何找到前行的路是需要华为认真思索的大问题。任正非给出的答案是“以客户为中心”，再没有其他选项。这在情理中，又在意料之外。这个口号无论是规模多大的企业组织，似乎都在倡导，但为什么华为也选择了它呢？这是因为它是华为在几十年发展中的切身体会。多年来，华为的起起落落都与客户有着密切的关联。

其兴也勃焉，其亡也忽焉。任正非在经历了种种得与失之后，痛定思痛，把“以客户为中心”作为华为唯一存在的理由。他用最朴素的哲学观阐述了他的观点：“在这个世界上谁对我们最好？是客户，只有他们给我们钱，让我们过冬天。所以我们要对客户好，这才是正确的。”华为多年来一直不上市，在很大程度上就是为了能够始终坚持“以客户为中心”，华为不希望像众多的上市企业一样，总是将股东的利益摆在第一位，最后却损害客户的利益。在任正非看来，不断聚焦客户价值，帮助客户获取成功，只要客户利益最大化了，公司的市场优势也就出来了，生存问题也就迎刃而解了。

本章将着重介绍华为以客户为中心的具体表现及落地思路。

带着问题阅读：

1. 任正非为什么一再提“以客户为中心”？
2. 组织文化建设中，该用怎样的视角看待领导、员工以及客户？
3. “以技术为中心”和“以客户为中心”之间的区别？
4. 华为是如何以商业成功为导向，推动业务开展的？
5. 如何以市场为驱动，持续构建企业的发展优势？

1.1 聚焦客户，创造价值

企业的成功必须以客户为中心，聚焦于主营业务，持续地创造价值。许多知名企业，诸如波音、奔驰、丰田等这些老牌公司，以及华为、谷歌、苹果等新崛起的公司，其成功都有一个共同的特性，那就是聚焦客户，与时俱进抓住客户的需求。

在谈论这个问题之前，我们有必要进一步了解企业的存在是为了什么。德鲁克对企业的独特见解是，要想知道什么是一个企业，必须从理解企业的目的开始。企业的目的必须存在于企业本身之外，它存在于社会之中，是社会的一部分，以创造客户和服务客户为根本。也就是说，是客户决定了企业是什么。因为只有客户，通过购买商品或服务，使得企业的产品转化为财富。它们决定了企业是什么，应该生产什么，需要提供什么，进而也决定了企业到底能够走多远。

这也是华为提出“以客户为中心”作为企业核心价值观的原因所在，同时也是华为业务管理的源头和驱动力。华为创始人任正非在内部讲话中一再强调“为客户服务是华为存在的唯一理由，也是华为生存下去的唯一基础”。为此他提醒华为人“客户是华为之魂，华为生存下来的理由就是为了客户”，要求组织管理、流程运营、业务开展要完全以客户为中心。

1.1.1 只有客户给华为钱，让华为过冬天

华为走在了通讯行业的前沿，阿尔卡特、爱立信、诺基亚、思科等电信巨头曾是华为的领路人。如今，华为成了行业第一，没有了领路人。华为的目标在哪里？华为靠什么活下去？面对来自 160 多个国家和地区的 17 万名员工，以及遍布全球 170 多个国家和地区的业务布局，对于华为来说，如何稳健生存和持续发展是一个大问题。松下幸之助说："领导一万个人的时候，就只能靠上帝。这个上帝就是客户。"

任正非清醒地认识到，企业要有利润才能生存，而利润只能从客户那里来。为此他说道："在这个世界上谁对我们最好？是客户，只有他们给我们钱，让我们过冬天。所以，我们要对客户好，这才是正确的。我们公司过去的成功是因为我们没有关注自己，而是长期关注客户利益的最大化，关注运营商利益的最大化，千方百计地做到这一点。"华为的这一点，来自于对 IBM 的学习。

【辅助阅读】IBM 以市场为导向的行动计划

IBM 是全球最大的信息技术和业务解决方案公司，同时它也是华为的导师。在对外宣讲中，任正非毫不避讳地说，是 IBM 教会了我们爬树，让我们摘到了果子。在一百多年的发展历程中，IBM 始终处于世界领先地位，公司的销售成绩在很大程度上得益于以市场为导向的销售方案。

在执掌 IBM 期间，郭士纳坚持围绕市场制定政策方案，以市场作为决策的根本动机。为了强化员工对市场的重视程度，郭士纳在公司原则中阐明了市场的重要性——"市场是我们的一切行动的原动力"。

作为 IBM 的铁血宰相，郭士纳将上述原则贯彻在实际行动之中。市场中

的主体是客户，他制订了“热烈拥抱”计划，即在三个月的时间内，每一位高层管理者至少拜访公司最大客户中的一个，确保公司高层了解市场动态；高层管理者领导之下的管理人员同样需要执行“热烈拥抱”计划。每一位参与人员须上交一份书面报告，将执行心得记录下来。通过执行此计划，IBM 逐渐形成以市场为导向的企业文化。

如今，虽然 IBM 已告别了郭士纳时代，但以市场为导向的企业文化却永久性地留存下来，IBM 也因此得以不断进步，持续着以往的辉煌。

华为一直以来的战略思路，就是聚焦客户，以客户为中心。曾有人问任正非华为的战略是什么，任正非说了三个字：活下去！任正非希望 17 万华为人能够背负责任，眼睛始终盯着客户，继续艰苦奋斗。以客户为中心不仅是让华为存在的唯一理由，也是许多其他企业获得成功的驱动力。

华为的竞争对手思科最核心的价值观就是客户至上。经历了在 IBM 和王安电脑公司失败的钱伯斯认为，“使公司陷入困境的两个主要原因，一个是远离客户，另一个是远离员工。”这相当于他得罪了两个客户。在他执掌思科公司之后，就极力强调客户服务意识，并在整个企业贯彻执行。为了将以客户为中心的观念扎根在思科的文化之中，钱伯斯不仅身体力行，亲自接待客户，而且要求所有员工把客户满意度摆在工作的首位。

尽管年事已高，任正非仍经常亲自开车去接客户，真诚地将客户当作华为的衣食父母看待。然而，摩根士丹利首席经济学家斯蒂芬·罗奇率领豪华投资团访问华为时，任正非并没有亲自出面迎接，只派了负责研发的常务副总裁费敏接待。没有见到任正非的斯蒂芬·罗奇非常失望地说：“他拒绝的可是一个 3 万亿美元的团队！”任正非听说后，道：“他又不是客户，我为什么要见他？如果是客户的话，最小的我都会见。他带投资团队来跟我有什么关系？我是卖设备的，只找买设备的人！”这印证了他的一句话：“全世界只有客户对我们最好，他们给我们钱，为什么我们不对给我们钱的人好一点呢?"

不论是华为还是思科，都一心看着客户，十分尊重客户，因为客户是他们赖以生存的根本。同时，无数的华为人也在各自岗位上践行着任正非以客户为中心的教诲。

2004 年时，华为的控制器 BSC32 平台仍使用多年前的老产品，规格、功能演进、特性等，甚至连在纸面上的指标都无法达到客户要求，被客户拒绝也就理所当然。老的平台严重束缚了 BSC 的前进和 GSM 性能的提升，BSC 切换新平台迫在眉睫。当年九月 IPMT 决策会议上，决定启动下一代 BSC 产品开发，并正式命名“BSC6000”。BSC6000 结合未来 GSM 发展趋势，吸取了老产品在全球应用中的经验，全面分析了客户需求以及业界现状，最终确定了将在容量、集成度、可靠性、性能上全面赶超，力争做出业界一流控制器。正因为以客户为中心，综合集成了客户网络长期演进的需求，产品在上网之后表现异常稳定，运行没有发生任何故障。华为的产品重新获得了客户的信任，并得到客户的高度赞赏。

市场不相信眼泪，满足客户需求才是生存之本。在产品被客户拒绝后，华为痛定思痛，顶住压力，将眼睛盯向客户，改进了产品，重获新生。任正非在《天道酬勤》一文中提醒华为人：“没有客户的支持、信任和压力，就没有华为的今天。”

当我们在开展业务活动时，不妨听听管理大师德鲁克的建议，他提出了三个非常经典的问题：“我们的业务是什么？我们的客户是谁？客户心目中的价值是什么?”最后，德鲁克给出了这样的答案：“从规定企业的宗旨和企业的使命来讲，这样的中心论题只有一个，即客户。”

1.1.2 一切围绕客户价值最大化运作

任正非在 2002 年技术支援部一季度例会上就“一切围绕客户价值最大化运作”做了精彩的演讲，他说道：“公司唯有一条道路能生存下来，就是客户的价值最大化。有的公司是为股东服务，股东利益最大化，这其实是错的，看看美国，很多公司的崩溃说明这一口号未必就是对的；还有人提出员工利益最大化，但现在日本公司已经有好多年没有涨工资了。因此我们要为客户利益最大化奋斗，质量好、服务好、价格最低，那么客户利益就最大化了，客户利益大了，他有再多的钱就会再买公司的设备，我们也就活下来了。我们的组织结构、流程制度、服务方式、工作技巧主要围绕这个目的，好好地进行转变来适应这个时代的发展。"

华为长期坚持客户利益最大化的经营策略，并用这样的价值观指导公司的业务管理体系的建设工作。

【辅助阅读】华为围绕核心价值观构建业务管理体系

"以客户为中心"是贯穿华为业务管理的主线，客户满意度是华为衡量一切工作的准绳。

在此基础上，华为不断在管理上变革。从1998年起，华为开始引入世界级管理咨询公司的管理经验，全面构筑客户需求驱动的组织流程和管理体系。这些公司包括IBM、Hay - Group、Mercer、PwC、德勤、FhG、盖洛普、NFO-TNS、Oracle等。华为从业务流程、组织、品质控制、人力资源、财务、客户满意度六个方面进行了全面系统变革，把公司业务管理体系聚焦到创造客户价值上。经过不断改进，华为的管理已与国际接轨，不仅能够承受公司高速发展业务增长，而且也赢得了海内外客户与全球合作伙伴普遍认可。

IBM就是践行这种核心价值观，并用以指导自己的业务发展的受益者。20世纪80年代初，IBM利润丰厚，但官僚主义、人员冗余的问题严重，影响了决策的效率。产品线又多又长，显得十分分散，公司又以年度作计划，市场响应能力差，往往产品刚上市，就被淘汰。种种问题，几乎令IBM解

体。1992 年 IBM 遭遇了严重的财政困难，公司销售收入停止增长，利润急剧下降。

1993 年年初，郭士纳出任 IBM 总裁，提出了四项著名的主张：一是，保持技术领先；二是，以客户的价值观为导向，按客户对象组建营销部门，针对不同行业客户提供全套解决方案；三是，强化服务、追求客户满意度；四是，集中精力在电子商务产品上发挥 IBM 的规模优势。我们可以看到郭士纳的四项主张，其核心就是“以客户为中心，满足客户需求”，在此思想的指导下进行运营和研发的变革。在组织变革上，IBM 从 1992 年开始大裁员，员工由 41 万人减到 26 万人，同时精简机构，清理管理层级。改革后，更灵活的组织快速迎合了市场变革和客户端需求，IBM 销售额增长了 100 亿，达 750 亿美元，股票市值增长 4 倍。

在产品开发上，郭士纳提出将产品上市时间压缩一半，在不影响产品开发结果的情况下，将研发费用减少一半的目标。为了实现这个目标，IBM 公司率先应用了集成产品开发（IPD）的方法，从流程重整和产品重整两个方面来达到缩短产品上市时间、提高产品利润、有效地进行产品开发和为客户提供更大价值的目标。其结果就是 IBM 的产品风靡全球。

1997 年岁末，在圣诞节前一周，任正非和华为高管一行匆忙地访问了美国休斯公司、IBM 公司、贝尔实验室与惠普公司。期间，任正非写下了《我们向美国人民学习什么》，并下定决心向 IBM 学习。

任正非意识到像 IBM 一样，始终瞄准市场，依靠研发创造机会，并用以满足和引导客户的经营方式是华为持续发展的根本。IBM 在短时间内席卷了机会窗的利润，进而又投入创造更大的机会，在给客户带来价值的同时，也获得了丰厚的回报。回国之后，华为与 IBM 达成合作意向，将 IBM 的 IPD 模式引入华为。经过多年的经营，华为产品逐渐被全球客户接受，公司也最终成为业界第一。

在众多的领域，从全流程组织的优化到端到端流程的建设，再到技术创新等，华为始终贯彻为客户创造价值的理念。在拓展海外市场的过程中，当地大的电信运营商几乎都是国际上的电信供应商巨头，而且华为自身缺乏在当地的人脉和知名度，但华为通过入股、扶植的方式与当地规模较小的电信运营商合作，帮助其做大做强，从而不断拓展自己的市场。

早在1998年，泰国的AIS公司还只是一个名不见经传的小移动运营商，华为则看到了商机，主动与AIS合作。华为向该公司提供高质量的产品，并提供了快速响应的服务：在不到60天的时间内完成设备的安装和测试工作，这是其他公司所不能做到的。此外，华为专门为AIS开发了80项业务拓展的新需求，并先后8次对设备进行建设、扩容。最终，在华为的帮助下，AIS公司将最大的竞争对手DTAC远远地甩在身后，一跃成为当时泰国最大的移动网络运营商，时至今日依然是该国三大运营商之一。当AIS公司成为泰国最大的移动运营商时，华为也得到了长远的回报，到今天仍然是AIS最大的战略合作伙伴，华为每年为其提供各种解决方案。

在华为，客户永远是最珍贵的财富，围绕客户价值最大化，持续改进已成华为经营的一部分。组织和工作只要聚焦客户，华为就永远不会迷航。任正非说道："无为而治中必须要有灵魂。华为的魂就是客户，客户是永远存在的。我们要琢磨客户在想要什么，我们做什么东西卖给他们，怎么才能使客户的利益最大化。我们天天围着客户转，就会像长江水一样循环，川流不息，奔向大海。一切围绕着客户来运作。"华为的对手思科也一样始终坚持以客户为中心，按照客户的需求调整技术的方向，在十年的时间里改变了七次方向，客户转向什么需求，思科也跟着改变技术和产品，从一个单一生产路由器的公司迅速发展成为一个生产多类网络通信设备的公司。思科总裁钱伯斯说："我的黄金法则就是近乎偏执地将精力集中在帮助客户成功上。遵循这一法则，思科在20世纪90年代获得了飞速发展；这一法则还帮助我们调整收购策略，并预期许多挑战和市场的变化，以保持我们的竞争力。"

华为坚持为客户创造价值，为价值而创造。有人曾问任正非："你们的商道是什么?”他说:“我们没有商道,就是为客户服务。”

1.1.3 满足客户需求,催生持久价值链

客户的价值来源于他的需求,抓住和满足客户需求就能为客户创造价值。华为2004年董事会工作报告中明确提出:“我们只要始终坚持以客户需求为导向,就最有可能适应规律,顺应市场,持续长期地健康发展。”

德鲁克经常提醒他的咨询伙伴:“一个人花钱购买一双鞋子不是为了支付制鞋商所期望获得的利润,而是为了得到一双漂亮大方又舒适的鞋子。”麦肯锡咨询公司最早的女性合伙人之一伊丽莎白·哈斯·埃德莎姆也曾撰文指出:“不管企业喜欢与否,客户就是老板。大多数客户的需求都遵循马斯洛的需求理论,人们对自我实现和服务的追求超过了对物质产品的追求。此外,客户在产品定制中扮演着越来越重要的角色。”她敏锐地认识到了客户在商品交易过程中的根本性的变化。她强调企业应该接受“客户是老板”这一观念,企业可以与客户之间变成双赢关系,通过反思来促使企业“穿着客户的鞋走路”,并且理解客户所认可的价值。

华为致力于成为客户的伙伴,帮助客户成长,帮助客户降低成本、创造社会价值。在不断帮助客户成功的过程中与客户建立信任,并获得稳固的合作。

【辅助阅读】共建生态链,与客户共赢发展

现代企业竞争已不是单个企业与单个企业的竞争,而是一条供应链与另一条供应链的竞争。企业的供应链就是一条生态链,客户、合作者、供应商、制造商的命运在一条船上。只有加强合作,关注客户、合作者的利益,追求多赢,企业才能活得长久。这反映到华为身上,也是一样的道理——只有帮助客户实现他们的利益,华为才能在利益链条上找到自己的位置。只有真正了解客户需求,了解客户的压力与挑战,并为其提升竞争力提供满意的服务,客户才

能与企业长期共同成长与合作，企业才能活得更久。

任正非认为："公司的可持续发展，归根结底是满足客户需求。"早年华为为联通量身定做了 iGATE 平台，降低了其运营成本，拓展了业务范围，在联通业务拓展的同时，华为的产品相继进入联通的设备采购清单中。同为国内知名企业的海尔集团，在满足客户需求上一样做足了功夫。在美国，海尔设计了500升容积的大冰箱，抽屉可容纳一整只火鸡，方便美国用户在感恩节使用；在意大利，海尔设计生产了本地的意式三门冰箱，满足了本地用户的使用习惯，同时也远销全球各地，成为冰箱界时尚引领产品；在巴基斯坦，家庭人口众多，且穿着大袍子，海尔专门设计了一款能洗32件大袍子的大容量洗衣机，深受用户欢迎。

管理大师德鲁克为了调查清楚客户的需求，经常要求客户写出从某个决策中期望获得的需求，并加以验证。他认为那些不能满足客户需求的行为，是毫无意义的。

世界著名日化公司宝洁曾经犯过这样的错误：在研发领域投入了巨额的资金，其占销售额的比率由以前的平均3.8%增长到2000年的4.8%。同时，广告对销售额占比从1998年的10.2%下降到2001年的9.2%。产品策略上，一方面以内部科学家和工程师为主，而不是从客户需求角度设计；另一方面，为防止新产品廉价化倾向，采取高价策略。市场推广方面，在全球的每个市场投放了相同品牌、相同配方、相同成本产品。结果，大约只有20%的新产品被成功推向市场。其高价策略和市场策略也没有获得成功，尤其是在飞速发展的发展中国家。大多数低收入客户买不起宝洁的产品，在占世界人口三分之二的国家，宝洁公司产品的销售量占宝洁公司总销售量的15%~20%。销售显得尤为增长缓慢。

宝洁忽略了其赖以生存的核心要素，就是满足客户需求，结果造成宝洁公司的价值链受损。华为在这方面也走过不少弯路，得到了深刻的教训和宝贵的经验。在2007年修改版的《华为核心价值观》一文中他们总结道："我们认为市场最重要，只要我们顺应了客户需求，就会成功。如果没有资源和市场，自己说得再好也是没有用的。"

在满足客户需求方面，华为"做任何事，都要因时因地改变，不能教条，关键是满足客户需求"。任正非进一步强调，只是认识到客户的重要性是远远不够的，在竞争激烈的市场中，单纯的买卖关系已经无法让公司获得长久利润，还要通过自身的努力提高客户的满意度，要能够获得客户的持续支持，并同客户形成长期的合作关系。

7月的博斯普鲁斯海峡，气候宜人，风景如画。在土耳其的华为网络规划部接收到客户的一封邮件，客户租了一艘豪华游轮要求他们去海峡，原本以为是对方邀请参观，但到了目的地，客户却要求他们在沿海峡附近的基站上开通20M高速下载业务。原来客户下周四准备在游船上做3G体验，还邀请了土耳其主要的新闻媒体和他们的大客户。

这对于网络规划部是一个大难题，因为当时正在伊斯坦布尔做3G商业网络的项目，客户的这个要求会影响正常业务的进度，此外，支持20M高速下载，需要新技术支持，时间也特别紧急。本想拒绝，但客户说：拒绝了这个活动，你就是拒绝了土耳其的市场。为此，网络规划部选择接受客户的要求。

网络规划部立即成立项目组，与客户方技术人员上游船测试。博斯普鲁斯海峡水道弯曲多变，船稍微摇晃一下，都会对信号产生影响，而且长长的海峡两岸站点很少。经过周六、周日连续奋战，项目组确定了初步方案。但在执行中，经常出现意外，客户又不断提出新的需求。经过前期的调整，留给设备研发现场人员的时间只有周二深夜以及周三深夜——白天要保障商业网络业务正常地运行，网络规划部门只能在夜间作业。项目组对海峡两岸基站一个一个地进行测试，并调整处理存在的问题，终于，在周四的破晓时分，完成了改造业务。

周四的早晨，博斯普鲁斯海峡碧波荡漾，古老的城堡耸立在海峡两岸。上午10点，来宾登上游艇，品尝着美酒，体验着3G。客户对华为的服务很满意。

这次行动满足了客户需求，为客户带来了成功，也为华为赢得了良好的口碑，为华为今后深耕土耳其市场打下了坚实的基础。

华为围绕客户需求持续进行优化和改进，以在客户的价值链中保有一席之位。“也许我们在很短的时间内不能找到真理，但只要抓住了客户需求，我们就会慢慢找到。”任正非的这句话是对华为聚焦客户战略思路的最好的诠释，也给众多谋求商业创新的企业家提了个醒。

1.2 脑袋对准客户，摆正服务者姿态

为客户服务是华为存在的唯一理由。任正非指出：“无论将来我们如何强大，我们都要谦虚地对待客户、对待供应商、对待竞争对手、对待社会，包括对待我们自己，这一点永远都不要变。”

任正非向华为人传递了一个态度，那就是工作要以客户为中心，工作的重点要放到客户身上。他明文禁止华为的干部接受下属招待、宴请等行为，就连那些开车到机场接机的，都会被他批评：“客户才是你的衣食父母，你应该把精力放在客户身上。”

1.2.1 客户面前，永远保持谦虚的姿态

华为人对待客户总有一颗谦卑之心、舍己从人之心。任正非说：“要以宗教般的虔诚对待客户，无论国内还是海外，这正是我们奋斗文化中的重要组成部分。客户让我们有了今天的一些市场，我们永远不要忘本。”

被称为“经营之圣”的稻盛和夫面对客户时亦是如此谦逊，他甚至提出“做客户的仆人”这一理念。在京瓷经营中，无论研发、生产还是销售等部门，都被要求彻底地理解和重视这一理念。任正非和稻盛和夫的态度阐明了任

何时候都要满足客户需求，以换取客户的忠诚度。

【辅助阅读】稻盛和夫“做客户的仆人”

稻盛和夫指出：“我经常对员工说‘要做客户的仆人’。”稻盛和夫这句话表明了“与顾客打交道的态度，同时还意味着将‘顾客至上’贯彻始终”。他强调：“特别是接待客户的姿态，要把自己定位为心甘情愿为客户服务的仆人。‘心甘情愿’不是‘勉勉强强不得已’的意思，而是乐于当客户的仆人，主动、愉快地为客户服务。”稻盛和夫还说：“不肯尽力去做客户的仆人，不管销售战略如何高明，也只能是画饼充饥。即使一时取得了成功，也只是单笔买卖，成功难以延续。”“对顾客的态度、服务是没有界限的。所以，必须当好顾客的仆人，为顾客提供最好的服务。”

彻底地为客户做奉献，是稻盛和夫的经营的大原则之一，这也是任正非的经营哲学。任正非接见客户时，总会双手递上自己的名片，并谦逊地说“我是任正非”，这令客户们大为感动；他有时还会亲自下厨为客户做饭。这都体现了华为人对待客户时的谦虚态度。

2008年7月，KDDI对华为公司的生产现场进行审核。福田是KDDI审核的主审员，他随身携带着几件法宝：手电筒、放大镜、照相机和白手套。众所周知，日本人的严谨闻名世界。在检查中，福田用白手套抹设备灰尘，用放大镜查看焊点的质量，用手电筒照设备和料箱里的灰尘，用照相机拍摄实物图片。

在审核中，福田说ESD这么做不好，要求按照KDDI的标准执行。福田又说单板上的焊点不饱满，且不够美观，要按照KDDI的标准来做。

第一次审核完毕，福田查出93个不合格项，并且说：“华为质量水平不行，而且华为工程师太骄傲。”面对福田指出的93个问题，华为人先是震惊，然后确认 KDDI 的标准要高出业界很多。最后，公司领导认为华为要有开放的心态，要谦虚接受客户的要求。在接下来的几个月里，华为以 KDDI 的标准改善现场，准备迎接第二次审核。一开始福田并不愿意来，但被华为市场部的真诚所打动。2008 年的 12 月，开始进行第二次审核。审核完毕，福田列出 57 个问题，但对结果表示满意，通过了审核。他希望华为能继续改进。

2009 年 10 月，KDDI 与华为签订第一份合同，出于不完全信任的考虑，KDDI 第三次来到华为，派出 8 名专家对光网络 OSN1800 生产全过程进行为期 8 天的厂验。华为生产部门从员工到高层主管，全部到现场，全程投入，最后用真诚和努力感动了客户。最终 KDDI 提出问题点及建议共 24 个，但对华为生产过程质量控制系统表示认可。

面对 KDDI 三次严苛的审核，华为人采取了开放的态度，虚心接受客户的教导，高标准完成了生产现场改善，赢得了机会。

早年，当华为还在发展的初始阶段时，任正非一再告诫华为人："我们要认真地总结经验、教训，及时地修正，不断地完善我们的管理，持续满足客户需求。当我们发展处于上坡阶段时，要冷静正确地看自己，多找找自己与世界的差距。"

时至今日，华为成功超越爱立信，成为业界第一，谈到客户时任正非也还保持着这样一份虔诚之心。在 2014 年的后备干部座谈会上，任正非对华为的干部群体提出这样的要求："代表处面对的是一个国家的市场，应当在国家的层面上思考问题，华为说要帮助客户成功，你能否站在客户的角度，思考客户在这个国家里如何赚钱、如何成功，经常这样思考就能锻炼自己的宏观思维能力。"

2007 年 5 月，孟加拉遭受台风袭击，客户设备受损，致电华为当地代表处，希望紧急提供两套机房。代表处客户经理立即向公司申请了两套移动机房，供客户使用，解决了客户的困难。由于代表处快速响应赢得了客户的信任，很快这家运营商就决定从华为采购 50 套移动机房。华为还把自己放到客户的位置去思考，以了解客户的态度和想法。K 国代表处的一位产品经理去拜访一位客户，客户没有见他。产品经理回到办公室后，反思：“客户为什么要见我、理我呢？如果我是他，我为什么要引进华为的设备？老板会持什么态度？”这位产品经理就待在客户办公室，观察周围的一切，记录点滴的信息。2 周后，客户公司的一些经理开始咨询一些方案，他则逐一回答。不久客户感受到了他的真诚，同意与他会面。就这样，K 国代表处一点一点地打开了局面。

钱伯斯担任思科 CEO 后的第一次董事会，就迟到了 20 分钟，因为他在电话中为一个客户解决私人问题。他上任 10 年来，已经会见了上万名客户，每次都会递上自己的名片，并把自己的私人电话号码告诉客户，并鼓励他们有困难时随时打电话。每天晚上，钱伯斯都会从全球 10 万个客户中查看思科的 20 个重要客户的销售情况，并迅速帮他们处理困难问题。钱伯斯谦逊的态度和行为，不仅为自己带来良好的声誉，而且赢得了客户信任。这也是任正非推崇钱伯斯，并告诫华为高级干部学习其客户服务精神的原因所在。

爱默生曾说：“如同性格的唯一基础那样，深邃的真诚也是才能的唯一基础。”因此，如果你对客户真诚，客户就会对你真诚，这种感情是相互的。华为人的这种感情会在工作中自然而然地流露出来。华为上下必须将脑袋对准客户，眼睛盯着客户，为客户的需求积极奔走。

1.2.2 只准讨好客户，反对以自我为中心

任正非在 2008 年无线产品线奋斗大会上说：“我们至今仍深深感谢那些宽容我们的幼稚，接受我们的缺陷，使我们能从一个幼儿成长到今天的客户。吃水不忘挖井人，永远不要忘记客户需求是我们的发展之魂。”

任何企业在企业强大后，都不能变成以自我为中心。任正非有时甚至直截了当地批评下属：“你们不要为了迎接领导，像疯子一样，从上到下地忙着做胶片……关注领导已超过关注客户。不要以为领导喜欢你就升官了，这样下去我们的战斗力要削弱的。”

【辅助阅读】华为内部以客户为中心的认识

任正非：华为公司是以客户为中心，不是以老板为中心。如果以老板为中心，从上到下阿谀、逢迎、吹牛，拍马之风、假话之风就盛行。只要说几句假话，老板高兴，我就有希望；这个风气就是以老板为中心，我天天就要让老板舒服，老板舒服了，我就可以得到提拔，这个风气就是阿谀奉承之风。

华为轮值CEO郭平：在所有的对外关系里面，我们以什么为中心？以客户为中心。华为是商业公司，要追求商业性的成功，持续给我们带来订单的客户是华为的生存之本。只有为客户服务，才能创造价值。这个说起来非常容易，但当出现矛盾的时候，你是盯着领导的屁股呢还是盯着客户呢？希望大家通过自己的行动真正为客户创造价值，让客户体会到华为的产品与服务的与众不同。这不是那么难做到的，但也不容易做到。

华为基层员工：什么叫以客户为中心？不是向上级点头哈腰，而是忠实于对客户的责任感，完成自己的本职工作，这首先要充分感知客户的需求，然后在此基础上予以最大限度的满足。客户使用我们的设备，我们理所当然地要提供质量好的设备，以及及时、优质、低成本的交付服务。

随着企业的发展壮大，任正非意识到，在与客户打交道的过程中，华为的上上下下可能会产生自我膨胀的心态，从而在工作上远离客户。实际上有许多企业会发生这种情况，公司里以长官为导向，下级看领导脸色行事；在事情的决策上，不是以客户需求为导向，而是看主管的态度，只要按主管的意见做事就可以了，自己不用承担责任，还能赢得上级的信任，这是公司运营中的大问题。

任正非指出："要将客户的满意度放在第一位，不要总担心主管是否会不满意，更不能因为怕主管骂，而做出违背客户利益的行为。"华为项目经理黄春晓分享了他在巴西遇到的一件事，用以唤醒所有华为人如何真正地关注客户需求，关注客户的利益最大化。

黄春晓在巴西圣保罗的时候，从一个商人手里买了一辆二手车。买的二手车右后轮一个螺丝有点小问题，可能是原车主开车到偏远地方遇到紧急情况，无奈之下强力将非标准螺丝拧了进去，导致螺丝孔被破坏，拧出旧螺丝后，新螺丝再也无法拧进去。

黄春晓只好去4S店修理。4S店的专家检查一番后，列了一个单子，需要更换轮毂和刹车盘等全套设备，一共需要约6 000元人民币。黄春晓感到诧异，难道不能维修而只能全部替换？在愤愤不平之余，也就没有继续维修，只能在少一个螺丝的情况下将就着开。后来同事Daniel为他推荐了一家修理店，他便找了过去。

车子开进修理店，经理安排了一个刚忙完手里活的技师进行维修。技师开始尝试各种螺丝，但是都没有办法固定。技师忙了一大通，仍然没有解决。经理皱着眉头，喊了几个技师一起研究，有的拿着螺丝端详，有的用手电筒探照着螺丝孔。在黄春晓的车旁边还有另外一个老技师正在专心致志地维修另外一辆车，丝毫没有受到这边的干扰。经过热火朝天的讨论和尝试后，经理带着遗憾的表情告诉黄春晓，没有办法了。

黄春晓很失望，但仍非常感谢修理店的热情帮助。转身离开之际，经理叫住了黄春晓，“等等，让我们的老师傅再看看吧”，经理指着旁边一直在默默修车的老技师，眼睛里又重新充满着期待。这时老技师忙完了，他和经理聊了一会，仔细地查看了螺丝和螺丝孔，然后到他自己的工具箱翻出了一把游标卡尺，量了螺丝的直径，在螺丝孔前反复尝试。停顿一会儿后，他又在自己的工具箱里边翻找，拿出了一个前面像钻头、后面带把手的工具。在用游标卡尺仔细量好并调整后，他用这把工具探到螺丝孔里边，先轻轻地拧了几下，再缓缓地用劲拧了进去，最后抽出来。做完这些，他指挥另外一个技师，拿来一个吹风头，把螺丝孔里边的金属屑吹干净。这时，神奇的事情发生了，他把新螺丝放入螺丝孔，用扳手顺畅地拧了进去，螺丝孔完全修复了。

黄春晓无比感激，连番对老技师说着感谢的话。老技师虽然听不懂英语，但脸上也洋溢着满足的笑容，并通过同事向黄春晓解释了是如何修理的。原来，以前使用的非原配螺丝被强力拧进去，导致螺丝孔的螺纹受到破坏，而他用工具把螺纹修复到了原来的状态。

高兴之余，黄春晓问经理，需要收费多少，而经理的回答让人震惊，居然是免费！面对黄春晓的错愕，经理说，按他们店里的定价，紧固一个螺丝是免费的。黄春晓不敢相信，居然有这样实诚的店、这样实诚的经理！

对比4S店的专家和修理店的技师，作为用户，显然大家更喜欢后者。他们设身处地为客户解决问题，化专注为力量，为的是一辈子只把一件事情做好，甚至是为客户拧好一颗螺丝！

华为在业务管理以及在人才专业建设上所需要的正是这样的精神。客户需要的不是善于在华为内部考试、答辩的专家，而是能彻底解决客户问题的能手。什么是真正的专家？符合客户的要求，能把客户的疑难杂症手到病除的才是真正的专家。

对于华为内部偏离以客户为中心的种种行为，任正非总是第一时间提出批评或给出切实可行的建议。任正非认为："所有怨天尤人、埋怨客户的观念都是不正确的，唯有改造我们自己。"华为人必须具备工匠般的专注和清教徒般的虔诚，不断雕琢客户的网络，沉浸于客户满意的技术升华中的愉悦。也就是说任何企业干部和员工要从内部找原因，提高我们的技术服务能力和业务管理能力。为此，任正非对华为人提出了几点要求。

第一，以客户为中心，反对以长官为中心。

任正非说："我不怕大家批评我，有人批评我是好事。员工以后最重要的不是要看我的脸色，不要看我喜欢谁、骂谁，你们的眼睛要盯着客户。客户认同你好，你回来生气了，就可以到我办公室来踢我两脚。你要是每天看着我不看着客户，哪怕你捧得我很舒服，我还是要把你踢出去，因为你是从公司吸取利益，而不是奉献。因此大家要正确理解上下级关系，各级干部要多听不同意见。公司最怕的就是听不到反对的意见，成为一言堂。如果听不到反对意见，都是乐观得不得了，那么一旦摔下去就是死亡。”

第二，不讨好资本和股东，只对准客户。

华为虽做到了业界第一，但至今未上市。华为认识到今天的成功都源自于客户，而非资本。华为不上市，也不需要资本投资。任正非倡导华为人踏踏实实做事，不要考虑公司业务以外的事情。他还强调客户是华为赖以生存的基础，发工资的是客户，而不是股东。

马云说：“淘宝网的主业绝不该放在与对手的竞争上，而是把眼睛盯在提升客户体验上。”苹果创始人乔布斯也提到了客户的重要性：“你的生死存亡掌握在消费者的手中，他们才是我们关注的对象。我们的工作就是对整个用户体验负责。如果表现不及格，那就是我们的错。”

第三，客户满意度调查全面公开。

华为市场营销部做的客户满意度调查，会全面公开，让公司上下知道客户的不满和批评，以鞭策华为人积极改进。任正非指出，不公开就不会促进改进，即使竞争对手知道也没有关系，我们不要骄傲自大。对于客户的意见，华为人都会认真对待，没有合理或不合理之分。

第四，企业上下要永远感恩客户。

“永远不要忘记客户需求是我们的发展之魂。没有他们也就没有我们的今天。我们要永远尊重客户，尊重他们的需求，别把自己的主管看得太重。”任正非如是说。

1.2.3 让服务意识扎根于公司血脉之中

但凡世界顶级企业都致力于打造属于自身的企业文化，如谷歌、微软、丰田、爱立信、阿里巴巴等。华为以客户为中心的服务文化影响着全体华为人，形成了积极的内驱力，这是华为成功的关键。任正非指出：“华为文化的特征就是服务文化，因为只有服务才能换来商业利益。服务的含义是很广的，不仅仅指售后服务，还包括从产品的研究、生产到产品生命终结前的优化升级，员工的思想意识……因此，我们要以服务来定队伍建设的宗旨。我们只有用优良的服务去争取用户的信任，从而创造资源。这种信任的力量是无穷的，是我们取之不尽、用之不竭的源泉。有一天我们不用服务了，就是要关门、破产了。因此，服务贯穿于我们公司及个人生命的始终。”

管理大师彼得·圣吉也认为，由企业文化宣贯而种下的共同愿景，将演化为组织中不同成员内心的共同目标，激发每个人心中的力量。这种力量牵引着员工的向心力，激发出员工的热情、干劲，使员工们形成同舟共济的坚强集体，并为企业的前进提供持续的动力。“服务文化”已经成为华为人的一种共同愿景，他们将服务贯穿于公司及个人生命的始终，让服务沉淀为华为的基因，不断激励和引导自己前行。

【辅助阅读】稻盛和夫谈企业文化落地

日本“经营之圣”稻盛和夫对企业文化的推行和落地也有着独特的看法和实践。他立足六个方面，推进企业文化落地。第一，“培养传教士”。作为京瓷的创始人，稻盛和夫为让员工知道企业文化并切实执行绞尽脑汁。起初，只要有机会稻盛和夫就把员工召集在一起，想方设法向他们阐述他的想法。但随着企业规模从最初的 28 人不断扩大到几百人，加之还要兼顾生产、营销等繁重的事务，于是稻盛和夫从企业中选拔和培养忠心耿耿的干部与员工沟通。这些干部被称为“传教士”。第二，在逐渐陷入僵硬化的企业里导入文化，关键是，“如何让公司的新战略方针获得员工普遍认同”。第三，在公司中进行人才革新，花费心血培养能够充分理解企业经营理念的干部，并且赢得他们的忠诚。第四，经营者要通过渐进的方式解雇那些无法认同企业文化的干部。第五，在解雇干部时可能产生动荡，因此经营者必须做好缜密的安排，且态度坚决。第六，为了最终获得成功，经营者最重要的就是要找到能够与自己一道披肝沥胆投身到公司建设事业中的伙伴。

华为积极致力于服务文化的宣传、引导，力求让它浸透到每一个部门、每一道流程中去，让它成为企业运营和员工工作的唯一依据。华为上下，必须以服务决定队伍建设的宗旨。

在管理上，华为一如既往地抓管理优化，提高干部和员工的服务意识。任正非在内部会议上强调："建立以客户价值观为导向的宏观工作计划，各部门均以客户满意度为部门工作的度量衡，无论直接的、间接的客户满意度都激励、鞭策着我们改进。下游就是上游的客户，事事、时时都有客户满意度对你进行监督。"

华为西欧代表处终端业务部负责人在客户满意度考评中指出"客户关系是第一生产力"，他以 YOIGO 为例进行说明。当时公司与某运营商签订长期独家代理协议，造成了其他客户对华为的不满。为此，这位负责人制订了一个改善客户关系计划：首先，对中低层客户，建立与其各个部门的例行交往关系，向客户介绍公司及产品的最新情况，塑造客户对公司的信心，成为其投标的对象。其次，对关键客户展开关怀管理。这位负责人经过分析，认定客户 CMO 是企业决策链中的关键，深受 CEO 信任。于是她收集并分析了客户 CMO 的经营理念、管理策略以及工作方式和风格，还有个人爱好等。然后开始拜访客户，并积极维护双方的友好关系。功夫不负有心人，此后几年，客户方 CMO 成为了华为产品的坚定支持者，并在业界分享与华为公司的成功的合作经验。后来，客户方 CMO 正式升任 CEO，更加稳固了双方的合作。

华为在具体的企业实际管理中，将客户需求导向的战略逐层分解，最终融入所有干部和员工的具体工作之中。他们恪守实践出真知的原则，用行动提升客户服务意识，并转化为自己的内驱力。

埃塞俄比亚是华为的优势市场，但在 2006 年 11 月，华为失去了一个大单，埃塞俄比亚运营商 E 与友商签署了长达 5 年的独家供货框架协议。2007 年，华为决定夺回订单。由于战争，代表处人员编制少，士气低落，客户也非常难见到。新上任的客户经理希望能与运营商 E 达成合作。客户经理首先重建了代表处的信心，并在内部会上分析了状况：客户与友商已经签订了合同，但只要与客户拉近距离，重建客户的信任，机会就存在。代表处决定把剩余的维护、服务做好、做到位，还发出了“我们在，阵地就在”的誓言，力求把现网守护好。期间代表处仔细对过去一年的项目运作进行回顾与分析，并虚心拜访客户，发现了问题所在。

明确问题后，代表处有了改进的方向，即把目标放长远，重建客户信任。代表处一个一个地约见客户，听取他们对华为的建议，了解他们的需求；珍惜每一次见面的机会；把客户的问题当成自己的问题；重视每一个对客户的承诺，要求下午三点回电话，一秒钟都不会耽搁。代表处逐渐聚焦运营商关键人物，使他们重新认识华为，重建了对华为的信任。

在这次夺单行动中，埃塞俄比亚代表处摒弃以往的急功近利的思想，以服务为导向，经营好现有的业务，在一点一滴的用心中逐渐让客户感受到了华为的真诚，并为最终拿下订单打下了坚实的基础。

华为的这种服务意识是长期沉淀和积累起来的，当然，也离不开任正非几十年不断的谆谆教诲。一个企业只有用良好的服务去争取客户的信任，才能经营好市场，并创造出更大的市场。对此，任正非不无忧虑地说道：“如果有一天我们不用服务了，就是要关门、破产了。”华为通过积极推进客户关系管理综合变革，用以增强华为员工的服务能力和效率，培养能够“为企业和客户艰苦奋斗”的志同道合者。华为将服务贯穿于公司及个人生命始终的经营哲学，应当引起所有企业的重视和思考。

1.3 以客户为中心，以生存为底线

任正非和所有华为人一直在坚守着企业活下去的理由和价值。他说："对华为公司来讲，长期要研究的问题是如何活下去，积极寻找活下去的理由和活下去的价值。活下去的基础是不断提升核心竞争力，核心竞争力提升的必然结果是企业的发展壮大。"

面对激烈的市场竞争，和对企业未来发展的担忧，任正非要求华为人在为客户创造价值的同时，也要让企业更好地活着，而不能对企业利益受损视而不见。

1.3.1 "以技术为中心"向"以客户为中心"转移

任何先进的技术、产品和解决方案，只有转化为客户的商业成功才能产生价值。任正非提出："在产品和解决方案领域要围绕客户需求持续创新。在产品投资决策上，我们坚持客户需求导向优先于技术导向。要在深刻理解客户需求的前提下，对产品和解决方案进行持续创新，我们的产品和解决方案才会有持续竞争力。"

在任正非看来，决定企业是否能活下去的首要因素是是否能够满足客户需求，无论多么精湛的产品，如果客户不需要，那么就是一堆废品。

【辅助阅读】华为"以技术为中心"到"以客户为中心"

任正非在2010年PSST体系干部大会上提出："研发正处在一个从'以技术为中心'向'以客户为中心'转移的时期。我们应该承认，研发这二十年来取得了很大的成绩。我和很多国际大公司的领导人沟通的时候，他们都认为电信行业是一个门槛很高的行业，他们没想到华为敢攀这个门槛，更让他们不

可想象的是，西方企业花了一百多年，而我们只用了二十年就达到了同样的水平，所以我们要肯定研发付出的努力、艰辛和贡献，要肯定研发领导的贡献，贡献的过程甚至是痛苦的。在这个探索的过程中，因为对未来不清晰、不确定，可能会付出极大的代价。但我们肯定可以找到方向，找到照亮这个世界的路，这条路就是‘以客户为中心’，而不是‘以技术为中心’。”

华为在发展过程中曾走了不少弯路，许多产品没有销路，就是因为没有以客户需求为目标。任正非说：“就拿产品研发来说，华为总是遇到简单的功能做不好，而复杂的东西却做得很好。为什么呢？这就是因为华为总是以技术为导向，而不是以客户需求为导向。”埋头苦干，不理四周，做出的“好东西”基本上都在仓库“睡大觉”。为此，任正非提醒华为人，要深刻认识到以客户需求为导向是公司生存和发展的唯一道路。在以技术为中心向以客户为中心的转变上，任正非和华为人正在积极地变革和努力。

在运营管理上，任正非秉承“客户需求是华为发展的原动力”的理念。通过查看华为的过往就不难发现，在引入 IPD 之前，华为的研发机会浪费严重、效率较低、产品问题不断，且缺乏市场；在引入 IPD 后，以市场为驱动进行研发，华为的产品设计、制造优势逐渐凸显。改善后，华为获取市场信息或潮流技术时，可以很快组建一个项目组，并在短的时间内完成设计和生产，准时交付客户。

在研发技术上，任正非倡导华为的工程师要做工程商人。“我希望大家不仅仅做工程师，要做商人，多一些商人的味道。”他说：“客户要什么，我们就赶快做什么。”“工程商人”，就是不再追求纯粹的技术，而是在谋求产品的利润最大化的基础上做产品。这样的自我认知和自我批评，在华为内部也始终没有停止过。

某项目经理在华为内刊上撰文说道，华为一直都在做专家的培养工作，内部评选的专家越来越多，但从客户的感受来看，华为的专家却越来越少。

比如，现在一线都在踏踏实实地做网络巡检整改等预防工作，最怕发生网络事故，一旦出现事故，我们固定的做法就是研发、二线、一线建立 war room，采集数据、专家攻关，有时候眨眼间时间就过去了。而客户的期望是，立即恢复业务，让最终用户的负向感知降到最低，后续再分析改进。再如，客户需要一个新的解决方案，而我们的专家却往往拿出一个公版的大而全的方案，客户想要一条船，能过河就行，我们设计出来的却是航空母舰。

对于华为内部这种远离客户实际需要的工程师思维，任正非提出了尖锐的批评："客户需求量大但技术简单的东西，我们不去认真做到最好，反而客户不怎么用但技术很尖端的东西，我们却耗费很大的精力和成本做到最好，这就是工程师。"任正非希望华为内部培养出更多能够实现商业转化的工程商人。他讲了一个关于小盒子的故事："什么是小盒子？日本的数字相机就是小盒子，他们的小盒子把全世界都打败了。这个小盒子看起来没有最新的技术，但真的没有技术吗？技术不是理论，不是功能，而是包括工艺、材料、多种科学在内的综合技术。我们华为也需要能做这种小盒子的工程商人，而不是仅仅做出功能来的科学家。"从聚焦技术方案到关注商业效益，华为工程师们在实践中不断成长。

英国 VDF 项目中，客户担心天馈会因使用时间长而导致质量下降，合同中客户要求测试原来天馈的 PIM 值。在前期交付的 40 多个站点中，PIM 单站测试成本达到 700 英镑，给交付成本带来很大的负担。

工程师们到达现场，利用设备内置的类似功能进行了测试演示，客户很惊诧华为设备的这个功能。工程师们从原理上进行了说明，并从多个角度解释在线测试的优点，最后客户决定采用华为设备内置功能。仅因在产品设计中考虑了客户可能测试的需求，就节省了几百万英镑。一位工程师说："在欧洲项目交付中，由于当地人力成本高昂，且对质量和 EHS 也有很高的要求，单站交付成本经常高于设备成本。作为 TD，要利用自己的技术能力和设备自身从技术和客户需求角度上关注经营和改善经营。”

可见，客户不一定多么需要先进的技术，那些功能简单、质量可靠、满足需求的产品和服务才是最需要的。任正非极力鼓励那些能把功能简简单单做好的工程商人，激励做小盒子的人要拿高工资、做总监，其目的是鼓励以客户为中心的理念在研发中成长和落地。

此外，任正非还要求研发人员到市场前线去了解用户的需求，以此产生思想创造。2016年10月28日，华为在深圳举行了“出征、磨砺、赢未来”研发将士海外出征大会。会上任正非指出：“我们错过了语音时代、数据时代，世界的战略高地我们没有占据，我们再不能错过图像时代。”华为此次选拔了2 000名有15至20年研发经验的高级专家及高级干部深入一线，目的是通过与一线市场人员的合作，深入理解客户需求，认识什么是商业成功，以准确把握图像时代的技术方向，进而研发出能够满足客户需求的产品，尽可能早地对公司的发展作出推动。

不管是与客户交流，还是优化工作流程，华为公司都要回到最根本的问题上，即客户的需求是什么，并坚持以客户为导向的战略和战术。西方企业认为，最重要的是管理而非技术，但在我国，很多企业奉行技术至上，这也造成了国内企业普遍重技术轻管理，不愿深入地关注客户需求。希望国内的企业经营者能够改变思维方式，完成从“以技术为中心”向“以客户为中心”转变，这样企业才能更接地气，更容易获得客户的认同，也才能在市场竞争中存活下来。

1.3.2　以客户为中心，长期艰苦奋斗

2010年12月，任正非为来华为取经的欧洲某大型电信企业的高管上课，课上他强调“以客户为中心，以奋斗者为本，长期坚持艰苦奋斗”是华为成功的秘诀。“以客户为中心是长期坚持艰苦奋斗的方向；艰苦奋斗是实现以客户为中心的手段和途径；以奋斗者为本是驱动长期坚持艰苦奋斗的活力源泉，

是保持以客户为中心的内在动力。”他还指出：“什么叫奋斗，为客户创造价值的任何微小活动，以及在劳动的准备过程中，为充实提高自己而做的努力，都叫奋斗，否则，再苦再累也不叫奋斗。”

华为在创立之初，一切都要从零开始。他们可以为了一个项目在几个月的时间里足不出户，只准备一张床垫，卷放在办公桌的下面。一张床垫成了华为人的半个家，陪伴华为人走过创业期，走向国际化。

【辅助阅读】“床垫文化”

华为创立之初，年轻的华为人挑灯夜战，累了就在办公桌下放块垫子睡一会。这种艰苦奋斗的行为逐渐演变成华为独特的“床垫文化”，也成了华为最宝贵的财富。任正非对华为人的付出心怀感慨，他在《天道酬勤》中评价华为的“床垫文化”：“有一篇文章叫作《不眠的硅谷》，讲述了美国高科技企业集中地硅谷的艰苦奋斗情形，无数硅谷人与时间赛跑，度过了许多不眠之夜，成就了硅谷的繁荣，也引领了整个电子产业的节奏。华为也是无数的优秀儿女贡献了青春和热血，才形成今天的基础。创业初期，我们的研发部从五六个开发人员开始，在没有资源、没有条件的情况下，秉承艰苦奋斗的精神，大家以勤补拙，刻苦攻关，夜以继日地钻研技术方案，开发、验证、测试产品设备……没有假日和周末，更没有白天和夜晚，累了就在垫子上睡一觉，醒来接着干，这就是华为‘床垫文化’的起源。虽然今天垫子已只是用来午休，但创业初期形成的‘床垫文化’记载的老一代华为人的奋斗和拼搏，是我们需要传承的宝贵的精神财富。”

华为为什么要长期坚持艰苦奋斗？任正非在《天道酬勤》一文中指出：“我们没有国际大公司积累了几十年的市场地位、人脉和品牌，没有什么可以依赖，只有比别人更多一点奋斗，只有在别人喝咖啡和休闲的时间努力工作，

只有更虔诚地对待客户，否则我们怎么能拿到订单?”“客户出钱，就是让你要艰苦点，好好干。”

华为今天的成功是通过无数人无怨无悔、艰苦奋斗换来的。任正非曾用一段深情的文字形容华为人开拓市场的艰苦奋斗精神：“我们不得不在夹缝中生存；当我们走出国门拓展国际市场时，放眼望去，所能看得到的良田沃土，早已被西方公司抢占一空，只有在那些偏远、动乱、自然环境恶劣的地方，他们动作稍慢，投入较小，我们才有一线机会。为了抓住这最后的机会，无数优秀的华为儿女离别故土，远离亲人，奔赴海外。无论是在疾病肆虐的非洲，还是在硝烟未散的伊拉克，或者海啸灾后的印尼，以及地震后的阿尔及利亚……到处都可以看到华为人奋斗的身影……”

2014 年 8 月，华为跟埃塞俄比亚运营商 E 签订了北区搬迁和新建项目。在跟客户工期对标过程中，华为提出 2016 年上半年完工的计划。之后，华为项目组开始了跟时间的赛跑。

从 2014 年 9 月项目启动到 2015 年 2 月间是项目准备期。华为团队每天熬夜到凌晨，还要担忧客户投诉。活下来，是他们当时最朴素的愿望。

2015 年 3 月到 6 月，资源准备就绪，进入交付和产出的实施阶段。华为投入 130 多个项目团队和 150 多支分包商队伍，最快时单月完成 350 个站点的交付。截止到 6 月底，完成了 90% 站点，客户逢人就夸华为土建交付创造了历史。奇迹背后是华为人的汗水。水泥、沙子一包一包地背，钢筋一根一根地抬……

2015 年 9 月，埃塞俄比亚雨季到来，项目进入收尾阶段。到 11 月底，还有 15 个站点，这些站点的接入道路最短十几公里，最远的 48 公里，且都是山路。各类设备有上百吨重，最初打算用直升机运送，但山顶上直升机无法降落，只能靠工人自己搬运。华为区域经理也都到站点督战。华为施工队伍在站点上风餐露宿，而每次例行跟客户汇报进度时，客户总是说“请今天搞定”。

2016 年 4 月，雨季来得早，每天瓢泼大雨。华为开始客户南区项目的搬迁和交付，这是客户额外奖励给华为的一个大区。一条条雨水汇集的河流阻挡了站点运输和验收。面对困难，华为人坚持不懈，通过坚持把绝望变成希望。项目验收不仅要对付恶劣的天气，而且去每个站点都要抬着重约100公斤的柴油发电机。雨季，车辆在很多路段都无法通行，只能徒步测试，每个站点要走约10公里，多的则要走几十公里。

最终，埃塞俄比亚无线项目群全部圆满交付，网络覆盖、容量和质量大幅度提升，为运营商E收入增长创造了坚实的基础。

以上是一位参与埃塞俄比亚项目建设的华为员工的回忆。这位当事人感慨道："回首过去两年700多个日日夜夜的艰苦奋斗，面对种种艰难险阻，从不言弃……我们相信，只有坚持才有希望……"

面对艰苦的环境和高强度的工作压力，华为人没有抱怨艰苦，而是以一种乐观、积极、自然的心态去面对。在巴基斯坦，华为有着巨大的市场机会，但也充满了艰难。1494号站，白天河里面的水都是烫的。山谷的风都是龙卷风，有时会同时看到四五个龙卷风，飞沙走石，场面"非常壮观"。在冰天雪地里，东北伊春的市场人员为了一单合同，风餐露宿，长途往返跋涉，前后长达半年。华为人为了生存下来，可以说靠的就是"先生产，后生活"的艰苦奋斗精神。

用任正非的一段话作结语："繁荣的背后都充满着危机。这个危机不是繁荣本身的必然特性，而是处在繁荣包围中的人的意识。艰苦奋斗必然带来繁荣，繁荣以后不再艰苦奋斗，必然丢失繁荣。千古兴亡多少事，悠悠，不尽长江滚滚流。"

1.3.3 以商业成功为导向，牢牢抓住市场

艰苦奋斗的背后，是对成功的向往和追求——客户的成功、华为人的成功，以及华为公司的成功。

任何公司的最终目标都是商业成功，华为也不例外。任正非说："华为是

一个功利集团，它的一切都是为了实现目标而努力的，企业文化是围绕目标来实现的，这种目标就是要具有商业的价值和利益。”他还提到，企业成功的标准只有一个，就是实现商业目的，其他都不是目的。事实上，这一点对于任何企业而言都适用。

【辅助阅读】任正非“以商业成功为导向”的战略思路

任正非强调，商业成功需要关注利润的同时优先满足客户需求。如果一味追求利润而忽视客户利益，企业或产品只能在短期获益，无法长久存活；如果一味地满足客户需求，而不顾成本，也会导致企业无法获利，而致无法生存。在任正非看来，满足客户需求的同时，追求合理的利润，才是最优策略，也是商业成功的基本逻辑。要做到这点，就要求企业在业务设计时以商业成功为导向，企业的生产经营活动围绕“商业成功”来展开。

针对互联网热潮下的低价竞争策略，任正非充满忧虑。在他看来，低价格、低质量、低成本，会摧毁企业未来的战略竞争力。企业必须有合理的盈利，才会去持续投资研发。没有适当的利润积累，把利润压得太低，实际上是在战略上破坏这个产品。

同样，任正非也排斥唯技术的创新。华为公司作为一家高科技企业，从创业开始，就始终坚持以市场的商业成功为导向，一切投资、一切管理的改进都紧紧围绕产品的市场商业成功，尤其摒弃脱离商业成功导向的技术创新。在任正非看来，这种盲目自傲的创新，对于没有资金来源的公司来说，无异于自杀。

拓展市场要找到价值规律，客户喜欢什么、需要什么，市场的利润点、机会在哪里等，都要一一弄明白。只有准确把握价值规律，才能实现商业成功。关于这一点，宝洁公司是众多公司的榜样。宝洁公司经过长期的市场调研，敏锐地发现，处于不同年龄阶段、社会阶层、文化习俗和生活习惯下的

人需求也不同。针对细分市场，宝洁专门研制出适合中国各类消费群体的洗发水。宝洁公司的商业策略取得了巨大的成功，各品牌占据的市场份额不断增长。

反面案例也有很多。就像任正非谈到的，日本手机短小精薄，诺基亚手机做工可靠，能做到几十年不坏，但都在终端上失败了。日本手机基本退缩回本国市场，诺基亚手机在市场上也基本消失殆尽。与苹果相对比，任正非给出了自己的看法，他指出，“苹果之所以能做成手机中的第一品牌，是因为它能快速地为消费者提供大量的软件，满足客户需求”，而“日本厂家在平台上太严格，僵化度高，跟不上快速变化的市场，日本的手机厂商就破产了”。从企业经营的层面来看，研发过程中对产品的商品化导向没有给予足够的重视，也是这些企业失败的根本原因。

华为荣耀手机立项时，内部很多人认为荣耀与华为其他产品有冲突，不利于其他产品的公开发行。面对各种分歧，任正非从市场发展的角度进行了分析，并给予了支持。任正非强调：“只要有利于发展，可以考虑各自独立运作，目的是要能赚钱。”可见任正非在产品研发上，看重的是结果而不是过程。同时，他还强调，“高端手机若以技术为导向，赚不了钱，那你们的高端是没有价值的”，不仅浪费资源，而且还会影响公司的财务。

经过多年的市场布局，华为手机在高、中、低端均有主打机型，其中 Mate 系列主打高科技商务旗舰，而 P 系列定位为科技时尚先锋。在 2016 年 10 月 14 日晚上，华为发布 nova 系列，完成年轻消费市场新布局。

经过不断的市场开拓，2016 年是华为终端大丰收的一年，年底发货量总计达 1.39 亿台，预计销售收入 1 780 亿元人民币，规模较 2015 年同比增长 42%。但即便这样，业界仍有传闻称，任正非向余承东表达不满。

当媒体记者向余承东求证任正非有没有批评他业绩不达标时，余承东有些怅然地说道：“华为手机的总体销量任总是认可的，如果非要说批评了什么，那就是批评我们盈利能力还是不足，利润增长太慢，太多利润都被渠道商赚走了，我们成了为渠道商打工的了。”

对于华为手机来说，2017 年仍旧是艰难的一年，华为手机必须提高盈利，提高利润率，并控制好发展节奏。

华为看重的是商业结果，研发出来的产品必须能赚钱，不能赚钱的产品对公司来说都将是一个灾难。对于如何赚钱，提高利润，任正非在内部会议上也常常给出建设性的指导。

2014 年 4 月 17 日，在西研所业务汇报会上，任正非以“聚集商业成功，英雄不问出处”为题作了专门的讲话：“我们不要老是认为收尾不赚钱，收尾才赚大价钱。我们要向日本人学习，日本人卖汽车就特有经验，日本有很多二手汽车都要淘汰，他就卖到非洲去，2 万块人民币一辆，便宜得不得了，但是备件卖得很贵，换个备件都得几千块钱。C&C08 也没有竞争性了，客户也不会引入竞争对手，你们来做 C&C08 的生命后周期管理，备件、维护的优化也挺有挑战性，维护也要能多赚钱。所以零部件贵一点，客户也能接受，因此我们要学会一些方法。”

“生命后周期时代，是产品的生命后周期，不是商业的生命后周期，也不是我们的生命后周期。C&C08 备件涨了，为什么工资不给你涨呢，我们为什么就不能给你多分一点呢。雷锋是一种精神，不是一种机制。大家干了活不拿钱，不长久的。有一部分维护专家，愿意以技术为通道，也可循环去做 1 000G 路由器的生命后周期管理。产品没有投产，就开始生命后周期研究。”

商业活动的基本规律是价值交换，研发任何产品以及提供各种服务的时候都要考虑这一点，不能抛开产品的商业属性谈产品。在任正非看来，那些持续亏损的商业活动，完全偏离或曲解了以客户为中心的本意。已经破产的美国电路城公司 CEO 艾伦 · 伍兹为我们奉上了最真诚的告诫：“我们要时刻关注消费者的品味变化、购买方式的变化，懂得聆听消费者，而不是听从华尔街。”可惜他的这一感悟来得太晚了。

华为也会面临自己的冬天，下一个倒下的会不会是华为，我们不得而知。

但在任正非的心中，在所有华为人的心中，时刻铭记着："活不下去就没有未来，华为要以客户为中心，以商业成功为导向。"

1.4 发挥市场驱动力，建立发展优势

《华为公司基本法》第30条指出：战略市场的争夺和具有巨大潜力的市场的开发，是市场营销的重点。我们既要抓住新兴产品市场的快速渗透和扩展，也要奋力推进成熟产品在传统市场与新兴市场上的扩张，形成绝对优势的市场地位。

机会、人才、技术和产品是让华为持续发展的牵引动力，其中市场机会是原动力，层层推进，机会牵引人才，人才牵引技术，技术牵引产品，产品牵引更多的机会，形成一个循环。作为网络设备供应商，华为市场战略的要点是获取竞争优势，控制市场主导权的关键。以市场机会为企业持续发展的驱动力，华为需要更加坚定地聚焦于价值客户、价值区域和价值国家，致力于建立大市场，提供大宗产品服务，以获得持续的盈利能力。

1.4.1 基于优势，聚焦价值客户与价值国家

农村包围城市，一点一点深耕盐碱地的市场战略，对华为初期的发展壮大有着积极的指导作用。如今华为已成为通信设备领域的领路人，若依旧采用这种战略战术，必定给企业带来沉重成本负担。

为此，任正非指出一个企业的能力是有限的，在市场上不可能面面俱到。他说道："我们要敢于不在乎一城一地的得失，占据一部分地区，一部分客户，服务好他们。"在机会成熟的情况下，重点选择对公司有价值的客户作为战略伙伴，且重点满足客户部分有价值的需求，敢于把优质资源向优质客户倾斜。这同样是"以客户为中心"价值观之下的业务指导思想之一。

【辅助阅读】菲利普・科特勒的大客户理论

菲利普・科特勒指出，大客户这一概念因各种原因而处于不断发展之中。他认为，一是，顾客集中程度不断增加，少数顾客的销售额占了公司销售额的大部分（即遵循80/20法则）；二是，顾客往往会集中、大规模地采购公司的某类产品，而不通过当地市场进行采购，这就增强了这类客户的议价能力，这类客户也是公司的大客户，必须引起高度重视；三是，随着产品的复杂度增加，客户方组织里会有更多的部门和高层参与采购决策，这类客户的地位决定了其大客户的身份，使得公司必须派出具有权威性的管理人员进行推销，而非一般的销售人员。

菲利普・科特勒给出了公司选择大客户的标准：客户对大宗产品采购数量、对公司的高价值产品的采购数量；客户对采购的集中性和依赖性；客户对服务能力的要求以及与公司建立长期伙伴关系的愿望等。

菲利普・科特勒的大客户管理原则，同样符合意大利经济学家维尔弗雷多・帕累托提出的80/20法则。即在任何事物的集合中，重要的因子只有少数，不重要的则占多数，如果能控制重要且少数的因子，那么就能掌控全局。这一原理应用于客户管理中，指80%的公司营业额可能来自20%的大客户，其余20%盈收则来自80%的一般客户，所以我们必须聚集资源重点服务好大客户。

2013年9月5日，任正非在无线业务会议上提出：“优质资源要向优质客户倾斜。什么是优质客户？给我们钱多的就是优质客户。让我们赚到钱的客户，我们就派少将连长过去，就把服务成本给提高了，少将带个连去服务肯定好过中尉连长的服务。”

华为在很早以前就开始布局大市场，其市场策略不是一台一台地卖设备，而是将产品推向一个地区或国家。早在1994年，任正非在谈论公司市场策略时就提出了这样的观点："交换机是国家集中控制的产品，所以尽管整个通信市场很大，实际却集中在少数人手里。'过河一定要有船和桥'，我们要得到较好的利润，就需要通过大市场来获取。所以市场部以后会有一批人退出具体销售，进入不与商品发生直接关系的市场，创建大环境。大市场概念与市场竞争法则一定会让我们一步一步地走向辉煌。"只有大市场能够孵化大企业，例如中国的通信市场给华为带来了巨大的机会。通过早期的艰难拓展，现在的华为产品在中国市场上成了"抢手货"，其统治力连思科、爱立信等国际通信巨头也无法撼动。

2013年，华为开始调整战略，主攻发达国家市场。该年度举行的全球分析师大会上，华为透露了今后发展"路线图"。时任公司轮值CEO的徐直军表示，华为未来五年的运营商业务，将主要聚焦在发达国家，并使其成为新的增长点。

在企业业务方面，华为的主要拓展市场是欧洲、中国以及26个大企业较为集中的EMBA地区。在消费者业务方面，华为将进入30个智能手机需求较发达的国家。徐直军还透露，计划五年内在欧洲招聘5 500人，令该地区的员工规模达到1.3万人。与华为大举扩张不同的是，全球通信设备巨头却开始裁员，阿尔卡特-朗讯称将裁员5 500人，爱立信将在瑞典裁员1 550人，西门子也计划裁员1.7万人。

徐直军表示，"华为目前没有资本化和打算资本化的需求"，也不考虑上市。华为预计，企业业务和消费者业务将是未来业绩的增长点，到2017年占收入比例将由5%、22%分别增至15%、25%。

华为在把优势资源向优质客户倾斜时，坚持不放弃低端市场。任正非指出："我们现在是'针尖'战略，全力往前攻，我很担心一点，'脑袋'钻进去了，'屁股'还露在外面。如果低端产品让别人占据了市场，有可能就培育了潜在的竞争对手，将来高端市场也会受到影响。"华为当初就是从低端市场入手，完成积累后，逐步进入高端市场，因而他们也特别在意其他企业复制他们的道路。

华为对低端产品的定位是简单化、标准化、免维护化，能在流水线大批量生产。在质量上，硬件要像德国和日本的消费电器一样，使用寿命长。任正非指出："没有质量好、成本低的中低端产品包围、占领山脚，就形不成规模利润。"他希望低端产品能够保护公司的高端产品。在他的产品框架中，产品结构是个金字塔，低端产品是金字塔底层，是金字塔结构的基础。他指出："我们既然想在高层网上获得胜利，低层网上即使没有利润，我们也要干，低端产品的低成本高质量不是退缩，而是调整主攻方向。"

1.4.2　敢于抓住市场机会，获得规模效应

机会是企业扩张的动力，华为一直以来就强调机会对公司发展的驱动作用。当公司出现机会和成本冲突时，任正非说："首先要机会。抓住了战略机会，花多少钱都是胜利；抓不住战略机会，不花钱也是死亡。"

随着信息网络急剧扩张，新产品和新技术的生命周期越来越短。这就要求企业能够快速抓住机会窗，获得规模效应。否则，企业的发展会越来越困难。任正非鼓励华为人说："5 000 年后还有西瓜，我们还要吃西瓜。"机会一直存在，你不抓，别人就会抓。

【辅助阅读】任正非的吃瓜论

任正非指出，从全球宏观环境来看，5 000 年后还有西瓜，我们还要吃西瓜。西方国家，包括欧美日的网络都是 20 世纪 80 年代建设的，那时的技术条件是很落后的，运营的网络也是落后的。在 IT 泡沫时期推迟了优化，几年以后这个问题凸显出来，而且越来越严重。因此他们要对网络进行改造，这就给我们提供了巨大的市场空间。非洲、拉丁美洲有些后进的国家，现在也要尽快

推动信息化，填平数字鸿沟，来解决信息对人们的进步的促进问题，也有一定的空间。整个市场空间正在复苏，给我们提供了一个巨大的奋斗的平台，我们应该是有机会的，而且机会越来越明显。

任正非强调，要抓住战略机会进行扩张。20 世纪 90 年代，中国电信业飞速发展，对程控机的数量和质量有很高的要求。处于创业期的华为迅速抓住机会，分析客户需求后，研制了 C&C808 程控机，大量抢占国内市场，完成了原始积累，并建立了技术领先优势。

华为产品进入市场后，往往保持一定的投资强度，以抢占市场制高点。这保证了华为产品在市场上的定价权优势。任正非指出："抢占战略制高点，我们只需要三分之一的地盘，插进一只脚去。战略机会永远都会出现，技术在进步，时代在进步，客户在变化，不是要完全颠覆已有的优势才可以获得战略机会。"

任正非强调："我们要在世界竞争格局处于拐点的时候敢于超车。大家看 F1 比赛，赛车在直线跑道从来没有超车的，因为在直线上大家都是拼命加速，你怎么超得了呢？而在弯道的时候，一个判断失误，可能他就掉到后面去了。因为弯道多迷惑、多犹豫。现在电子产品像秋天的西瓜一样过剩，西瓜太多了，西瓜的价格就降到令人不可接受的地步，谁都不清楚未来这些产品能否恢复盈利。我们只要把握住我们的优势，敢于在弯道上加大投入，就有可能在某方面超越他们。"

2007 年，第一代 iPhone 发布，华为战略部刘南杰提出电信网络"端管云"战略。此时有华为内部人员提出，智能手机将会危及数据卡的销售。之后华为启动智能手机战略，但并未纳入公司的主航道。

当时苹果、三星、HTC 等手机厂商竞争得如火如荼，基于客户接纳度、研发技术等原因，华为是无法追赶上的。于是，公司消费实验室经过研究，提出：做150美元的智能手机（国内也叫作千元智能机）。2G的GSM快速普及时其价格在170美元左右，那么3G快速普及，其价格应该在150美元左右。从2009年到2011年间，华为全力推广千元智能机，得到了运营商的认可，也培养和积累了客户群。之后，手机厂商不断创造机会迎合消费者，导致智能手机同质化严重，种类繁多，这也使得消费群体选择也越来越多元化。

华为出于多种原因考虑加大对手机业务的投入，并成立独立的业务部门。在质量好、服务好、价格低的理念下，推出荣耀系列、P系列等，结果大获成功。在接下来的几年中，华为手机业务在低、中、高端三线发力，全力超车，至今其市场占有额为世界第三、中国第一。在芯片制造上，华为终端更是投入巨额资金，不惜一切代价研发海思芯片，最终研制成功，打破了西方手机芯片的垄断，这使得华为手机获得了越发明显的优势。

抓战略机会，敢于投入，坚持投入。企业抓住战略机会是一回事，能否利用好又是一回事。比如，抓住机会后却在后续投资上犹豫不决，因担心成本，或态度不够坚决等原因，投入时断时续。机会就这样白白浪费了，之前的投入也打了水漂。任正非强调："要从战略的角度看待当前公司的发展，发展需要发展成本，招人对效益、工资增长可能会有牵制，但要看到明天、看到未来，这样就会有新的、不同的认识。该发展时必须抓住机会迅速发展。"

任正非还强调企业要有战略耐性，"在大机会时代，千万不要机会主义"。企业不要急于将新技术过快地推向市场，否则必将企业置于危难境地。任正非告诫华为人："在这个时代里，大公司是最后的赢家。机会总是波浪式的……你抓住机会，大规模地投入，就从后进变先进了。有时并不一定急于领先小公司。"其意图就是持有新技术后，要一直关注客户需求方向，等待市场上的产品生命周期越来越短，然后出奇制胜。

1.4.3 做粗"管道"，保持对客户的优势

2016年，华为把未来目标设定为"坚持长期投入，以客户为中心，聚焦

管道战略”。未来社会是信息社会，大量的信息传递需要载体，这对于华为来说是一个巨大的机会，也是发展的动力所在。

任正非认为，随着信息内容越来越丰富多彩，华为有广阔的市场前景。他强调：“内容都是要通过管道来传送的，大家都来点，小的管道服务商就堵了，因为他没有那么大的带宽。小的管道服务商没有了，没有他们用低价撬动市场了，这时候能提供超级服务的大管道服务商就可以减少恶性竞争的压力。”在任正非看来，华为积极坚持做管道，做到太平洋那么粗，到时客户只能依赖华为和少数几家能做粗管道的公司。

【辅助阅读】华为的管道战略思想

2013 年任正非接受新西兰媒体采访时说：“我们的企业就是铺设管道的，我们的管道能够输送数据与信息……你刚才有没有看到华为展台有一棵树，树枝上结了许多果子？这棵树的树干就是我们的大数据管道，树枝上的果子是千万家内容商与运营商的业务。我们的云原则是上不碰内容，下不碰数据，而是支撑平台，这同样也是管道。树干上面挂了很多果子，其实就是运营商、内容提供商等各种商，几千家、百万家将来都在这棵树上开花，服务社会。根在哪呢？根在客户那个地方。我们吸足营养，这样会使得我们的树干更强壮……华为多年来只做了一件事，就是坚持管道战略，通过管道来整合业务和产业。通信网络管道就是太平洋、是黄河、是长江，企业网是城市自来水管网，终端是水龙头，沿着这个整合，都是管道，对华为都有用。当然，管道不仅限于电信，管道会像太平洋一样粗，我们可以做到太平洋的流量能级，未来物联网、智能制造，大数据将对管道基础设施带来海量的需求，我们的责任就是提供连接，这是一个巨大的市场。”

华为管道拓展的具体路径是什么？任正非指出：“向全世界最智慧的大脑

开放，包容所有的智慧，接纳一切新发生，促使管道变粗。终端是管道战略的一环，是水龙头，可以撑大管道。华为终端，就是要不断把这个管道拓宽。借助终端战略，华为直接接触最终客户，直接把华为大树的根须深深扎在最终客户需求的沃土里。”

在运营商业务上，任正非指出华为不能穿上红舞鞋。未来华为计划从业务、运营、架构和网络四个方面，建设 5G 网络，推动 IoT 等前沿技术发展。我们现在处于大互联网时代，且未来的物联网将取代互联网，其数据流量会更大。华为认为在此基础上去做内容一定不会成功，如果坚守在流量传送的管道领域，流量管道越来越粗，华为就有机会。

华为在大数据时代要始终聚焦于管道战略。华为常务董事、CFO 孟晚舟在百年清华大礼堂演讲中说道：“在过去的 28 年里，华为经受住了‘赚快钱’的诱惑。”“华为从不追求当期利润最大化，保持对未来的持续投入。人们看见了我们在经营上的成功，没看见我们在冰山下的努力。2015 年，华为研发投入高达 596 亿元，占销售收入的 15%。过去 10 年，华为累计投入 2 400 亿元进行研发创新，17 万员工中研发人员占比高达 45%。未来几年，华为每年的研发经费将超过 100 亿美元，其中 15% 至 30% 投入基础技术研究和创新。用今天的钱，建明天的能力。企业只有拒绝今天的快钱，才能持续赚到钱。”

2016 年 7 月 25 日，华为发布上半年度经营业绩，公司实现销售收入 2 455 亿元人民币，同比增长 40%；营业利润率 12%。华为 CFO 孟晚舟表示：“受益于华为构筑的全球化均衡布局和聚焦管道战略，2016 年上半年华为在三大业务领域均获得稳健增长。”

2016 年上半年，存储、SDN、云计算等主打产品和平安城市、电力物联网等解决方案在公共安全、金融、电力、交通、教育、媒体资源等市场领域应用广泛。

华为消费者业务在全球市场也保持稳健增长。手机、智能产品在近 30 个国家成为最受消费者喜爱的终端品牌之一。其中，P9、Mate8、荣耀 V8、

MateBook 的旗舰产品受到全球消费者的认可和喜爱，华为首款二合一笔记本产品 MateBook 也已登陆全球数十个国家，并获得广泛好评。

孟晚舟表示："我们将继续稳健经营，在 2016 年有信心保持持续增长势头和良好的财务状况。今年年初，华为将 2016 年的销售收入目标设定为 750 亿美元。"而到 2016 年 12 月底时，华为轮值 CEO 徐直军宣布，华为 2016 年销售收入将达到 5 200 亿人民币，同比增长 32%。

华为聚焦管道业务，做粗管道，敢于投入，这让华为成为全球通信行业的领先者。展望行业前景，华为轮值 CEO 郭平指出："未来二三十年内，人类社会一定会演进为信息社会。预计到 2025 年，全球将新增 40 亿的宽带用户，超过 1 000 亿的物也将被联接起来，每个人消耗的流量也将增长 500 倍以上。滚滚数据洪流水，浪花淘尽英雄，我们切莫辜负了信息时代赐予的成长机遇。"

做粗管道，保持对客户的优势，实际上也是"以客户中心"的发展战略，因为聚焦客户，跟着客户方向走，才能把管道做到太平洋那么粗。

任正非说："以客户为中心实际上是一个辩证的关系，就是要挤出公司内部最后一点多余的成本，帮助客户成功，从而成就公司的成功。"

第2章　坚持客户需求导向

我们强调，要坚持客户需求导向。这个客户需求导向，是指理性的、没有歧变的、没有压力的导向，代表着市场的真理。有压力的、有歧变的、有政策行为导致的需求，就不是真正的需求。我们要永远抱着理性的客户需求导向不动摇。

——任正非

导语：以客户需求为导向开展业务活动

企业离开客户需求的行动，犹如脱靶之箭，速度越快偏得越远。

客户需求是什么？产品功能是否符合客户需求？客户为什么要提这样的要求？客户为什么对我们的服务方案不满意？等等，企业经营者需要思考这些问题并提供准确的解决方案。任正非说："一定要走出去，一定要贴近客户，才能准确地获知客户需求。"贴近客户，理解客户，抓住客户需求，进而快速响应客户需求，才能最终获得胜利。

华为虽然在研发投入上位列全球前10名，但是它所有的研发工作仍然是以客户需求为导向，充分发挥着市场驱动原则的作用，而不是以技术为导向。任正非时刻担心着华为上下以技术自傲，固守"工程师思维"，而缺乏"工程商人"的务实，这样也就远离了客户需求，最终将会给华为带来巨大的危机。华为必须做到以客户需求为导向，在此基础上充分利用新技术，把产品做到质量最好、成本最低。

华为在构建自己商品化的产品同时，也构建了整体服务体系，即由传统的单品经营模式向为客户提供系统的解决方案转变，这是未来企业发展的一个重大趋势。

本章将着重讲述华为如何走近客户、如何与客户沟通、如何按客户思路研发产品，以及如何为客户提供整体解决方案。

带着问题阅读：

1. 如何深入理解客户需求，抓住客户的"痛点"？
2. 面对客户的责难、苛求、信任，到底该怎么做？
3. 如何理解"以技术为导向"和"以客户需求为导向"？
4. 如何让客户参与到产品的研发、设计工作中来？
5. 为客户提供系统解决方案对组织管理有哪些要求？

2.1 走近客户才能理解客户

客户的需求是通过沟通、分析和引导而被挖掘出来的。企业不知道客户的需求是什么，客户有时也不完全明白自己的需求，只有通过沟通才能发现一切。企业应积极走近客户，从市场、行业、产业角度，甚至是竞争对手的角度，不断认识客户和了解客户，进而抓住客户需求。

2.1.1 “走进去”“贴上去”，吃透客户需求

贴近客户才能知晓客户需求点是什么，任正非说：“春江水暖鸭先知，你不下水，怎么知道天气变化。”但客户需求千差万别，有时还会受到情绪和外部环境的影响。这就要求企业定位客户需求的层次，针对不同的客户满足不同的需求。客户需求分析还要建立在具体的客户或客户群基础上。如果不能成功匹配客户战略层面的诉求，只能沦为边缘供应商。

著名营销大师杰克·特劳特谈到营销定位时说：销售不是一场产品战争，而是感知的战争。这表明决定客户是否购买一件商品或服务的关键因素，是他的感知需求。坐在办公室无论怎样讨论、分析都不可能感知到客户的需求和一些潜在的变化。

【辅助阅读】华为对客户需求的定位

企业要充分理解客户需求。客户需求呈金字塔结构，最高层次是满足客户组织成功的需求，最低层次是满足产品的功能需求。针对不同层次的客户需求，华为公司进行了分层管理。

华为内部将客户需求划分为五个层次：底层为产品需求、第二层为服务需求、第三层为体验需求、第四层为关系需求、顶层为成功需求。

满足客户需求首先要解决客户的痛点问题，把客户需求问题化，并关注客户打算如何解决、解决到何种程度、期望的解决时间等。华为服务团队在把握客户需求时，不仅要立足为客户创造价值，而且还要关注客户能感知到多少价值，这决定了客户的购买意向和购买额度。

感知到客户需求才能满足客户需求。以苹果公司为例，研究团队经常浏览聊天室以寻找用户潜在的需求，iPod 车载充电器的市场需求就是在聊天室中找到的。与苹果公司一样，华为也十分注重感知客户需求。公司的每次竞标都意味着一个新的开始和挑战，不同的客户有着不同的需求，于是他们就想方设法走近客户，挖掘客户的需求。对此，任正非提醒华为一线人员：“前方人员，要有对市场的灵敏嗅觉，就像香水设计师一样，能够灵敏区分各种香味，不能区分就不能当 IRB 人员。这种嗅觉就是对客户需求的感觉。这种嗅觉能力来自于哪里？来自于客户，来自于与客户聊天、吃饭。”可见，任正非积极鼓励华为人贴近客户。

V 运营商是 B 国三大运营商之一，是华为的重要客户之一。代表处负责人在一次与本地员工喝咖啡时，了解到 B 国南部一个小镇有一个最重要的节日“Gramado 电影节”。小镇人口仅 3 万人，每年 8 月 14 日到 8 月 19 日举办南美洲最有名的电影节，届时旅游人数将大增。这也是 V 运营商在商用 GSM 网络后第一次电影节，这位代表处负责人意识到这是一个潜在的客户需求。项目组人员制定了一份详细的“计划书”。当代表处负责人把这份电影节网络保障计划和建议书放在客户总监桌子上时，客户总监十分惊讶。当时就看到了原有CDMA网络在电影节期间的通话量数据，客户总监说，他看到了一份“商机”。华为建议召开一个小型的媒体宣传活动，很快被客户采纳了。电影节后，华为产品的用户数在南部几大城市超越了其他老牌运营商。

设想这位销售代表若只待在办公室给客户打电话，或召集大家开会讨论，估计永远也不可能赢得这样的机会。贴近客户才能了解客户最真实的想法和需求。任正非建议华为的各个部门，尤其是干部，要不断地提问：“目标客户的需求是什么？产品（服务）的功能是否符合客户的需求？为什么客户要提这样的要求？”要准确回答这些问题，他要求大家：“一定要走出去，一定要贴近客户，才能正确地获得客户需求。”

他还建议一线人员，要用热情打动客户。只有处处热情，客户才会告诉你真实的想法。热情关怀在工作中有着强烈的感染和吸引别人的力量，是市场成功不可或缺的基本要素。

2009年，为配合运营商网络的建设工作，为了更深入理解客户需求，为客户提供更加有竞争力的产品和解决方案，华为的相关部门组织了“同心之旅”关怀行动。在活动中客户纷纷道出了自己的想法和不解。“你们的关口局在处理VPMN用户被叫业务的时候，能否简化一下？”“这是个标准流程，从技术上讲，这样的优化意义不大，反而更麻烦。”“我们的关口局和STP间的信令负荷已经很高了……”“我们开始的时候为什么没有想到？”客户关怀小组拜访完客户后，就客户需求进行分析、验证，并及时改善到位。

华为成立客户关怀小组，现场走访，主动为客户排忧解难。华为还经常把客户邀请到项目设计中来，倾听客户怎么说。当客户介入到具体项目中，就可以清楚客户对设备的使用习惯、工作流程和困难，很多设计问题就能迎刃而解，很多决策就能更加准确。

此外，任正非还建议华为人在客户的骂声中寻找客户的需求。他指出："我们的接入网、商业网、接入服务器等概念都来自于与客户的交流，实际上就是客户的发明。很多知识智慧在客户手中，我们要多与客户打交道，乐意听取客户意见。客户骂你最厉害的地方就是客户需求最强烈的地方，客户的困难就是需求。"

2.1.2 以客户痛点为切入点，打动客户

客户为什么要骂你，就是因为客户难受，他的痛点没有解决好。面对客户，必须从一开始就针对客户的痛点，不必拐弯抹角，这是华为销售人员经常采用的销售策略之一。

任正非指出："我们应该给客户展示未来，我们不展示历史。客户天天跟我们打交道，早就对我们很了解了，为什么还要叫客户复习一遍呢？客户只是不知道未来会是什么样子，我们也不知道客户的未来是什么样子。所以我们要知道客户到这个地方来他关心什么？人家是来研究自己看不到的未来。"与客户直截了当地探讨痛点，往往会产生意想不到的效果。

【辅助阅读】"痛点营销"

痛点就是原有期望没得到满足而造成心理落差，这种不满在个体心智模式中形成负面情绪，这种情绪不断发酵，让个体感觉到痛。例如产品或服务的期望和现实的产品或服务对比产生的差距，由此导致个体体现出来一种"痛"。这种落差和差距就是痛点。任正非谈论"痛点营销"时指出：你们知道世界上对男人的最佳表达是什么吗？电影《泰坦尼克号》告诉我们，在生死存亡的时候让女人先走，自己死掉，这就是对男人的最佳表达。我们公司的最佳表达是什么？我们的展示应该从哪个地方切入？我认为应该是从客户的痛点去切入。我们要搞清楚客户的痛点在哪里，我们怎么帮助客户解决他的痛点。抓住

客户的痛点进行表达，才能打动客户，让客户认可我们。我们要让客户认识到华为才是他真正的盟友。当然除了技术，未来的商业模式……等东西也是我们需要表达的内容。

教育学家班杰明·D 提出，在一分钟内完成改变，可令对方刮目相看。我们可以理解为，在第一时间内揭示客户的痛点，让其借口无所遁形，接受我们的意见或方案。可见，华为从一开始就和客户共同探讨痛点是有充分的理论依据的。任正非说："让客户感知到这个痛点就是他想找的，让客户看到他的未来，认同这个未来，然后和我们一起去找解，看我们能给客户提供什么服务，帮助他走向未来。这样的沟通和探讨才能引人入胜，客户才会关注我们解决这一问题的措施和方案。只有当客户深刻地认识和理解了我们，他才知道我们这个战略伙伴和别人有什么不一样，才知道我们能提供给他的是什么样的未来，才会买我们的设备，我们才能活下来。"

李想（化名），华为子产品线技术负责人、软件 BU 技术体系负责人。2008 年，欧洲一家著名电信运营商准备开展网络升级改造工作。通过沟通，李想和他的团队发现客户期望构建一个能够支撑话音、内容、广播、视频的综合性开放平台，同时支持宽带窄带一体化及可再次开发。于是，李想迅速带领团队设计和修改方案，之后不断进行测试和演练，直至深夜。

竞标现场，客户提出以 J 公司平台架构为基础进行开发，以适配不断增长的业务需求。李想指出："J 公司平台架构在性能和可靠性等方面没有达到电信级产品的要求，技术目前尚不成熟，在业界也没有成功案例。此外，如果采用 J 公司平台架构，那么现有业务将面临平台迁移割接等诸多问题，成本会大大增加。"李想坦诚而专业地指出了存在的问题，而没有盲目地认同客户的想法，她进一步提出："将平台架构划分为 NativeSEE 和 JAINSEE 两部分，在成熟的 NativeSEE 上能够做到快速、低成本、高性能，满足电信级要求……"李想提出的建议既能满足电信级要求，又能满足客户对开放性及二次开发的需求，且有较高的性价比。

在与客户不断的交流探讨中，形成了业界领先的双引擎解决方案，并确定了能够满足系统的各种性能和优良的业务网络引擎的技术理念。客户对李想的方案大为赞赏，并采用了她的建议。

李想一开始就抓住客户的痛点，而不只是从技术的角度讨论，加上深厚的技术功底和客观中肯的建议，迅速赢得了客户的信任。以痛点为切入点打动客户是任正非一贯提倡的。他曾指出，我们一定要站在客户的角度抓好网络质量。要研究客户的网络痛点在哪，就是从数据流量图、卫星图……人口分布图等看，每个月坚持看，痛点在哪里，哪里的数据流量太集中了，这个地方投一点资，这个网就会松开很多，收益就增加，这样运营商就增加了发展的信心。不要带着理想硬塞“死老鼠”给别人，要避免无效投资。显然，任正非希望华为人能抓住客户痛点，而不是推销自己的“理想”。华为以“客户痛点”为切入口的市场营销策略在投资、谈判、项目交付中贯彻得十分彻底。例如：

2014 年 9 月初，华为项目组抵达江苏为客户进行 iODN 试点测试。友商也参与其中，时间非常有限，如何争取到客户资源成为第一个难题。18 日是启动正式测试的时间，当天正值中秋前夜，客户时间早已排满。项目组不停地与客户邀约，终于争取到了一点时间。邀约后，成员们又开始为测试内容担心：“时间够吗？如果第一项测试无法吸引客户，以后就麻烦了！”一位成员突然想起，客户曾无意提到过一件事：为了提高网络传输效率，不久前客户组织过一次铜改光链路调度，但几天下来，光路一直不通，项目也被迫暂停。项目组立即调整策略，抓住客户这一痛点作为第一项测试内容。果然，客户看到测试顺利呈现，高兴地说：“太好了！没想到这么快就让你们解决了。”之后，只要有测试，他都找华为。就这样，华为项目组赢得了客户的信任和合作机会。

华为以客户痛点为切入点，为客户解决问题，赢得了客户的肯定和信任。实际上，“痛点”就是过程（任务）导向与目标导向的差别。比如关注结果，还是为了达成任务给别人塞“死老鼠”。再比如设计一款手机时，华为会提前针对影响用户体验的“慢、卡、顿、续航”等因素进行解决，而不会为了追求上市速度推出新品。很显然前者是目标导向，后者是任务导向。关注过程还是目标，既是个人也是组织能力的分水岭。关注目标，意味着我们可以更好地判断怎么做是对结果最有效的，然后尽快去完成。

企业想获得客户信任，就应以“希望客户信任自己”为目标思考怎么做。这个时候就需要去发掘客户痛点在哪里，然后针对痛点进行研究和分析，找机会与客户沟通，把它们提出来。以结果驱动的思维发掘“痛点”，更容易中靶，获得商业上的成功。

2.1.3 抓住客户需求，用行动力影响客户

面对机会立即行动，即使没有条件也要创造条件。被称为“沙漠之狐”的隆美尔强调没有条件要发挥主观努力，立即行动就会有机会胜利，他说：“对于指挥官和部队，都要求他们发挥极高度的随机应变能力。”“有一些指挥官会为了补充燃料和弹药，而浪费很多的时间。即明明知道要迅速攻击，才有获胜希望，他们也还是好整以暇。”“在一次作战中，指挥官最要把握住的就是时间的观念，他应尽最大的力量，在规定时间之内完成他的使命。一个指挥官的推动力和精力要比他的智力更为重要。”

同为军人出身的任正非也是常常将战争中的一些战略战术移植于商业实践中。当一个销售员滔滔不绝地在诉说时或许可以让客户动心，但很多时候却难以让客户做出购买决策，主要原因就在于销售员还没有引导客户突破“意向和行动之间的距离”。心理学家指出有意向并不一定会导致行为的产生，人的意向和行为之间还存在着一些来自自然或人为的额外因素，这些因素会阻碍行为的实现。最常见的就是偏见和不信任，当华为销售人员遇到这种情况时，并不急于求成，他们往往会从不会被客户拒绝的行为切入，慢慢深入客户的核心需求，潜移默化地影响对方，直至对方答应己方的要求。这在心理学上被称为

登门槛效应。

【辅助阅读】登门槛效应

登门槛效应，也叫“得寸进尺效应”，是指一个人一旦接受了他人的一个微不足道的要求，就会接下更多更大的要求。这种现象，就如登门槛、上台阶一样，一步一步地达到目的。登门槛效应，是由美国社会心理学家弗里德曼与弗雷瑟于1966年做的“无压力的屈从——登门槛技术”的现场实验中提出的。

研究人员对两个住宅区的家庭主妇提出了一个同样的要求——把一个不仅大而且不太美观的招牌放在庭院里。

在第一个住宅区，研究人员直接提出这一要求，结果只有不足20%的家庭主妇同意。在第二个住宅区，研究人员先请她们将一个精美的小招牌挂在她们家的窗户上，这些家庭主妇都愉快地同意了。两个星期后，他们再次拜见这些同意挂小招牌的家庭主妇，对她们说希望她们能将一个稍大但不怎么美观的招牌放在庭院里。结果，60%的家庭主妇同意了。

心理学家认为，一个人拒绝违反意愿的或难以做到的请求是很自然的，但如果他对于一个小请求找不到拒绝的理由，就会产生同意的倾向。而在他卷入了一项活动的一小部分以后，他就会随着活动的展开产生一种关心社会、关心他人的知觉、自我概念或态度。这时，如果他拒绝后来的大要求，就会出现认知上的不协调，而恢复协调的内部压力就会驱使他继续做下去，即答应以后的大要求。华为代表处的客户经理们经常有意或无意采用“登门槛”的战术。

2009年，K国代表处某位产品经理前往拜访客户，客户让他在会议室等，十分钟、三十分钟、一小时过去了，到下班时客户见他还在等，礼貌地说：“我现在下班了，我们下次谈。”产品经理回答道：“没事，明天我会再来等您。”。

回到代表处，产品经理和项目组成员分析总结，客户对我们的产品和服务还有偏见，我们必须从最基础做起。第二天，这位产品经理在客户的办公室找了一个空位，观察周围的一切，记下信息，在客户办公室2周后，客户手下的产品经理们开始找他咨询一些方案。这位产品经理借这些机会不断回访客户。客户逐渐感受到了他的诚意，在一天下午把他叫到办公室，聊智能手机的话题。他凭借出色的专业支持，得到了客户积极地回应。通过这次谈话，客户慢慢地开始与代表处接触，话题由产品，到当地文化，到中国文化，无一不谈……

2009年6月，客户业务发展迅速，不断有用户投诉网络速度慢，出现了部分用户转网的情况。客户开始向代表处咨询解决方案。客户描述了一些场景后，产品经理依据以前准备的“看网讲网”材料，开始为客户诊断。20分钟的宣讲为客户解开了许多疑问，同时也激发了客户的思考，并提了很多种解决方案。代表处把客户的需求一一记录，反馈给后方平台。接下来，这位产品经理每月将研发进程反馈给客户。与此同时，与客户其他产品的拓展也开始展开，实验局、技术交流开始互动起来，逐渐地，客户开始接受华为产品，并向代表处邀标，请华为项目组开实验局，最终打开了局面。

K国代表处这位产品经理，采用“登门槛效用”模式逐渐打开了局面。不过我们也要看到，在他逐渐打动客户的背后是专业知识的支撑和以客户为中心的服务态度，以及以满足客户需求为导向的业务开展手段。

投出木桃，收获琼瑶。华为K国代表处经过多年奋斗，与客户STC实现了合作。若干年后，时任客户STC移动网络维护部总经理说：“其实几年前华为的销售代表就希望能和我见面，我一直没有开门。他没有放弃，每天都到我的办公室门口等待，坚持了两年。就因为这一点，他是个值得尊重的人，我想应该给华为一个机会。”

华为人怀着一颗真诚之心走近客户，了解客户需求，不惜一切代价赢得客户信任。这值得所有市场拓展人员，以及企业经营者深思和效仿。

2.2 主动沟通，赢得客户信赖

积极行动，并与客户之间保持主动沟通状态能够让我们在市场拓展中掌握主动权，包括近距离了解他的需求，获得比竞争对手更为迅速的机会。此外，先于客户提出自己的建议和问题更能获得客户的信任。

2.2.1 加强与客户的沟通，倾听客户心声

任正非说："坚持与客户进行交流，听一听客户的心声，我们就能了解客户的好多想法。我们今天之所以有进步，就是客户教我们的嘛。不断地与客户进行沟通，就是让客户不断帮助我们进步。如果嘴上讲365天都想着产品、想着市场，实际上连市场人员、客户的名字和电话号码都记不住，还有什么用?"

企业经营者应把"与客户沟通"放在一定的高度，并向各部门、各级员工传递。在华为，他们通过各种客户沟通策略加强与客户之间的沟通。

【辅助阅读】华为内部员工的客户沟通策略

客户沟通需要有明确的策略和意图，关注客户沟通过程中如何接近客户，如何提升效率和客户满意度，如何接近成功。

(1)"尊敬客户"，保持谦虚的态度。仔细倾听客户的观点，然后再从具体的角度给予评价，冷静、耐心听取客户的问题。

(2)"相互信任"，既要让客户了解个人能力和诚信，也要让他了解华为团队也是有能力做好的。对于存在的问题和风险，要站在对方的角度分析，并主动及时给出解决方案并将结果及时通报。

（3）“有求必应”，保持、促进良好的客户关系，为华为赢得口碑。对客户指出的相关项目问题，要仔细分析原因，正面回应，并给出建设性意见。

（4）“无缝沟通”，建立与客户沟通的各种渠道。除例行项目沟通会外，还要定期致电客户询问对项目交付的意见。如果出现问题立刻预约时间亲自登门拜访，以及在最短的时间内解决问题，在一些关键场合和问题上给予客户有效的支持。

（5）“细节是魔鬼”，对客户提出的一些细节问题，要留心。这些可能是客户比较关注、经常挂在嘴边的，一定要认真予以解决。

与客户沟通，真诚要放在首位。哲学家罗素认为，真诚是人与人交往的基础，也是道德形成的基础和获得自由的前提。他说：“即使真相并不令人愉快，也一定要做到诚实，因为掩盖真相往往需要花费更大的力气。”回顾华为的成长历程时，任正非这样说道：“这些年来走过的道路，我认为我们就是本着一种真诚、互利的合作态度，所以我们的合作伙伴越来越多，我们的销售额也越来越大。因此，只要我们能够真诚地对待客户，客户就会信任我们并一直支持我们。”市场拓展必须以客户为中心，挖掘客户痛点，迎合客户需求，只要客户满意了，就不用担心竞争对手。为此，华为人在与客户的交往中始终抱着一颗真诚之心。

此外，懂得用心倾听也是华为赢得客户信赖的法宝之一。英国哲学家霍布斯说过：“倾听对方的任何一种意见或议论就是尊重，因为这说明我们认为对方有卓见、口才和聪明机智，反之，打瞌睡、走开或乱扯就是轻视。”苹果 CEO 库克上任后每周都会抽出晚上的一些时间看 10 000 条评价，倾听用户声音。任正非也指出：“我们的队伍建设就是要加强与客户的沟通，认真听取和理解客户需求。”

倾听可以从客户的视角看问题，了解发生了什么，倘若一味地固执己见，只会令客户厌恶，问题也无法解决。就与客户主动沟通的问题上，任正非说："作为一个产品经理、客户经理，不能装一肚子学问却见不得客人，必须要通过交流来巩固加深客户对我们的认识。"沟通不是漫无目的的闲聊，要有一定的目的性和目标性，围绕客户的需求或某些爱好兴趣展开，才会听到客户的需求。

业务线是一线作战团队，华为的每一位客户经理每天都会面临着实战和竞争。为了能做到理解客户、想客户所想、匹配客户商业诉求，华为某年轻客户经理设定了目标：三年内，一定要拜访100位客户CXO人员，通过与客户的面对面沟通和交流，理解业界趋势、理解客户诉求、发现和识别可能的机会点。同时他也给自己立了工作规矩：自己参与准备交流材料，每次亲自讲解，这能够快速拉近和客户的距离。

自我设定目标后，这位客户经理开始积极行动，抓住一切可能和客户见面交流的机会，与他们直接沟通。通过这样的方式，这位客户经理对业务熟悉度不断加深，也不断获得客户第一手信息。日积月累，年轻的客户经理可以准确把握客户需求，以及什么对客户商业成功最重要。三年中，他完成了与120多位客户面对面的交流。

这位客户经理与一百多位客户面对面交流，充分了解客户内心的真实想法，为代表处后续销售和服务工作带来了极大的便利。日本保险业"推销之神"原一平曾说："对于推销员来说，善于听比善于辩更重要。"这充分强调了倾听的重要性。

华为人在与客户的沟通中，还经常使用自我批评的方式来获得客户的信任。任正非曾要求华为人用心对待客户的批评，他说："认真对待客户的批评，全体听录音、讨论、整改。'闻过则改'，认真听取批评意见，不断地自我批判，不断地改进，使自己变得更优秀。"

华为负责的B项目是O国第一大运营商的重点项目，客户项目总监I先生对项目管理十分重视和严格。由于前期交付缓慢，客户向公司投诉。项目组快速响应，拟定整改计划。项目代表会见客户的项目总监 I 先生，向对方诚恳地道歉，承认进度的延误，并展开自我批评。一是，项目执行计划缺乏清晰目标和优先级，导致虽然投入较多，但交付效率不高；二是，项目组织结构不清晰，和客户没有对接，缺乏沟通和问题的协调处理机制；三是，项目质量控制缺乏现场管理和资源，导致 DDF 接线得不到保证。客户听了华为项目组的"自我批判"后开始露出笑容，追问接下来如何处理。项目组拿出准备好的三张计划表递交给客户，同时重点讲了目前客户最关注区域的建设目标、计划、质量控制、资源方面的情况。客户看了后十分高兴，立即指定配合的接口人，并提供相关资源。当客户了解完所有任务细节后，对华为项目组给予了积极的评价："我相信华为是可以做好交付的。"项目组按照整改计划完成了任务。就这样，华为项目组凭借出色的沟通实现了完美的转身。

案例中，项目组主动向客户承认错误，并提出了自己的整改意见和方案，引发了客户的兴趣，愿意主动配合华为按时完成任务。华为人就是在这样的自我批评和改善中，持续提升着服务能力，也提高了客户的满意度。

任正非指出："在客户面前，我们要洞察未来，认真倾听客户的需求，帮助客户解决他们所关心的问题，为客户创造价值，帮助客户实现商业的成功，客户才有可能把华为当作'问计的对象'。"

2.2.2　不放过每一个问题，让客户满意

夫祸患常积于忽微。我们在处理客户的问题时，有时会认为某些问题不太重要，或是问题非常容易整改就轻易放过了，结果却成了致命失误。在客户管理中，放任问题不解决，只能是滚雪球，越滚越大，产生蝴蝶效应。

我们自认为那些不重要，或根本不值一提的问题，有可能恰恰就是客户最在意的事情。敷衍或拖延行为，让客户失去耐心，也会让企业失去订单。

【辅助阅读】蝴蝶效应

蝴蝶效应是气象学家洛伦兹1963年提出的。一天，美国气象学家爱德华·洛伦兹（Edward Lorenz）在皇家麦克比型计算机上进行天气预报的计算。为了考察一个很长的序列，他没有令计算机从头运行，而是走了一条捷径，然后让计算机来计算结果。在等待结果的时候，他下楼去喝一杯咖啡。回来后，他看到出乎意料的结果——天气变化同上一次的完全不同。他以为计算机出错了，又重新计算了一遍，但还是这样的结果；他又换了一个数据再次计算，却看到了更大的差异。重复多次后，他才相信一个微小的误差随着不断累积会造成迥然不同的后果。

之后，他在一篇论文中分析了这个现象。他指出："如果这个理论被证明正确，那么一只海鸥扇动翅膀就可以永远改变天气变化。"之后他又把"海鸥"换成了"蝴蝶"说："一只南美洲亚马孙河流域热带雨林中的蝴蝶，扇动翅膀，在两周后，有可能会引发美国得克萨斯州的一场龙卷风。"这就是蝴蝶效应。

蝴蝶效应之所以产生，是因为蝴蝶在风暴中成了杠杆的支点。蝴蝶的翅膀运动，引发了微弱气流，而微弱气流又引起四周空气的变化，进而引发一系列的连锁反应。整体看来，蝴蝶就是蝴蝶效应的支点。蝴蝶效应告诉人们"星星之火，可以燎原"。一个微不足道的行为，如果不能获得足够的重视，就可能暗中滋长，产生不可思议的结果。

这启示我们在与客户沟通中，要重视微不足道的细节和问题，并及时处理，以避免爆发更大的危机。华为人面对客户的问题无论大小都会立即行动，一一解决，绝不留任何隐患。我们可以欣赏蝴蝶之美，却不必引来蝴蝶效应的爆发。

2004年8月，CDMA海外第一大网也门移动网络试商用，接到客户网络质量问题的投诉。负责人到现场发现投诉地点是客户办公大院的休息室。休息室距离基站200米，信号很强，负责人用手机拨了20多次，也没有出现掉线问题。项目负责人刚离开，客户又投诉了。问题出在哪里？负责人提醒自己，要保持耐心，掘地三尺也要找到问题。第二天，他带领6支队伍同时开赴现场测试，终于发现了问题，通话300次出现一次掉线。负责人立即采取整改措施，再也没有发生通话掉线的问题，也再没有接到客户的投诉。

通过上述案例，我们可以发现，客户的有些问题出现概率很小，隐藏很深，要有足够的耐心与细心，才能发现。华为在处理问题上，不仅积极行动，而且会用专业化的解决方案满足客户的需求，不放过每一个问题。

2004年年初，华为在阿联酋ET建成了第一个WCDMA商用局。期间，客户提出要使用视频监听。视频监听编解码技术，当时对华为项目组还是个难题。项目组成员放弃了休假，坚持封闭开发，最终100%交付全部需求。2004年11月，华为承建的中国移动T局全网顺利开通。建网初期，客户一再强调软交换的稳定性，向华为提出要求："如果软交换出现问题，要能回退到原来的网络上。"公司派出专家制定解决方案，设计了"呼叫失败路由重选"方案，保障了客户用户呼叫完成。2006年至2009年，华为连续四年成功保障麦加朝觐期间网络通信，实现零故障、零中断运行，这在以前是不可想象的。华为更是得到了客户的大力赞赏。一位老员工回忆当初："走到今天，是因为大家没有放弃每一个机会，或遮掩任何一个问题。"

华为员工坚持对发现的任何一个小问题都不放过，不论是不是自己的问题，都确保帮助客户一一解决，这就是华为持续成长的最大秘密。

同时，华为人还确保高质量、低成本地解决问题。在解决客户问题时，成本因素是一个十分重要的事项，成本过高，则会严重影响公司的利润，不利于公司的持续发展。这时，华为员工往往会主动思考，平衡满足客户需求与维护成本之间的利弊。

2009年，巴西OIGU项目是公司特级全TK项目，9月底是交付的高峰期。有些员工采用大车装2跳（4个站点）的方式派送，以节约成本，但却收到客户对第二跳派送延迟的投诉。项目组的VPD决定与产品供应链负责人一起依据物流成本明细，核算小车单车单跳成本，发现采用小型车、单跳方式的运输成本比采用大车装2跳的成本要低很多。这一方案实施后，客户因为派送及时，满意度提高了；分包商则节省了加班成本；华为也节省了管理成本，一举多得。

华为巴西OIGU项目组在交付中提前介入，优化交付方案，既保证了交付的质量，也降低了交付成本，客户和自己获得了双赢。

以客户为中心，积极响应客户需求，帮助客户解决问题，为客户提供优质的服务。

当然，华为人也并非盲目地满足客户的一切需求，因为在某种程度上客户提出的问题并不完全正确，或是必要。遇到这种情况华为人会予以拒绝，以保障其他主要的业务工作。任正非指出："正确理解'以客户为中心'，商业活动的基本规律是等价交换，不合理的需求要拒绝。"

W国项目中，华为向客户提供了某设备的软件版本，客户的测试报告显示该版本依然存在65项问题。这会严重影响客户的业务开展，客户非常不满。公司专门指派项目经理负责该项目。项目经理到现场第一天就发现：客户在版本测试过程中，不仅找旧版本Bug，还不断提出新需求。这明显是客户私自开发，影响了版本的正常测试。负责人与客户达成协议：冻结现有需求，建议客户内部要建立需求管理机制，新需求必须经过内部审核；客户定期给华为提交经过审核、确认的后续需求，华为定期规划版本。这样过了一段时间，情况似有好转，但接下来客户又提新需求了。原来，项目经理发现客户在已冻结的需求列表中又增加了一项新需求。项目经理再次指出，对非正式需求，一概不接受。按规定执行20多天后，客户对版本测试结果非常满意。随后，华为也顺利获得客户发出的新合同。

W 国项目负责人果断拒绝客户不合理的需求，保证了版本的研发进程和交付时间。我们说，真正的客户满意并不是顺从客户意愿，而是与客户达成一致意见，帮助客户及时、有效地开展业务。

客户服务无小事，华为工作人员为保证解决客户的每一个问题，甚至是可以忽略不计的问题，也全都尽心尽力，不惜耗费大量的人力财力，这体现了华为坚持以客户需求为导向的承诺。

2.2.3　主动接受客户的测试，赢得机会

与上一代顾客相比，越来越多的客户希望了解企业各方面的信息。企业在某些方面越是掩饰，客户越会产生怀疑，由此导致对企业的不信任度大幅上升。企业应清醒地认识到，市场交易已经由“买方担心”转变为“卖方担心”。

IBM 商业价值研究院调查发现，“消费群体希望得到的信息和企业提供的信息都大幅增加。”调查还表明，企业提供的信息越透明，消费者购买决策的复杂程度越低。这意味着企业要主动接受来自客户的咨询，和主动提供自身的相关信息。任正非强调，面对客户的责难、严苛的要求等，要主动接受他们的批评、测试和检验，要经得起考验，用过硬的素养和技术打动他们。

【辅助阅读】金鱼缸效应

“金鱼缸效应”最早由日本最佳电器株式会社社长北田光男提出。玻璃材质的金鱼缸，不论从哪个角度看，都可以一目了然地观察到缸内情况，其目的是让观看者“放心”里面的情况。它比喻高透明度的管理模式。北田光男强调各级管理者的经济收入要透明化，每级领导的经济收入和费用报销要向企业利益相关者公开，以打消他们的怀疑，接受他们的批评建议，并根据意见对管理进行改进。

此外，“开诚布公管理法”也被广泛应用，其管理理念与“金鱼缸法则”

一样，公开透明。史塔克是施行“开诚布公管理法”的先驱之一。史塔克接任“春田重整公司”（SRC）时，SRC 刚从母公司剥离出来，经营状况惨不忍睹。史塔克认为，能够让公司重回正轨的方法就是“透明”。他定期公布公司的账册与财务资料，让每一位员工都知道公司目前的经营状况及未来的目标。“开诚布公管理法”给予了员工极大的信任。

公开透明能够消除怀疑，消除闲言恶语，甚至是偏见，让彼此信任。

金鱼缸效应和开诚布公管理法都说明了“眼见为实”的重要性，只有让客户亲眼看到产品的优势，他们才会放心地掏腰包。华为能够在国际上立足，是因为他们真正为客户服务。任正非认为客户是会感知的。许多企业单靠各种浮夸宣传来塑造自己的品牌，但在实际服务中，面对客户的测试要求，却总是一推再推，甚至遮遮掩掩。这让客户心里没底，开始怀疑企业的动机。任正非说：“你要赚人家口袋里的钱，你让人家感觉喜欢你才能把钱掏出来，否则你就是强盗，钱是人家心甘情愿交给你的，你要让他感知你是为他负责任的人。”任正非说出了华为人的服务态度和行为。主动接受客户的测试是华为的一种服务策略，为华为一次又一次地赢得了客户的信任和机会。

全面满足客户提出的要求，充分做好测试准备工作。华为对客户提出的测试内容，没有推脱，全盘接受。

2005 年以前，华为在土耳其的业务毫无进展。就在 2005 年，华为终于争取到一个测试机会。客户要在 15 天内到公司总部测试 DSLAM，并提了很多要求，如测试环境要宽敞明亮，非直接测试人员要远离测试现场等。公司方面做了积极地准备，迎接客户的到来。

第一天，客户上午没有做正式测试，只是一块块地拔单板和线路，检查单板和环境。下午加电，又开始拔单板和连线。每次配置好业务后，就要求华为人员都出去，不许碰终端和设备。

第二天，客户重复第一天的事情，没有发现任何问题。

第三天下午，客户突然发现，某个线路拔掉后，终端计算机的连续 ping 的窗口没有变化，客户竟然一片欢呼！后来，仔细检查原来是客户点鼠标时，不小心把屏幕锁定了。

第四天、第五天连续两天，功能测试正常。但客户认为，这些功能并不重要，要满负荷测试。对于满负荷测试，客户没有告诉标准是多少。于是，华为测试人员按电信级的要求做准备。

满负荷测试开始后不久，客户方又说要重新做断电启动测试。这次，在网管上发现，有一个"猫"无法激活，最后检查到，这个"猫"插头有点松了，重新插紧后，就正常激活了。结果客户说还要做一次，结果又有两个"猫"起不来。华为项目测试人员正准备向客户解释，客户却在旁边笑着说："如果都起来了，你们就是在作假！"测试完毕，客户称赞道："我们没有想到华为有这样的水平！"

华为测试团队按照客户要求一一进行测试，期间没有任何质疑，最后打消客户的怀疑，赢得了客户的称赞。

此外，华为还邀请客户主动提出问题，并在现场一道解决问题。每年，华为都会组织研发机关人员与邀请来的客户共同参加用户大会。在华为之前，业界有些类似的大会和平台，但很少能像华为的用户大会这样做到深入人心。用户大会上华为会收集客户问题，之后形成 TOP 项目，并由项目经理牵头负责 TOP 项目，围绕客户诉求进行改进和闭环。例如，华为公司无线产品线刚开始主办用户大会时，受到内外部的质疑。内部担忧将全球客户聚集在一起提出华为的问题，有损对华为的印象；客户则怀疑华为不会真正重视他们提出的问题。最终，华为成功主办了用户大会，针对客户提出的重点问题立项，项目组中有客户参与进来，一同帮助华为明确改进方向。此举赢得了客户群的广泛赞誉，也赢得了与客户合作的潜在机会。

针对客户提出的问题和怀疑，及时响应才是最佳的应对策略，这也是华为赢得客户订单的法宝之一。

2.3 研发要坚持以客户需求为导向

市场需要什么，企业就创造什么。市场的需求是创造的原动力，市场不需要的东西，生产出来也不会有人买。华为的高速发展正是建立在“以客户需求为导向，持续创造价值”的基础上的。

为了响应不同客户的动态需求，华为研发人员深入一线，让客户需求主导公司的产品研发，并逐渐摆脱以技术为驱动的产品研发模式。

2.3.1 让客户自己绘制“产品路标”

任正非在2014年与阿联酋代表处座谈中指出：“公司将来要以客户需求为导向而不是以技术为导向，这就是市场驱动原则。西方一些大企业的失败就在于过分强调了技术驱动。要以客户需求为导向，利用新技术，把产品做到最好的质量，最低的成本。”

就像波音公司让客户设计“波音777”飞机那样，华为的产品路标不是由技术工程师设计，而是来自于客户的构想。

【辅助阅读】波音公司让客户设计“波音777”飞机

波音公司在设计777时为了满足航空公司的要求，采用了一套“Working Together”（一起工作）的全新设计模式，即邀请他的客户——各大航空公司共同参与设计，让他们决定波音777应该是怎样的。后来，波音777被称为“以客户为本”的产品。波音公司选择了那些在运力、航线等方面具有广泛代表性的航空公司参与飞机的设计工作，确保飞机能够准确满足全球航空公司的需求。

波音777设计沟通会议于1990年首次召开，当时参与者有联合航空、西北航空、美国航空、日本航空、澳洲航空和国泰航空。会上，波音公司希望他们能够协助自己确定新飞机的各项性能。波音公司同这些航空公司多次举行工作会议，就飞机设计细节进行了深入的探讨，共同确定波音777的布局和供选设备。经过波音公司大力整合，合作取得了丰硕的成果，例如客户要求把已在飞机上使用的设备安装在波音777上，这些设备大约有80种，包括卫星通信等。通过此举，波音公司减少了设计风险，降低了生产成本；而航空公司获得了更加经济的设备，减少了采购成本。最后，通过与客户的联合开发一共输出了约1 500项可用设计。

当波音777问世时，其欢迎程度是任何一种机型都无法比拟的，具体体现在客舱舒适、灵活，给乘客带来良好体验；运营可靠、经济，且相比于全球其他同等机型，它可提供最大的商载和航程能力。

波音公司“777客机”的开发案例，说明了客户需求导向优先于技术导向的非凡意义，企业在研发时要把握好这一指导原则。华为人同样认为技术领先并不一定带来效益，且具有不确定性。2000年，任正非开始对华为技术进行结构性调整。他强调技术领先不能摆在一个最高的位置，他说：“我分析过华为可能失败的原因，得出的结论是不能走产品技术发展的道路，而要走客户需求发展的道路。”

华为的研发决策需要通过多渠道收集客户需求，然后去粗取精、去伪存真、由此及彼、由表及里，并以此来确定是否投资相关产品的研发。华为的产品线内部专门设有Marketing（市场）部门，随代表处派驻到全球各个地区，负责收集和鉴别客户需求以驱动产品研发。华为的老对手思科也认为，客户是创新源泉。思科认为，如果产品的研发和生产不能满足客户的需求，那么这个产品就没有价值。思科在组织运营中始终贯彻这一理念。在不同技术领域设立的20多个研发团队中，每月召开一次集体的电话会议，以定期获取客户信息。研发团队每个季度还要与客户一起召开技术咨询会，倾听他们的直接建议。此外，思科的研发团队每两个季度在总部召开技术会议，来自全球的工程师汇集在一起，交流并提交基于客户需求的创新提案，会上，研发团队优先考虑前10项提案进行可行性研究，然后立项开发。

当然，还有更多知名或不知名的公司都抱持着这样的研发理念和行动准则。

萨姆斯耐特是世界上著名的箱包公司，其在20世纪90年代开发的便携式Piggyback旅行箱风靡世界。萨姆斯耐特公司调研部经理鲍勃·本根称，这款旅行箱的成功并非凭运气，而是通过市场调研、倾听顾客的需求，然后在设计中满足顾客这些要求后所赢得的。

首先，进行初始创意测试，决定新产品开发的方向。萨姆斯耐特公司开始访问事先选定的400名调研对象。调研对象在观看了一系列行李箱的黑白创意草图和描述后，评定出对各种创意的兴趣度。在调研中，获得了一条非常有价值的建议——“既可以肩背，又可以用带捆扎的行李箱”。

其次，完成创意测试后，考虑到旅行箱的前景，对Piggyback旅行箱实施了一次创意调研。调研中，调查人员在购物中心访问了100名顾客，访问对象在16~60岁之间，在过去三年内买过一只旅行袋，并且过去一年中至少使用过一个。访问工作一对一进行，每个问题都得到了答复并被记录下来。受访顾客审查了一系列Piggyback旅行箱的特征和用途创意草图，然后按照四级购买兴趣量表对产品加以评价。结果显示，在看过创意后大约有6/10的受访者喜欢这款产品，在实际体验后这一比例增加到7/10。调查表明：顾客对Piggyback旅行箱的购买兴趣和愿望，在旅行箱购买中处于较高水平。

再次，为了更好地推出Piggyback旅行箱，萨姆斯耐特公司进行了一次独特的“停车场测试”。萨姆斯耐特公司召集公司经常出差的员工，包括男性和女性，高个子和矮个子，让他们在障碍物上、凹凸不平的路面上、碎石上拉动

Piggyback 旅行箱产品模型。由此公司得到了内部消费者的报告测试，结果每个人都很喜欢 Piggyback 旅行箱。

此外，他们还进行了潜在问题调研。萨姆斯耐特公司便携式 Piggyback 旅行箱的模型被开发出来以后，研发小组实施了定性的消费者调研测试。研发小组邀请航空公司服务员组成的两个小组座谈，通过座谈识别便携式行李箱当前所遇到的问题。

最后，研发小组为了评估便携式 Piggyback 旅行箱与竞争产品相比的吸引力，进行了定量调查，共选择了 200 名顾客参与这一调研。顾客审查便携式行李箱的内部和外部，参加的顾客可以转动轮子、提起、搬运来体验使用效果。之后，调查人员向顾客提问喜欢或不喜欢、选择或不选择便携式 Piggyback 旅行箱的原因。

结果表明，便携式 Piggyback 旅行箱受到了大部分顾客的青睐，而他们恰恰是公司想吸引的目标。萨姆斯耐特公司看到产品市场反应如此积极，在外观上做了一些简单改动后便立即投入生产，在 20 世纪 90 年代初正式推向市场。

我们从萨姆斯耐特公司这一案例可看出，客户需求就是产品研发导向。企业发展的宗旨是为客户服务，因而产品的技术导向应当以满足客户需求为前提。无论是思科，还是萨姆斯耐特公司，都是以客户需求为导向进行研发的。20 世纪 90 年代后期，华为公司度过初创期的困难，一度迷失方向，开始膨胀，认为可以引导客户的发展方向。在某些设备的销售过程中，销售代表们不断展示自己的技术优势，反复说服运营商，对运营商的需求充耳不闻。结果，运营商认为华为太傲慢，直接被踢出局。当时，华为偏离客户需求、以自我为中心，两年的心血和投入打了水漂，失去了赖以生存的客户，研发团队也面临被解散的局面。

事后，在任正非的带领下，华为内部开展了自我批判活动，强调研发要以客户需求为导向。这次失败之后，任正非指出：客观上说，技术是一个重要的手段但不是唯一手段，更重要的手段是满足客户需求。当今的客户需求是由多种环节、多种技术组成的……从这个角度讲，大家要慢慢认识到，技术是很重要，但不能崇拜技术。

技术与需求之间如何取舍，任正非做了形象的比喻：“我有一次问大家肚子饿时最需要什么，他们说需要吃饭。我问吃什么饭，他们说大米饭。我说，把你关在一个屋子里，给你吃比大米高级得多的用珍珠黄金做的大米，你要不要？肯定不要，因为你需要的是真正的大米饭。从这里，大家可以看出先进的技术与客户需求之间的矛盾了。客户需要吃大米饭，我们就只能给大米饭，给他们珍珠、玛瑙都是没用的。所以我们认为，要研究新技术，但是不能技术唯上，而是要研究客户需求，根据客户需求来做产品，技术只是工具。”

经过多次教训之后，华为开始坚持以客户需求为导向作为研发策略，同时关注产品的商业成功。2004 年，华为竞争对手全面推出双密度基站，华为 1998 年开发的产品在对手面前节节败退。2006 年年底，华为从市场需求出发，瞄准业界最佳，启动优化版本的开发。通过多种战略手段，6 个月后，推出新双密度基站，成功压制竞争对手，成为业界的标杆。

企业在以需求为导向研发产品时，一定要区分真正的需求和机会主义的需求。任正非说：“一棵小草，如果上面压着一块石头，它会怎么长？只能斜着长。但是石头搬走，它肯定会直着长。如果因为石头压着两年，我们就做两年的需求计划，两年后，小草长直了，我们的需求也不得不改变。”

2.3.2 把握关键要素，研究客户的产品需求

客户的需求是什么，如何准确把握客户需求，任正非给华为人提出了要求。任正非对华为人说：“我们必须提升对未来客户需求和技术趋势的前瞻力，未雨绸缪，从根本上扭转我们所面临的被动挨打局面；我们必须提升对客户需求理解的准确性，提高打中靶心的成功率，减少无谓的消耗。”

准确抓住客户需求，产品就可以获得成功。华为强调，要研究客户的基本需求，应借鉴科学的统计方法，把握住其中的关键要素。

【辅助阅读】华为客户需求调查方法

通过统计方法归纳总结客户的关键需求，所获得的数据、要素模块可以用于产品的研发过程。如果没有搞清楚什么是客户真正的需求，又该如何去理解需求调查的结果呢？为了确定需求是否在中心线附近以及它的重要程度，华为要求研发人员到市场前线去进行调研，要基于市场而不是技术去判断各种需求反馈，并做到以下几点：

（1）要做调查模板，再根据数学模型做分布图，从而抓住最重要的点进行管理；

（2）要有统计方法，要有权重，确定到底发给哪些人，哪些人的意见比较重要；

（3）调查应有一定的广度，并不仅仅在运营商一个层面，客户的客户的意见也很重要，功夫往往在诗外。

在华为的客户需求调研中，模板法、权重法、覆盖法，依此统计出来的规律才有参考价值。在华为人看来，没有分析清楚，没有良好的模板进行客户需求调查，没有分类、综合的分析方法，没有数学模型，找不到正态分布的中心和重点在哪，最后结果就是在不重要的地方投入很大力量，然后重要的地方就会出问题。

客户的基本需求是什么？客户的想法是什么？很多企业通过市场调研把客户的想法经过科学归纳变成产品，例如 IBM、雀巢公司等。雀巢公司投资 7 000 万元，在北京设立了研发中心，专门研究中国消费者在健康、营养、饮食习惯、生长发育等方面的特征以及对食材的要求。同时，为了应对消费趋势的变化，雀巢公司每年定期展开针对咖啡口味的需求调研，并及时推出符合大众口味的新产品。这也是雀巢咖啡几十年来长盛不衰的原因。与雀巢公司一

样，华为新产品的产生，同样要做大量的前期调研工作。

优先满足客户对产品功能的需求是华为产品研发的一大特征。任正非指出："这个世界需要的不一定是多么先进的技术，而是真正满足客户需求的产品和服务，而且客户需求中大多是最简单的功能。"市场上功能众多的产品比比兼是，但销量却不如那些简单实用的同类型产品。为什么？因为功能太多反而成了累赘。例如一些智能电视，开机时间长，让人抓狂；遥控器功能之多，根本不知如何使用。任正非指出："华为员工技术出众，能把很多复杂的东西做出来。你们把很多复杂的功能都做得很好，但有时却对最基本的功能反而做得不好，因为大家都不愿做基本功能，认为不难。但是，那些花里胡哨的功能，用户可能五百年不用一次。因此我们一定要转变观念，明白客户的基本需求是什么，做好规划，先把基本的、主要的功能开发出来即可。"

华为在推出新产品时，还积极关注客户的体验感。推出前，会在前期调研的基础上，先小批量试产，然后请客户试用；或推向市场后，再确定哪些功能好、哪些功能缺失……获得这些积极的反馈后，然后重新调整设计。

2013 年，AnyOffice 产品初步成型，开始交付 H 客户。项目负责人认为产品功能完备，客户提到的需求都满足了。结果客户却提出了质疑：产品接入需要用户先配置，影响用户体验，难以推广，要求重新优化。使用前多一步配置虽然可以使用，但手机应用还要配置，太麻烦了，于是，改为零配置。很快，客户又提了新需求："邮件列表中文字太小了。"项目组积极响应客户需求，将字调大。结果客户又提意见了："邮件列表文字难看，做成可配置的。"同时，项目组负责人从内部用户、外部客户还得到了各种反馈信息："这是什么设计""这种提示就是对用户耍无赖""字体大小不一""颜色让人感到压抑""难用"……项目组经过反思，认识到只关注功能逻辑、规格参数已不适用于移动研发的发展趋势了，必须关注用户体验。

之后，产品研发人员将自己定位为产品的"主人"，亲自体验产品。首先让自己深度融入互联网时代，成为重度的移动应用爱好者：每天关注最新的

Top应用亮点、听互联网产品大咖谈产品体验等，逐步养成关注细节、注重体验的意识。在后期产品开发中，项目组开展用户调研，与UCD中心专家合作，开通实时调研公众号……最终，产品的用户体验有了明显提升。

AnyOffice产品的设计充分关注了客户的体验，把握住了产品研发的关键要素。经过调整后，最终获得了消费者的喜爱。

任正非指出，分析客户需求还应站在时代发展的洪流中，观察不变的主题，以充分理解真正需求。他说："西方公司在消费品销售中已经有几十年、几百年的经验，其中很多经验是值得我们学习的。现在世界是过剩经济，不是短缺经济。当年美国之所以高速发展，是因为它所发展的时代是短缺经济时代，用经济杠杆一撬，放大了量，充分满足社会需求，从而从量中提取利润。现在到处都饱和了，杠杆一撬，撬大了，卖不动，然后就跌价了。这个时代人们已转向对质量的需求，所以大家不要总认为爱马仕会灭亡，其实会灭亡的是地沟油。"

为此，华为成立了客户需求研究中心，确保客户需求的合理性。任正非指出："要把与客户合作的联合实验室转成客户需求研究中心。这类研究所不要都是研究产品、研究技术的，研究客户需求也是一种研究。对大量的客户需求，经过统计分析，其实就是我们的新标准。"

2.3.3　既要满足现实需求，也要引领需求

客户有时并不知道他们需要什么，企业既要关注客户的现实要求，也要关注他们的长远需求。华为的研发强调在一定程度上让客户去适应市场发展。

任正非在《华为的冬天》一文中提出："什么是业务为主导？就是要敢于创造和引导需求，取得'机会窗'的利润。也要善于抓住机会，缩小差距，使公司同步于世界而得以生存。"

【辅助阅读】任正非“拧麻花”论

2011 年 3 月 31 日，任正非在华为 EMT 办公例会上强调：“我们要加大以技术为中心的战略性投入，以领先时代。我们以客户为中心讲多了以后，可能会从一个极端走到另一个极端，会忽略以技术为中心的超前战略。将来我们以技术为中心和以客户为中心两者是拧麻花一样的，一个以客户需求为中心，来做产品；一个以技术为中心，来做未来架构性的平台。”

创新管理是一个矛盾体，是以客户为中心好，还是以技术为中心好？如何将矛盾的尺度把握得恰到好处，需要辩证地看问题。具体来讲，华为的“拧麻花”策略，要求在产品研发领域围绕客户需求持续创新。任何先进的技术、产品，只有转化为客户的商业成功才有价值。在产品研发决策上，华为坚持客户需求导向优先于技术导向。任正非也强调要在深刻理解客户需求的前提下，对产品进行持续创新，以尽可能地提升公司产品的持续竞争力。华为把看似矛盾的创新变成了对应统一、相辅相成的整体。

任正非的“拧麻花”论印证了那句名言：“创造机会，引导消费，是先驱者的座右铭。”任正非也评论说：“寻找机会，抓住机会，是后进者的名言。”到底是坚持客户需求导向呢？还是继续坚持技术驱动？这二者并不矛盾，以客户需求为导向是前提，任何时候都不应放弃，但如果被消费者牵着鼻子走，就只能生产出步人后尘的产品。技术驱动瞄准未来，但始终是围绕客户体验进行的，是对未来消费的一种预见。只要决策者准确洞察就可以实现引领消费者的目的。谷歌的搜索引擎，满足了各类组织和个体在信息需求上的速度和广度要求。再比如大众对汽车的性能、外观等方面的要求是概略的、模糊的，而汽车厂家则能系统洞悉客户需要怎么样的体验，并用技术实现这些需求。

对于引导消费，任正非1998年到IBM考察后发现，IBM每年约投入60亿美元的研发经费，而美国硅谷的其他各个大公司的研发经费都在销售额的10%左右，以此创造机会。这些世界著名公司如福特、通用、贝尔、微软、谷歌等都是靠研发创造出机会，引导消费，在短时间席卷了机会窗的利润，又通过投入创造更大的机会。例如苹果公司在乔布斯的引领下开启了全新的智能手机时代，科技与人文结合的设计理念，颠覆了人们的认知，也颠覆了众多的产业，时至今日仍牢牢地抓住机会窗。而国内的企业对机会的认识往往是后知后觉，在机会出现以后才做出判断，这也是西方企业领先世界的根本原因。

2014年，在欧洲5G峰会上，华为联合欧洲的服务提供商等一同探讨了第五代无线通信系统（5G）的可能性。华为在5G技术领域和云端领域提前布局，可以看作是华为积极创造机会的重大举措。华为轮值CEO郭厚崑指出："28年来，以客户为中心的企业文化已经成为华为的DNA，洞察行业趋势，理解客户需求，华为有能力成为客户的优选合作伙伴，帮助客户进行创新模式，引领未来……"郭厚崑道出了华为研发的目标与途径。

2010年8月，华为天线业务部成立，之前天线业务已经连续三年因网上质量问题而发生大规模整改，客户满意度很低，甚至影响其他的品牌。此前，华为的天线业务已经错过了3G时代。为了迎接马上到来的4G时代，华为天线业务团队如何实现弯道超车？跟随永远无法超越，只能通过创新提升产品竞争力。华为天线业务部在接下来的六年时间里，围绕客户需求，坚持创新，通过提供高品质产品和解决方案，一举扭转了之前的不利局面。

2011年，项目组提出Single多频天线，围绕网络性能设计天线。2012年，推出全系列Single天线解决方案，以及业界首个Beamforming AAU。2013年，率先推出EasyRET解决方案和SBS天线架构，成为天线行业的标杆；率先推出800/900MHz分频5频天线，解决了LTE部署的天面瓶颈；率先推出FA/D 3D电调天线商用产品，解决了TD-LTE网络部署的天面瓶颈。2014年，率先推出全球首款超宽频劈裂天线，开启了六扇区天线大规模商用时代。2015年，率先发布G/D/P系列平台，解决了4.5G网络部署的天面瓶颈；无源天线成为行业第一；AAU发货过10万台。2016年，率先推出实现9扇区劈裂天线、6频4.5G天线，并实现商用；率先完成Massive MIMO外场测试，打开5G技术的开端。2014—2016年，华为天线连续4次获得全球通信商业（GTB）大奖。

华为产品线不断创新的同时，任正非又及时强调产品线和区域不要结合得太紧密。他指出："结合太紧密的结果，就是满足了低端客户的需求。因为区域所反映上来的不是未来需求，而是眼前的小需求，会牵制华为公司的战略方向。"

华为将引领需求提升到战略高度，专门设立战略委员会，并给予了明确的定位："解决未来发展的问题，目标是捕捉机会，让各种来自不同渠道的有用的思想火花转化为现实的产品和市场可能，并通过不断地实践摸索，发现新的增长点。"同时，华为还指定中研部作为需求和机会点进行商业开发的总体协调和实施单位，对已经形成的机会点，实施集中精力打歼灭战，目标是产品化。

华为公司已经走到了世界同行的前列，开始由自己开创新技术、新产品。为此，任正非指出，华为要学会在无人区寻找机会，对未来增长点的把握必须有一套行之有效的组织体系和科学的工作方法作为保证。

激烈的市场竞争中，企业稍作停歇就会有竞争者赶上来。面对不断变化的市场，技术的进步赶不上需求的增长是必然的，企业一定要走在需求增长的前头。任正非希望华为人不断奋斗，投入到创造机会、引领需求的潮流中。他说："混沌中充满了希望，希望又从现实走向新的混沌。人类历史是必然王国发展的历史。在自由王国里又会在更新台阶上处于必然王国。因此。人类永远充满了希望，再过5 000年还会有发明创造，对于有志者来说，永远都有机会，任何'时间晚了'的悲叹，都是无为者的自我解嘲。"

2.4 为客户构建系统解决方案

在大客户销售中，客户需求已越来越多地从买设备转向了关注解决方案，并需要供应商提供一个较长时间跨度的服务方案。

在这样的需求之下，客户的购买行为更像是一次对合作伙伴的选择。客户清晰地知道，合作公司必须在相当长时间内，几年、十几年地为用户提供服务。客户在选择购买时，不仅会考虑产品的可靠性、技术水平，而且还会考虑服务能力，是否能快速响应其发展需求，以及供应商是否能长久地生存下去等。

2.4.1 营销模式由单品向解决方案转变

任正非在2010年PSST体系干部大会上的讲话中指出："我们现在提的无线解决方案、网络解决方案，其实都是以自己为中心，不是以客户为中心。客户需要的是一个综合解决方案，它可以是华为做得好的东西，也可以包括华为从外面买进来的东西，只要满足其需求。因此，公司提出了运营商解决方案、企业解决方案和消费者解决方案概念。"

【辅助阅读】华为解决方案

营销模式由单品向解决方案转变是华为经营策略上的一个重大转变。任正非指出："我们的营销仍然倾向于单产品模式，各个产品只关心自己，各自为政，都不对综合客户需求负责；客户宣讲千人一面，缺乏针对性。目前越高层越广泛的战略合作就越是关注解决方案，不是关注具体的产品。要向客户提供针对性的综合解决方案。今后要避免各产品割裂地分别做客户工作，面对客户要综合完整，回来后再讨论内部工作分工和利益分配。"……"什么是解决方案？解决方案不是以技术为中心，是以需求为中心，这是前端的；后端的以技术为中心，是储备性的。”

相对于小客户而言，那些大客户，尤其是欧美等发达国家的主流客户，价格战已经难以让他们动心了。华为通过分析，发现这些大客户更关注设备供应商的综合实力。即从产品设计、生产，到交付、安装，再到后期的服务，都要有全套的持续性解决方案。华为中标德国电信运营商 QSC 的 NGN 项目后，QSC 总工程师在项目中标发布会上解释他们最终选择华为作为供应商的原因：“以提供全面的商业通信解决方案而著称的 QSC 将为客户提供更加丰富、便捷和经济的通信服务，华为公司快速响应客户需求的能力和出色的技术创新能力让人印象深刻，其‘端到端’的解决方案满足了我们客户的需求。”

任正非指出了全球各地的电信运营商都在担心一个问题，设备买回来几年后，供应商倒闭，或能力有限，导致设备升级、维护困难。因此这些电信运营商在购买设备时会综合考察设备供应商资质，其中最重要的一点就是在产品和服务上是否具有持续发展能力。关于这一点，IBM 在很早的时候就已经洞察清晰，并积极地对自己的业务管理模式进行变革。

IBM 是由单纯销售商品向提供解决方案服务转型的典型代表。IBM 自成立以来一直以销售各类计算机主机为主要业务，但在 20 世纪 90 年代初期遭遇严重的危机。内部庞大的行政管理体系，使 IBM 丧失了对市场的敏锐把控和响应能力，表现在对客户需求的认知不足，导致服务组合无法满足客户需求。此外，随着信息市场的不断发展，客户不再满足于传统的软硬件产品，许多企业已经提供品类丰富、小巧灵活的软硬件及服务。IBM 开始了连续三年的亏损，金额高达 160 亿美元，处境十分危险。

IBM 不得不从企业外找来了郭士纳出任 CEO。郭士纳上任后积极进行业务整合，他敏锐地发现了一个现象，即面对市场上不同功能的产品，客户期望能把他们整合起来，以进行有效利用。郭士纳决定开启转型之路，改革侧重点由供给从单品和服务向整合式、解决方案演变。

IBM 将自身的软硬件产品服务集成整体方案打包销售。在调整战略方向后，IBM 面对的是 CEO、CIO 等高级客户，以解决能够影响企业业务价值的问题，如增加收入、减少人工成本、固定投资等。经过努力，IBM 赢得了许多重要客户的服务合同。例如为保洁公司提供为期 10 年的全球性服务协议。根据合同，IBM 为近 80 个国家的宝洁分公司提供整体性的员工管理服务，包括工资管理、福利管理、境外安置和人力资源数据的管理，并帮助宝洁开发和完善人力资源管理体系和系统。再比如为华为提供综合性解决方案，帮助其在企业建立 IPD 管理流程等。IBM 转型后，一直向全球知名企业提供大规模和高质量的整体解决方案。

IBM 的转型为其带来了丰厚的回报，仅 2008 年利润就达到了 167 亿美元。如今，服务已成为 IBM 业务收入的关键来源，收入额占比从最初的 26% 增加到 2008 年的 56%。

对于 IBM 的转型，其前任总裁郭士纳总结道："相比于以单品销售为主的企业，服务业务更难管理……业务模型不同，具体的经济情况也不同。你需要在时间和资金上面投入多年的赌注，然后才能获取通往成功之路的经验和规律。" IBM 在 20 世纪 90 年代，尽管整个 PC 行业利润非常丰厚，但郭士纳就预见到了未来，转型做了软件和服务解决方案。时至今日，二十余年与 IBM 同时代的 PC 厂家，只有 IBM 还在持续赚取高额利润，而其他的某些厂家甚至早已倒闭。郭士纳看到了单品销售模式终将式微，新的销售模式必将崛起。华为作为 IBM 的学生，也在市场的摸爬滚打中意识到了这一点。

经过多年发展，华为现在已经从技术导向转变为客户需求导向，从最初的单纯关注产品转变为提供整套解决方案，实现客户的商业成功。

华为在 B 国赢得 V 运营商一份 3G 商用合约。客户提出保持前三的交付进度按时完成网络建设，同时希望成为全网第一个商用的城市。项目组打破常规，对有限的资源进行“重组”，快速形成解决方案。工程前端小组对G网扩容和W网新建进行联合勘察，与和客户成立的联合设计小组快速地定义基站解决方案；后端供应中心提前生产备货；分包商在外场进行适应性培训，以掌握G&U设备的安装要领。网优工作有条不紊地展开，很快第一个商用城市的部署工作完成，且提前2周完成任务，各项指标均达到合同要求。同时，项目组精心制作了一份“WCDMA网络商用保障计划”递交给客户。最终，客户在第一个城市成功地商用了WCDMA网络。之后，华为携手客户陆续商用了南部几座重大的城市。

后来，B国最大的电信行业周刊《INFO》上，V运营商的HSDPA速率排名第一。华为为客户提供良好的全面的服务体系和管理体系，帮助客户取得了商业上的成功。

正如任正非所说：“坚持不断提高企业的核心竞争力，由技术导向移向客户导向，根据客户需求，提供全套解决方案，开发低成本高增值的产品，提供良好的全面的服务体系和管理体系，建立公司长远的客户反应度。”

2.4.2 群策群力，快速响应客户需求

良好的系统解决方案，意味着企业必须具备快速响应客户的能力。相对于欧美电信设备巨头而言，华为响应客户的速度无与伦比。华为负责海外市场的副总裁邓涛曾指出，欧洲企业在客户响应方面普遍较慢，客户提出一个修改建议，有时得等待几个月、一年甚至更久。而华为只要客户有需求，总是能第一时间赶赴现场诊断和调整，这充分体现了华为具有极高的服务能力和整体解决方案能力。

能做到这点的根本原因在于：一是华为整合资源建立了大平台；二是华为团队群策群力的集体奋斗精神。华为项目组面对客户各项需求时，会多方联合研讨制定解决方案，方案一旦确定，则“力出一孔”共同展开行动，以最快、最优的速度实现客户的商业目标。

【辅助阅读】海尔团队快速响应客户

海尔销售部在某月周五下午，接到了一位来自德国经销商的订货电话，需要订购一批货物。但他希望海尔能在两天之内发货，否则订单将自动失效。

海尔销售部门被难住了，两天内发货，意味着下午就要将货物装船，而现在已经是下午 2 点，要在海关、检验等部门下班之前办理好出口手续，时间只有几个小时，按照一般流程，是不可能做到的。但海尔销售部门发挥了巨大的团队能量，他们采取多路径同步进行的方式，统一协调、分工明确，调货、报关、联系货船都有专人负责，每个人都全力投入工作，不敢有丝毫怠慢。最终，货船在下午顺利驶出港口，所有员工都松了一口气。下午五点半，经销商接到了来自海尔货物发出的信息，感到很意外，他原本没有抱太大希望。为此，他专门给海尔写了一封感谢信。

在以客户中心的业务管理中，每个企业都必须组建强有力的联合团队，打通流程节点，做到快速投入、快速响应客户需求。

群策群力的优点之一就是能发挥集体智慧，通过讨论甚至是争论，碰撞出火花。德国哲学家叔本华就很赞赏团队合作，他说："单个的人是软弱无力的，就像漂流的鲁滨逊一样，只有同别人在一起，他才能完成许多事业。"在华为，无论是干部还是员工都发挥着"胜则举杯相庆，败则拼死相救"的团队精神。华为的研发人员把产品研制出来并不代表完成任务了，如果产品卖不出去，他们也会跟公司其他人员一起承担责任。如果设备出现了问题，客户经理不行，办事处产品经理上；办事处的产品经理解决不了，公司产品行销人员上；产品行销人员解决不了，研发人员亲自上。客户经理、产品经理、维护人员、部门领导甚至研发人员，如果项目丢了，大家都有责任。

对此，任正非的看法是，市场竞争越激烈，企业盈利空间越小，华为人就越是要发挥这种群策群力的精神，主动配合，不相互推托，以全方位满足客户需求。

群策群力的表现之一是多方研讨，在业务方向和目标的认知上达成一致。这是为客户构建系统解决方案中最重要的手段，也是团队力量凝聚的共同基础，对新产品推广也尤为重要。

在2010年至2013年的三年里，华为某业务团队围绕客户需求，针对大颗粒解决方案、平台、项目运作等各个领域展开了深入研讨，处处体现了群策群力的成果。以SmartCare解决方案为例。SmartCare解决方案的概念诞生于2010年，当时在“要向客户提供针对性的综合解决方案”的倡导下，业务团队目光由关注设备转向设备与服务兼顾。起初没有服务解决方案，于是大家坐在一起进行交流，产生了一些零星的思想火花，例如VisualIP、Nastar、TestIngTool-Suite等初始解决方案。为了更深入地满足客户需求，项目组邀请了众多一线销售精英一起出谋划策，集中讨论。SmartCare解决方案的最终定位，就来自于2010年6月份在西安举办的讨论会，会上西安代表处核心网销售主管提出一个意见：如果仅聚焦维护领域，空间小、投资难，客户认同度低，应该扩展到客户商业经营领域，也就是帮助客户实现商业目标。这个观点的提出，顿时让整个方案的定位变得清晰。也正是因为这一句话，确定了SmartCare解决方案的商业定位框架。通过多次研讨，让团队成员广开思路，对新的解决方案的认知度也不断提升，并在研讨的过程中就内容达成了一致。

通过多方讨论，SmartCare解决方案快速推出、成型，在2013年销售额已经达到2.5亿美元。在帮助客户成功的同时，也实现了自我价值。

整体解决方案的出台，必须用团队智慧和力量，制定周密的方案。古语有云百密一疏，只有依赖团队的力量进行分析和决策，才可能发现个人所发现不了的问题。

2012年伦敦时间7月27日20时12分，伦敦奥运会开幕，华为负责奥运会网络通讯的保障工作。鉴于奥运会网络规模，华为项目保障团队事先预想了各种可能突发的情况，并制定了不止一套应急预案，以确保奥运会举办时所有通信设施正常运转。客户 BT、EE 等提出一旦设备出问题，华为要携带备件在两个小时内更换。奥运期间，伦敦很多地方交通管制要封路，合作方快递公司 DHL 经过评估，认为很多地方无法实现两小时到达。于是，华为项目组把伦敦划分为 50 个小区域，其中 DHL 无法两小时到达的区域，请工程合作伙伴帮忙覆盖；一些合作方也无法在两小时到达的重要区域，项目组保障工程师携带备件，按照区域在酒店值守。华为项目组对一切可能的情况都做了预先规划。此外，项目组还做了极端状况下的紧急预案。看到华为的服务预案，客户感到十分满意和放心。

华为英国代表处以团队的力量完美地保障了伦敦奥运会的开幕式。在应急预案的业务活动开展中，华为为我们展示了如何坚持客户需求导向，并做好服务工作的。华为的做法，一是理解业务需求，代表处通过贴近客户，准确理解了客户的业务诉求和痛点；二是制定了解决方案，并与客户团队达成一致；三是组织执行落地，成立专业的项目保障团队，并投入资金、技术，保障执行落地，并随时关注解决方案的实施效果，根据需要进行调整；四是总结和回顾，同时将优秀经验固化到流程中。

对于项目组的这些行为，任正非曾经说：“以客户为导向是公司的基本方针，为了满足用户的要求，我们还会做出更大的努力。”

2.4.3 用资金和技术全面保证客户生态

客户生态，是指在商业环境下其自身客户的生存情况，包括竞争能力、盈利能力等。对客户而言，需要持续降低运营开支，提升运营收入与盈利能力。华为为自己的客户提供全面的资金和技术支持，有效帮助客户达成这一目标。

华为认识到，行业已经发生了微妙的变化，市场已经从技术驱动价值链整合，转向为最终用户感知驱动。客户需求在发生变化，华为也在积极转型，加大对服务领域的投入，希望能为客户持续提供可增值的产品化服务。

【辅助阅读】“产品化服务”

华为的产品化服务超出了排除普通故障的技术支持概念范畴。华为的服务产品涵盖了从设备日常保障的技术支持服务、硬件维修服务到设备效率的网络优化服务等多方面内容，全方位满足不同区域用户的多方面、多层次的服务需求。华为的服务产品分为标准服务产品和专项服务产品两个系列。

（1）标准服务产品系列面向设备的日常维护，保障设备正常运行；

（2）专项服务产品系列面向设备应用，用于满足客户需求和提供增值服务。

华为以向客户提供持续高质量的服务角度出发设计和推出“产品化服务”。通过服务“产品化”，客户可以清晰地看到华为服务的具体内容，包括强化维修保障服务、网络安全运行维护、多种培训模式、评估优化服务、数据迁移服务和为客户提供数据中心大搬迁等。客户根据服务内容及自身的实际技术资源，选择相应的服务项目。客户一旦选择这些服务，华为就会全面投入，最大限度让设备发挥效益。

华为通过专业的产品化服务来维系客户的生态环境，也是因为越来越多的企业开始主动提供资金和技术来维持客户的生态，例如爱立信为电信运营客户提供多种运营商领域，负责管理客户的整个电信网络。爱立信深厚的专业技术，可以提升客户的竞争力，降低成本。客户通过服务商获得多方面的收益，而不用在专业人才、设备、培训等方面投入大量的资金，这对提升客户的市场盈利能力有着巨大的帮助。在经营上，双方可以进一步建立战略合作伙伴关系，共同维护市场生态。

中国汽车市场竞争激烈，往往谁具有成本优势，谁就可以获得价格优势。企业的物流成本在总成本中占据很大的比重。相对于欧美、日本汽车制造企业的低物流成本，中国汽车生产企业毫无优势，物流成本约占总成本的18%。为了降低自身和合作伙伴的供应链成本，长安集团成立了长安民生物流公司，为客户提供包括订单资源管理、库存管理、上门服务和远程在途监控服务；同时综合先进技术优化提车流程，并通过铁路、公路和水运资源优化运输路线。这样，长安集团帮助经销商更快地提到车辆，灵活应对市场的需求变化；降低了成本，能更好地应对市场竞争并集中精力提升销售业绩。

长安集团成立长安民生物流公司，从资金、技术、仓库等方面为客户提供了一揽子的服务，保证了经销商客户能够低成本、快速推出新产品。这种服务观念同样是华为一以贯之的经营哲学。华为在 2008 年之前的客户服务主要围绕设备安装和维护，之后，开始从技术供应商转型到解决方案提供商。2011 年起，华为开始为客户提供系统集成服务、保障与管理服务等，逐步成为客户的商业合作伙伴。在2014 年华为提出了大服务的理念，并与来自全国各地300 多家客户、合作伙伴汇集在苏州一起探讨华为提出的“大服务”理念。即以统一的服务平台为基础，为客户提供认证、授权服务和联合服务解决方案等服务。华为表示将围绕客户需求加大资金和技术投入力度，与客户结成战略伙伴共同保证整个客户的商业生态。

例如在运营商市场，电信设备商的商业解决方案要么是提供价值，要么就是帮助运营商解决问题。2016 年，华为与中国电信携手发布了天翼云 3.0 产品及服务，并达成战略合作伙伴关系。此次活动在保障客户生态方面带来更多的资金和技术创新；同时，增强了客户的市场优势。中国电信深耕政企市场，深度了解政企客户的业务需求，在渠道等方面具有先天的优势，且在信息数据安全方面具有电信级承诺和 SLA 保障，可为客户构筑更安全的防护。华为作为全球领先的通信技术解决方案供应商，具备很深的技术储备。同时，华为在全球 IT 技术领域进行布局，与业界顶尖的科研院校交流合作，为客户提供坚实的技术支持和安全保障。

天翼云 3.0 可看作是华为在构建客户生态方面的保证。华为保证客户生态方面始终保持大力投入。同时，在执行层面，华为以多年深耕的技术为依托，从网络咨询入手，保证了华为能够更深层次地了解服务对象商业层面的真实需求。华为在人力上预计将建设600人的咨询团队和4 000人的系统集成团队，在资金上投资3.5亿美元用于全球咨询与系统集成服务平台建设。这些专业团队和平台正在为华为的全球客户提供服务。

2008年，C项目对巴西客户意义重大，客户邀请了国内国际知名客人，在TheArt酒店举办商用晚会。华为项目组负责“商用晚会”的保障工作。项目组对酒店周围进行了详细的测试，发现晚会地区的信号覆盖不能满足要求。于是，决定在周围设置移动通讯车和直放站。项目组还与客户的射频团队和市场部门一起在TheArt酒店进行业务演示选点。同时，加快周边站点的建设来保证商用晚会网络信号畅通，晚会召开前两周，开通了两个站点。项目组为确保商用晚会成功召开，输出了详细的晚会保障方案，针对可能的风险提出应急方案，准备备用资料和设备、配备工程师值守。方案非常周到，商用晚会也得以成功举办，客户方对华为的服务深表感谢。

华为在为客户增值的同时，自身价值也获得了提升。2011年，华为的管理服务实现收入55亿美元，约占华为在运营商市场收入的23%，占华为当年整体收入的17%。

积极为客户构建解决方案，是华为倾听客户的声音，以客户需求为导向的重要实践。任正非曾说：“我们强调，要坚持客户需求导向。这个客户需求导向，是指理性的、没有歧变的、没有压力的导向，代表着市场的真理。”这是华为发展的指导思想和世界观。

第 3 章　构建共赢合作关系

现代企业竞争已不是单个企业与单个企业的竞争，而是一条供应链与另一条供应链的竞争。企业的供应链就是一条生态链，客户、合作者、供应商、制造商的命运被绑定在一条船上。只有加强合作，关注客户、供应商、合作者、友商的共同利益，追求彼此间的共赢，企业才能活得长久。

——任正非

导语：与客户、合作伙伴、供应商和友商共享利润

独乐乐，不如与众乐。华为早期发展中曾不惜一切代价“抢地盘”，在海外市场上采用低价策略，步步紧逼对手。但很快任正非意识到这种“杀敌一千，自损八百”的策略容易遭到排斥，一个“孤立者”注定无法在市场中长久存活。越来越多的时候，华为开始“打破边界，与世界握手”。

“合作、共享”近年来成为华为的高频词。在其背后，是实实在在的行动。赚小钱，让利给客户和供应商，让他们有更多的利润来提升服务和产品质量。当然这并不是一个单纯的博弈结果，更多是“怀揣理想”的社会责任感。事实上，“共享利润”一直是华为的一种价值观，在其成立之初，就实行了内部全员持股政策，让每一个奋斗者都有回报。现在与客户、合作伙伴、供应商，甚至是对手共享利润，可视为其价值观的进一步延伸。

从客观上说，华为的这种策略也是基于现实决定的。一方面，信息与通信技术迅猛发展，采取开放的姿态，才能聚集更多智慧，实现共同的梦想；另一方面，华为与竞争对手有着不小的差距，且海外市场的政治环境也影响着华为的市场战略。

本章将重点阐述华为与其客户、供应链、竞争对手、合作者的关系以及华为的战略思维。

带着问题阅读：

1. 赚小钱，让利给客户的经营哲学是什么？
2. 供应链上还要继续扮演大鱼吃小鱼的角色吗？
3. 华为与竞争对手是“战”还是“和”，目的何在？
4. “封闭式创新”与“开放式创新”的区域和优劣是什么？

3.1　深淘滩，低作堰：让利给客户

都江堰是李冰父子2 000多年前留给后人的遗产。同时代的巴比伦空中花园和罗马水渠早已荡然无存，而都江堰仍然在灌溉造福于成都平原，其中蕴含的智慧“深淘滩，低作堰”远远超出治水本身。

对此，任正非认为华为公司可以从中汲取智慧，总结成公司的经营指导思想。他说：“深淘滩，就是确保增强核心竞争力的投入，确保对未来的投入，即使在金融危机时期也不动摇；同时不断地挖掘内部潜力，降低运作成本，为客户提供更有价值的服务……低作堰，就是节制对利润的贪欲，不要因短期目标而牺牲长期目标，自己留存的利润少一些，多一些让利给客户，以及善待上游供应商。”

3.1.1　确保对未来的投入，增强核心竞争力

深淘滩，就是把根基打得牢牢的，这样任凭谁都打不垮，而同时又能掌握主动权。这与朱元璋“高筑墙、广积粮、缓称王”的战略有异曲同工之妙。简而言之就是加大战略储备，不断积累对竞争对手的优势，才能在不确定的未来中胜出。

世界各大公司，例如思科、苹果等每年都不断加大投入，积累技术优势，以创造机会，引领消费。任正非意识到企业只有拥有绝对的核心竞争力，才能不断满足和引导客户日益变化的需求，并帮客户实现商业成功。他强调："我们使员工充分认识到长远利益与短期利益的关系，认识到了长远投入的重大意义，避免了杀鸡取卵的短期行为。"

【辅助阅读】核心竞争力

1990 年，管理学家普拉哈拉德和哈默在发表的《企业的核心竞争力》一文中，首次明确提出了"核心竞争力"这一概念。普拉哈拉德和哈默给出三种方法检验公司的核心竞争力。第一，核心竞争力能够为公司进入多个市场提供方便。例如液晶屏的核心竞争力能够使一家公司涉足计算机、电视、笔记本电脑、手机、智能仪表盘等广泛的业务领域。第二，核心竞争力下的产品为客户带来的可感知价值有重大贡献。例如搭载了本田公司发动机的摩托车，带来良好的乘骑体验。第三，核心竞争力应当是竞争对手难以模仿的。例如英特尔公司的酷睿芯片。只有同时满足以上三项，才可视为拥有核心竞争力。

企业若想在市场竞争中获胜，必须加大对未来的投入，包括资金、人力资源等，以打造核心竞争力。华为 2014 至 2015 财年研发支出为 54.4 亿美元，排名第 15 位，高于竞争对手思科，也高于苹果的 49.8 亿美元。2016 年，华为实现销售收入 5 200 亿元人民币，同比增长 32%。值得一提的是，国内研发投入最多的 20 家公司中，华为遥遥领先，第二名为阿里巴巴的 17 亿美元。华为的各项投资的第一目的并不是高额的资本收益，用任正非的话来说是促进未来成长，巩固公司在通信设备领域的地位。

谈到苹果时，任正非认为苹果太保守了："苹果公司很有钱，但是太保守了；我们没有钱，却装成有钱人一样疯狂投资。"的确，华为公司在研发上大把大把地花钱。预计 2017 年，华为的研发费用将远远超过 2016 年的 110 亿美元。任正非认为如果苹果不改变现有的保守的投资策略，未来将会成为追赶者。当一个企业不再专注创新，必定会被超越。他强调华为要敢投钱，投大钱，不能像苹果公司那样保守。他指出："如果苹果公司继续领导人类社会往前走，我们可以跟着他们走；如果苹果公司不敢投钱，就只能跟着我们。"未来，在把握和引领消费需求上，谁投入多，谁就能成为行业的引领者。

20 世纪 80 年代初期，信息技术的浪潮初现端倪，美国 GTE 在当时是电信业的巨头，其业务包括电话、交换与传输系统、半导体、分组交换、卫星、国防系统以及照明产品等。此外，GTE 旗下的喜万年在彩电方面涉足颇深。1980 年，GTE 的销售额约为 99 亿美元。与之相比，日本 NEC 当时的销售收入为 38 亿美元，在其进入电信领域时也无任何经验。

但到了 1988 年，NEC 却后来者居上，销售额达到 218 亿美元，GTE 则为 164 亿美元。其原因在于 NEC 紧盯电信业务，每年投入数十亿美元进行研发和拓展市场。反观 GTE 不断减少投入，并剥离了大量在今天看来尤为重要的业务，把喜万年电视机和 Telenet 业务剥离出去，把交换机、数字 PABX 等产品交给合资公司生产，把半导体团队解散。最后，GET 成了一家经营电话业务、国防和照明产品的公司。GET 放弃了对未来的投入，把投资重心转向更现实的电话业务，在后信息技术时代逐渐丧失了核心竞争力。1980 年到 1988 年间，GTE 的国际市场地位一路下滑。

相比之下，NEC 经过多年坚持，一跃成为世界半导体工业的领导者，在电信、半导体、大型计算机三个领域的全球销售收入位列前五。

NEC 和 GET 可以带给我们的启发就是，抓住战略机会敢于投入，敢于突破，最终将获取领先优势。对于高额的投入，有些人担忧会带来资金紧张、运营困难等问题，任正非道："大投入的滞后效应，一定会使我们过一段紧日子的。不过只要有饭吃就行，有饭吃队伍就存在，没饭吃规模再大也不行。"企业要集中优势资源投入在主营业务上，甩开对手拉开更大的差距。但也要平衡研发与企业利润二者的关系，应依据自身实际状况和客户需求情况确定研发资金额度。

当华为抓住战略机会后，通常会购买最好的材料和生产工具改善生产工艺和产品性能。以前，华为在产品设计上力求一次成功，主要考虑成本因素。而现在，由于华为大规模投入，对于实验工作来说无论是规模，还是设备都十分先进，使得研发人员可以充分进行验证、试产，多样性研发也成为可能。一旦企业所推出的产品抢占了市场，就可以大把大把地赚钱。任正非说："我们要舍得打炮弹，把山头打下来，下面的矿藏就都是你的了。在功放上要敢于用陶瓷芯片，要敢于投资，为未来做准备。"2016 年 5 月，任正非与多位华为院士座谈交流。会上他提道："我们不是上市公司，每年攻击城墙口的炮弹投入是 200 到 300 亿美金。没有任何一家上市公司愿意这么大的投资，因为股东不会同意。我们公司要生命，不要钱。"由此可见华为的大手笔，大智慧。

事实上，企业在战略制高点上保持一定的投资强度，就会迅速抢占我们所说过的"机会窗"，进而席卷利润，然后将盈利的钱继续去做研发，往复循环。

3.1.2　不断挖掘内部潜力，降低运作成本

华为在保持对未来投资的同时，还不断挖掘内部潜力消除不创造价值的环节和动作。任正非认为华为的管理还存在很多不足的地方，例如人员浪费大，重复劳动过多等。"如果完全解决管理问题，我们效益翻一番是有希望的。"

官僚组织、冗余的行政人员、厚重的部门墙等，都是杀掉企业、吃掉企业利润的罪魁祸首。2006 年，任正非曾在自我批判指导委员会座谈会上指出："要提高我们的内部运作质量，降低运作成本，必须建立一个非常优质的管理体系，包括考核、激励等一系列高度有效的管理平台，把无效的成分剔除出去。"

【辅助阅读】任正非关于组织内部变革指导意见

任正非强调在企业运作方面，包括研发、生产、交付、行政后勤等领域，都要考虑和降低成本，避免庞大的管理成本。他说："要研究历代封建王朝是怎么覆灭的。当新一代皇帝取代旧主时，他的成本是比较低的，因为前朝的皇子、皇孙形成的庞大的食利家族，已把国家弄得民不聊生。但新的皇帝又生了十几个儿子、女儿，每个子女都有一个王府，都要供养王府。他们的子女又继续繁衍，经过几十代以后，这个庞大的食利家族大到一个国家都不能承受。人民不堪忍受，就又推翻了它，它又重复了前朝的命运。华为如果积累了这种病，不出几年就会破产。秦人不暇自哀而后人哀之，后人哀之而不鉴之，亦使后人而复哀后人也。"

可见任正非十分痛恨把钱浪费在一个官僚组织上，不难理解他为什么一再强调优化内部管理、提升组织效率了。到 2016 年，华为实现销售突破 5 000 亿元人民币，华为一再持续突破成长的天花板。原因在哪里？引用华为 CFO 孟晚舟在财报中的一句话作答："通过一系列的变革项目及流程责任落地，确保客户需求的快速响应，不断降低内部运作成本，提高业务运作效率，有效支撑公司全球化战略目标和可持续发展。"

任正非也指出："企业能否活下去，取决于自己，而不是别人，活不下去，也不是因为别人不让活，而是自己没法活。活下去，不是苟且偷生，不是简单地活下去。"这是提醒华为人要有忧患意识，不要总是只盯着眼前的利益得失，要时刻优化工作，积极参与到组织变革中来。虽说华为在管理和技术水平上已经居国际前列，但和爱立信相比，员工数多了好几万，管理费用每年多支付 40 亿美元。任何企业只有在不断改进、持续降低运作成本的过程中才能活下去，赢得竞争。

世界著名汽车公司丰田公司，在2003年的纯利润是美国三大汽车公司的总和。是什么让它取得了如此丰厚的利润？除了对市场的准确把握之外，更重要的是丰田不断挖掘自身潜力，采用各种方式提高生产效率，消除不增值的环节。

20世纪50年代，丰田汽车还是一家很小的企业，远远不是欧美汽车巨头福特、通用的对手。丰田远赴美国考察美国汽车企业的管理方式和生产方式，在认真研究了福特等三大汽车巨头后，从中发现了大规模生产浪费严重的这一重大缺陷。丰田认为自己无法承担美国企业那样的浪费，资源和资金都不允许。于是丰田积极寻找消除浪费的方法，先后在生产中引入质量管理体系、质量管理统计方法，并创立了“精益化生产”理念，并辅以5S管理在全厂贯彻实施，消灭浪费、降低成本、消灭零库存。后来，丰田总是比竞争对手的价格低，质量却又不相上下，于是获得了市场消费者的高度认可。在丰田，精益化生产强调过程控制，一切都要刚刚好，主张不断优化，消除哪怕是一点点的浪费。

华为亦十分看重丰田的生产方式和精益生产理念，丰田的董事长退休后曾带着一个高级团队在华为工作了10年；德国的工程研究院团队也在华为待了10多年，帮助华为的生产过程科学化、正常化。

丰田公司的前总裁大野耐一曾指出，决定企业竞争力的是利润而不是价格。他进一步指出，在利润不变的情况下，降低成本才是赢得竞争的根本。有些企业通过降价或薄利多销的手段搞得红红火火，其实内部隐藏着巨大的危机，企业没有足够的利润去做研发，或是勉强承担得起日常运营成本。许多企业员工工资发放不顺畅多半也都是基于这个原因。现在，越来越多的企业开始注重内部成本控制，如大众汽车的伯纳德就是著名的“成本杀手”，在宣布离开戴姆勒—克莱斯勒公司后，就被大众聘为CEO，大众的董事会希望通过节约成本来控制企业利润下滑的局面。

华为在降低企业运营成本方面，不涉及客户及供应商界面，而只局限于内部，避免了服务质量的下滑，或引发供应矛盾。任正非为此专门强调："当前在预算考核中，我们压缩的是内部运作成本，而不是客户及供应商界面的管理费用，各个部门要真正地理解。压缩内部运作成本，才有利于机关组织的大部门制与联席化，流程优化及简化。"

降低成本，持续进行管理变革，华为需要建立一系列以客户为中心的管理体系，所有的输入和输出，例如财务结算等，都要实现端到端全流程贯通，尽可能地简洁，有效地连通；而在管理层级上，要精简层级、减少管理人员，甚至在人工的工资薪酬上，也要合理地控制。

任正非强调："新技术对商业成功的决定作用将有所淡化，低成本经营将成为竞争的关键要素，我们未来的生存发展靠的是管理进步。我们要坚定不移地保持低重心，紧紧抓住大地。"

3.1.3　赚小钱不赚大钱，让利给客户

任正非指出："我们不要太多钱，只留着必要的利润，只要利润能保证我们生存下去。把多的钱让出去，让给客户，让给合作伙伴，让给竞争对手，这样我们才会越来越强大，这就是'深淘滩，低作堰'。"

企业经营者们一定要理解任正非说的这句话，然后再应用于企业经营管理中，这样企业才会找到真正的持续发展之道。

【辅助阅读】任正非论"赚小钱不赚大钱"

赚小钱不赚大钱是任正非经营哲学之一，从其谈话中我们就可以发现。他说："为什么我一贯主张赚小钱不赚大钱？这就是商业模式。因为电信网络不太挣钱了，有些设备供应商减少了某些方面的投资，才让我们赶上来了。如果当我们在这个行业称霸时，我们继续赚小钱，谁想进这个行业赚大钱是不可能的。他要赚小钱，他能不能耐得住这个寂寞？耐不住寂寞他就不干了，还是我

们占着这个位置。如果我们长期保持饥饿状态，不谋求赚大钱，最终我们能持久赚钱。赚小钱，如果分配不是很差，还过得去，大家不散掉就行了。如果我们想垒起短期利益，想赚大钱，就是在自己埋葬自己。”

关于赚小钱还是赚大钱，华为公司内部也曾发生过多次争论，有些人内心也曾动摇过。一些人说每天这么努力还比不上卖一套房子赚的钱多；一些人说做芯片的不如做半导体的赚钱。任正非开导说：“挣大钱的死得快，因为大家眼红，拼命进入。还是要咬定自己的优势特长持续去做。”的确就如任正非所说的那样，社会中想赚快钱的俯拾皆是。

为什么任正非一直坚持赚小钱的理念呢？有一次，欧盟副主席问任正非，全世界的经济萧条，企业都在裁员，你为何却加大发展力度？任正非说：“第一，我们的消费是小额消费，经济危机和小额消费没关系，比如你欠我的钱，我还是要打电话找你要钱，打电话就是小额消费。第二，我们的盈利能力不如餐馆的毛利率高，更不如房地产公司高，还能让我们垮到哪儿去，我们垮不了。”可见在任正非眼里赚小钱是一种经营策略，可以保持企业的长期稳定发展。

他也曾对2012实验室人说：“当全世界都在摇摆，都人心惶惶的时候，华为公司除了下面的人乱惶惶以外，我们没有慌，我们还在改革。至少这些年你们还在涨工资，而且有的人可能涨得还很厉害。我们为什么能稳定？就是我们长期挣小钱。”任正非将企业获得丰厚利润的原因归结于赚小钱，这值得所有企业经营者思考。他鼓励华为员工坚定信心，以开放的心胸和高昂的斗志和公司一起渡过难关。“超稳定的情况下，所有产品都是薄利，靠规模来取胜。现在我们有信心说，信息产业的方向是朝向传统产业发展，我们组织结构的改革，方向是对的。很多员工会问薄利怎么能养活高工资，其实我们的交换机就卖得很便宜，卖得多、量大，利润就起来了。”赚小钱的经营观念并不只华为一家独有，代工产业的航母富士康集团也是如此。

富士康是一家电子设备代工厂。众所周知代工厂的利润微薄，以 iPhone 6 和 iPhone 6 Plus 为例，富士康每造一部赚 4 到 4.5 美元。与苹果每部手机所得的利润相比，少得可怜。即使是在苹果的营业利润率为 35% 的高峰期，富士康也愿意接受 1.5% 的微薄利润。过去的许多年，富士康几乎答应苹果的所有要求，成本、品质、交货期限等。为了保证苹果的订单，招收大量新员工，引进大量机器人，甚至在印度投资工厂配合苹果开拓印度市场。就是这种赚小钱的态度，富士康赢得了苹果的信任，获得了其八成的订单。通过与苹果的合作，富士康一度包揽全球 50% 以上电子设备的代工。富士康通过赚小钱，开拓了市场，也积累了丰厚资源，如渠道、人力资源、技术等，更是获得了丰厚的利润回报，最终成为举足轻重的代工巨头，越来越多的企业找富士康代工。最近富士康更是谋求积极转型，收购了夏普、诺基亚手机等。

富士康以赚小钱的心态，赢得了众多客户的信任，并为其带来了巨额的利润。试想一下，如果富士康一心想赚大钱，就不会有富士康今天的辉煌。可见，华为赚小钱的经营哲学具有普遍性。

当然，华为提倡赚小钱，也是出于战略上的考虑。任正非指出："华为要成为世界主流电信设备供应商，价格低是低重心。"显然，这是一种竞争策略，通过这种方式抢占市场制高点。纵观全球，运营商之间纷纷并购整合，电信设备商也在并购，例如阿尔卡特和朗讯，这造成了华为等电信设备供应全球价格透明化。华为明白只有将自己的利润壁垒打开，坚持薄利经营，让客户一目了然地看到华为的价格成本和合作诚意，反而能最大限度地赢得客户的信任。

华为虽然倡导赚小钱，但也是在追求合理利润的前提下进行的。任正非强调："太低价会破坏产业环境，自己也会生存不下去。任何一种产品都可能经历不盈利到盈利的过程，我们要用产品长期的盈利战略支持短期的不盈利战略，关键是要设置一个边际成本点，超过了这个规模量的点之后就能够盈利。”在此基础上，华为会采用低价策略，因为价格高了竞争对手就进入了。

华为在公司经营目标上，拒绝追求利润最大化。通常追求利润最大化的公司，最后都会远离客户，不再关注客户需求，逐渐被淘汰。华为认为利润最大化就是在榨干未来，伤害了自身战略地位。华为积极向全球市场进军时，其身后还有一只数量庞大的同盟军，例如通信代理商、分销商等。在利益分配上，华为往往给予他们最优照顾，在残酷的竞争环境下保护同盟军的利益。市场好时，这些同盟军就可以去签订单。如果同盟军利润太低或不赚钱，就会转投竞争对手或垮掉，对华为均不是最佳选择。这样的商业哲学在众多企业经营中被验证，也被一些激进的商业行为所反证。

作为世界上最大的工程机械和矿山设备制造商，卡特彼勒公司通过独立的经销商来经销产品和提供售后服务。阿拉斯加的一家企业要求直接从公司购买设备，否则就会选择其他品牌的产品。唐纳得·费德斯坚守原则，要求客户通过经销商购买设备。他认为若损害经销商的利益，等于自毁前程。卡特彼勒乐于让经销商赚取利润的做法，让他的设备能够在48小时之内，为世界各地提供售后服务。

而一些经营者短视的商业行为却看不到这一点，他们往往压榨渠道商而保护自己的高额收入，最后只能一败涂地。刚刚过去的2016年末王菲“幻乐一场”上海演唱会门票事件就是一个典型的反面案例。

物以稀为贵，这个仅此一场的演唱会，售票开始后一直呈现售票紧俏的情况，主办方宣称开售30秒内马上售罄，“黄牛”票被炒至几十万一张。不过，随后却不断传出王菲演唱会门票崩盘的消息，据称大量门票囤积在主办方白玉兰演出公司、罗盘文化、最大票务代理腾讯娱票儿手上，甚至在一些网站上已经开始打折销售。

对此事件，娱乐圈大咖王思聪从演唱会产业链的角度进行了分析，他说道：“为什么这个演唱会从票务到主办方都很伤，首先1 800元是不管国内还是国外一线明星内场最好位置的票价，为何到王菲这里却变成了最低票价、看台票价？票价定了多少，说白了就是要给歌手分多少钱。你定得越低，给歌手分钱越少。为什么她的票价是 1 800 元到 7 800 元，甚至有些票价炒到数十万元。王菲和她的经纪人陈家瑛在这场演唱会里太强势，试图赚取最大利益。”在王思聪看来，这样的行为是损害歌迷的，同样也不利于市场推广，一定程度上这样的定价压榨了二手市场空间。二手票务作为二级票务流通市场，本来具有相当可观的溢价空间，但是当门票价格原本就很高时，二手票务的溢价空间就很小了，进一步挤压了二手票务的盈利空间，最终导致主办方积压了太多票，原价都卖不掉了。有演出商直言“这是一场没有赢家的博弈”，最终，观众、投资方都得不到好处，艺人形象也受到损害。

虽然王菲“幻乐一场”上海演唱会门票事件更多的是一件娱乐事件，但里面的商业逻辑显而易见，也足以给众多企业经营者带来警示作用。

任正非强调：我们还是深淘滩，低作堰，就是我们不想赚很多的钱。低作堰，我们有薄薄的利润，多余的水留给客户与供应商。多余的“水”留给客户，客户和供应商就可以养更多的“鱼”，从而赚取更多的利润。客户的利益链保证了，华为就有赚不完的钱。

日本吉田工业株式会社创始人吉田忠雄说：“如果我们能替别人的利益着想，那么，我们的事业才能繁荣，我们的事业繁荣了，就会给更多的人带来利益。”

3.2　共同构筑高质量和可持续供应链

传统供应链正在朝着全球一体化、区域一体化供应链的方向发展。传统的供应链强调纯粹的买卖关系，而新供应链模式更注重合作、协调、整合和优化，这意味着品牌商需要放下成见，与供应商、客户、竞争对手互相拥抱，打通壁垒。

3.2.1 做厚供应商，不做“黑寡妇”

华为认为供应商是华为的重要合作伙伴，是让华为成功的基石之一。没有他们在后面默默地做贡献、做支撑，华为就无法成为行业领先者。华为在供应商管理方面，正从竞争走向竞合，做产业规则、产业生态的制定者和维护者。也就是说，华为不仅自己赚钱，还保证让供应商、合作伙伴也赚钱。

企业在产业价值链上一味压榨供应商或合作伙伴，只会恶化自身的产业生态。华为坚决不做“黑寡妇”。

【辅助阅读】“黑寡妇”

黑寡妇是拉丁美洲的一种雌性蜘蛛，与雄性交配后，雌性会吃掉配偶，作为自己孵化幼蜘蛛的营养，因而被称为“黑寡妇”。

任正非说：“以前华为跟别的公司合作，一两年后，华为就把这些公司吃了或甩了。华为跟别人合作，不能再做‘黑寡妇’，要开放、合作、实现共赢，多把困难留给自己，多把利益让给别人。”

显然任正非已经认识到，黑寡妇式的模式已经走到尽头，已经无法跟上时代的潮流。华为提倡“做厚供应商”，希望与优秀供应商加强合作，实现共赢。瑞典商学院教授谢尔·诺德斯壮和乔纳斯·瑞德斯卓指出：“由于全球经济一体化，市场效率日益增加，企业无法继续自给自足，必须与供货商建立合作伙伴关系；那些合并供应商的垂直整合已经过时。”我们以西尔斯和通用电气家电公司举例说明。

早些年，西尔斯旗下家电品牌与通用电气家电公司竞争不断。后来，西尔斯开始销售通用电气的家电品牌，成了亦敌亦友的关系。1989 年，致力于打造“西尔斯品牌中心”，即将自己定位为经销商，这是通用电气家电公司和西尔斯双方建立新的合作关系，消除敌意的大好时机。时任通用电气 CEO 杰克·韦尔奇向西尔斯方面提出双方共同举办全员大会的建议。西尔斯认为，通过合作，西尔斯可以减少不必要的工作，提高工作效率。于是，双方联合组建了改善团队，从双方存在合作改善空间的五个主要领域出发，分别组建了五个团队。很快，双方举行了第一次全员会议。经过几天讨论后，双方开始建立了初步的信任。这五个团队都提出了非常有价值的建议，并被广泛采纳。一年后，双方召开第二次联席全员大会，讨论了更高远的目标，例如协调生产、优化库存系统等。后来很多企业在通用电气的启发下，开始利用全员大会来巩固与供应商、客户或价值链中其他成员之间的关系。

更多的企业也像华为一样，在供应商关系管理上不做“黑寡妇”。戴尔会直接参与供应商的内部管理，提供资金、技术指导，与客户分享最新需求信息，并互相持有股份。诺基亚通过建立工业园区，将主要供应商聚集起来，实现了信息共享，提高了整个供应链效率。苹果、丰田等企业普遍采用与供应商合作共赢的发展模式，注重建立伙伴关系。2016 年任正非亲自与德国徕卡签订合作协议，可视为华为积极做厚供应商的一个标志性事件。

2016 年，任正非亲自与德国徕卡签订合作协议。华为终端总裁余承东在接受媒体采访时表示，双方合作的特殊性是共同研发，而远不止授权贴标这么简单。

4 月 15 日，华为公司联合徕卡在上海发布了旗舰手机 P9，搭载的镜头为徕卡 Summarit H 1：2.2/27 ASPH。P9 上的大光圈、黑白等效果都呈现出浓浓的“徕卡味道”，且每台华为 P9 上标有“LEICA”，此举说明双方建立了紧密的战略合作伙伴关系。徕卡 CEO 卡尔特纳说：“这次合作是排他性合作。P9 手机摄像头部分是由华为与徕卡共同设计，结合我们在摄影方面的专长，与华为在智能手机上的积累，共同提升华为手机的拍摄水准。”

显然，双方已不是简单的制造商与供应商的关系。面对相机市场的不断萎缩，徕卡积极地寻找着突破点，以技术和工艺见长的徕卡瞄准了智能手机市场。华为在手机终端经过多年深耕，已进入世界前三，若想再进一步，同样需要突破点。这次他们将重心放在了手机镜头上。徕卡为相机行业的顶尖品牌，在镜片研究上有上百年的历史沉淀。而华为精通算法等技术的研究创新，例如双摄像头的合并算法。双方在镜头上的研究形成了一加一大于二的效果。这一切都体现在华为手机 P9/P9 Plus 的“黑白 + 彩色”双摄像头，以及 Mate 9 第二代“彩色 + 黑白”全新徕卡双摄组合上。

华为终端与徕卡的合作是供应链整合的一个经典范例。立足双赢，共同生产可靠的产品来满足客户需求。任正非就此发表评论说：“我希望终端用世界上最好的镜头、最好的音响、最好的计算能力……组装成世界上最好的手机。这就需要供应商的配合，单纯的采购零部件或自己生产，已不能快速满足不确定、快速变动的未来。”因而他强调：“把我们的研究系统和战略合作供应商平台全打通、全融合，共同来分享利益。即使大部分是我们研究的，也要让合作伙伴集成生产、组件供应，决不可成为自耕农。我们一定不能事事‘自主’，成为国际孤儿。”

此外，华为还积极借鉴和采纳业界在供应链改进的一些最佳实践。采购方式上，华为放弃了标准 PO 的采购下单方式，而是采用灵活多变的采购方式，如一揽子订单、供应商管理库存、JIT 采购等。这也是国际大公司通用的模式。华为积极与供应商建立广泛的同盟关系，共享需求信息、共担风险。

同时，华为还积极推进行业标准的制定，以保证供应商生态。由于企业对发展的重视程度和自身利益的问题，使得对标准的解读也不同，导致供应商把大量精力和资源用于应对审核方面。华为积极推动和参与行业标准制定，提升和优化供应商能力。行业可持续发展标准是华为认证、审核和管理供应商的主要依据。

美国哈佛大学教授迈克·波特指出：“在当今诡谲多变的经济时代，企业已无法做到对各项事务面面俱到地照顾，而加强供应链上下游的整合与适度地将服务性事务外包将会是企业应对变化、保持领先的关键。”

3.2.2　用高"门槛"，汇聚主流供应商

在做厚供应商的同时，华为也提倡主流汇聚。就是向业界主流供应商汇聚，排除低资质供应商，与这些主流供应商建立互信、双赢的长期的组织合作伙伴关系。华为可以通过与优质供应商的强强联合，形成优势互补，也可以帮助华为提升能力，降低端到端成本。

2015 年，在华为的可持续发展报告中，明确指出了未来的 ISC + 变革方向，将聚焦客户体验，利用数字化技术打造主动型供应链，使供应能力透明化、内部交易电子化，持续提升内部运作效率，拉通销售、产品、供应、交付的变革，使得客户与华为做生意更容易，将供应链建设成为华为的核心竞争力之一。

【辅助阅读】华为供应商认证步骤

华为对所有新引入的供应商进行全面的体系认证，评估其遵守法律法规和可持续发展协议的能力和水平。

筛选阶段：将可持续发展要求作为供应商引入的基本条件和门槛之一，提前排除不能达到准入门槛的供应商；

认证阶段：对供应商现场审核，通过管理层访谈、员工访谈、文件审核、现场检查和第三方信息检索等方法，评估供应商是否满足可持续发展协议的要求；

认证评审阶段：专家组评审供应商现场审核的结果，可持续发展有一票否决权，达不到准入标准的供应商将不能通过认证。

对于认证合格的供应商，华为要求供应商依据可持续发展协议要求，制定持续改善计划，定期开展内部审核，确保持续符合华为可持续发展要求及持续改进。

华为通过供应商认证将不合格的供应商直接过滤掉，一开始就严格把关，从源头上聚集优秀的供应商。企业在供应商的选择上要遵守最简单的规则，即宁缺毋滥。做不好，宁可不做，否则产品卖不出去，企业信誉也丧失了。在国际化采购过程中，华为坚持减少供应商数量，集中向国际上大的标准机构采购。一方面，是出于质量、交付能力的考虑；另一方面是出于成本考虑，如果供应商数量多，必然会耗费大量的人财物去评审和管理，导致内耗成本严重。任正非也举例说："识别 10 000 家供应商的财务结算单据，就要增加很多财务人员，内部管理成本会非常高。"

在对供应链的管理上，华为选择与华为价值观（以客户为中心）一致的供应商，并用严格的管理制度对他们的生产过程进行监控。坚持优质优价，绝不以价格作为竞标的唯一标准。对每一个供应商都会给出全过程评价分数，评价分数将决定其在下一次招标中能否进入。华为的供应商评分体系分为 ABCD 四个等级，当评分为 D 档的时候，直接取消供应商资格。与华为一样，戴尔的供应商管理模式闻名于世。

在供应商管理上，戴尔放弃了垂直整合模式，采用虚拟整合的方式，快速完成电脑的组装和销售。戴尔的供应商管理有五个关键要素。第一，强调减少供应商数目，并进行严格筛选。考核供应商是否具有源源不断地提供零缺陷产品的能力。然后依据考核的实际结果，分阶段地逐步扩大采购规模。第二，要求供应商必须有灵活调整生产、供应的能力，以随时满足戴尔的采购与产品升级换代的需求。第三，戴尔会在必要时与供应商结盟，共同开发。合作中，明确双方的目标，预先制定出公司的产品质量标准，并能贯彻执行。第四，通过 IT 系统，供应商能随时了解戴尔公司的需求，然后有针对性地计划生产；也可随时了解库存情况与补货需求。第五，发生错误马上给予指出。凡是违反既定时间表的供应商立刻会收到戴尔发出的书面批评。还有，戴尔像家人般对待供应商，以建立互信和长期忠诚的合作关系，并互相提供各种信息和帮助。

凭借优秀的供应商管理模式，戴尔在库存管理上平均物料库存只有 5 天，业内的其他企业平均库存高达50天。即使在PC危机到来时，戴尔也能保持优秀的业绩。

戴尔在供应商的选择上十分谨慎，努力避免因供应配件的瑕疵问题影响客户对产品的体验。戴尔通常只选择一些质量出众的供应商，对数量也有着严格的控制。华为也非常看重供应商的资质和数量，希望能够汇聚主流供应商。对于供应商的选择，任正非不无风趣地说："以前居然去扶持'游击队'小公司，怎么确保高质量呢!"选择优质供应商的成本虽然看似很高，但其实在后续管理中能大幅降低管理成本。这与戴尔的供应商管理理念不谋而合。企业应对供应商进行优胜劣汰和推动改进，即清理退步的，留下优化的。对于众多企业来说，当找到关键供应商时，要像华为一样尽可能与其结成战略伙伴关系。

华为强调要和供应商分享利益。供应商有钱了，把零件做好了，企业才能最终满足客户在质量和服务上的需求。华为坚定不移地贯彻"对外开放、对内开源"战略路线，加大业务外包的推行力度，将一些工艺条件成熟、技术稳定的产品和部件交由外协厂生产，让供应商分享利益；将宝贵的生产资料和人力放在新产品的开发和生产上，做到增产不增人，提高人均生产效率。

3.2.3 通过标准牵引供应商提升质量

对那些成为华为供应商的，华为会通过各种牵引手段提升他们的质量和交付能力。目前，华为的采购政策是"质量优先"，细分并建立了各个采购品类的质量标准，通过标准来牵引供应商主动提升质量。

【辅助阅读】华为"质量优先"的供应商合作关系

华为轮值CEO徐直军在2014年华为核心伙伴供应商大会上的讲话中指出："面向未来，我们明确要'以质取胜'。基于这个目标和追求，我们对合作伙伴和供应商在质量和可持续发展方面的要求会越来越高，所以我期望我们所有的合作伙伴和供应商努力提升质量，构建可持续发展能力，跟上华为的发展步伐，共同走向未来。为了支撑华为质量目标的实现，华为的采购政策也会调整为‘质量优先’。我们会逐步建立起各个采购品类的质量标准，通过标准来牵引供应商的质量提升。面向未来，质量表现优秀的合作伙伴和供应商会从华为这里获得更多的机会，而达不到质量标准、又不愿意改进或者改进不到位的供应商会被淘汰。持续高质量和可持续发展能力表现优秀的供应商将会获得溢价的机会，也就是说，华为愿意适当多付钱来购买那些持续高质量的产品和服务。”

徐直军的发言指明了华为未来供应商管理的方向，同样要像华为一样“以质取胜”，以此获得华为采购的资格。华为依据行业可持续发展标准，优化供应商管理，确定“满足客户要求，超越客户期望，实现持续改进，支撑商业成功，努力成为行业标杆”的供应链可持续发展目标，并纳入采购全流程中，包括供应商认证、选择、评估、绩效管理、供应商退出等环节，还确定了“系统预防、主动管理、内外部客户（含供应商）高效协同和持续改进”的策略。

执行方面，华为重点从五个方面入手改善。第一，与客户合作，充分地理解客户的可持续发展需求，将其更好地融入华为的采购管理流程；第二，充分向供应商传达客户与华为需求，并纳入供应商的业务管理；第三，强化供应商评估，推动供应商及下游供应商持续改善；第四，以最终客户和市场为导向，与供应商共同优化双方的流程，实现双方流程和 IT 系统的有效对接；第五，邀请供应商参加行业组织对话，共同制定行业标准，推动行业管理水平提升。

华为对占采购金额 90% 的供应商进行年度综合评估。评估依据为供应商进行分级管理标准。分级标准一是依据供应商所在的国家、产品类别、物料类别、潜在制造问题等因素；二是依据业务量、业务关系、风险管理体系、环境风险、可持续发展能力等因素，分别划分为高、中、低三个等级。其中，高、中级别供应商是华为优先审核的对象，每年对其实施现场审核。

华为对高、中级供应商的审核分为两个阶段。第一个阶段，供应商自检，依据华为提供的可持续发展协议进行。此举目的主要是，要求供应商针对薄弱环节制定改善计划。第二个阶段为现场审核，主要验证供应商的高风险问题、管理体系和管理能力方面的问题。

审核发现问题时，华为一般采用 CRCPE 五步法，协助供应商开展根因分析，识别改善机会，并提出有针对性的纠正和预防措施。

C-Check（全面普查）：识别分析可能存在的同类问题和潜在风险，优先识别管理制度方面的缺陷；

R-Root Cause（根因分析）：调查全面普查时识别出的重要问题，分析产生的根本原因，识别管理体系存在的不足；

C-Correct（纠正措施）：对全面普查时识别出的问题，采取可量化可追溯的纠正措施，最终消除问题，或降低风险水平，完成闭环；

P-Prevent（预防措施）：针对根因分析的结果，采取预防措施，优化管理方案和制度，同时协调相关资源，消除问题产生的根本原因，防止再发生；

E-Evaluate（效果评估）：对照行业可持续发展法规和标准，评估“纠正措施”阶段和“预防措施”阶段的行动是否得到有效落实，促进持续改善。

五步法用以找到供应商发生问题的根本原因，并帮助其找到彻底解决的方法；有效识别管理缺陷，优化管理流程，降低成本。

审核到的问题，华为会纳入供应商改善行动要求系统中（SCAR），持续跟进改善效果，直到闭环。此外，华为每年根据供应商现场审核结果及改善情况，评估其可持续发展绩效。绩效评估指标包括安全健康、劳工标准、环境保护、管理体系等关键要素和供应商的管理红线，一共 15 个。供应商可持续发展绩效评价分 A、B、C 和 D 四个等级，分别代表优秀、良好、合格和不合格。

华为在公司内部公布供应商绩效评估结果，采购经理负责向供应商高层传达考核结果，并推动供应商持续改善工作。通常，华为会把供应商可持续发展绩效结果用在后续供应商选择、招标和组合管理中。华为对绩效结果好的，在同等条件下增加采购额度，或优先提供可能出现的合作机会；对于绩效结果不好的，减少采购额度或业务机会，并要求限期整改，不合格的取消合作关系。

华为为确保“质量优先”的采购政策，在供应商身上投入了大量的人力、资金和技术资源。

3.3 坚持服务友商，共享价值链利益

在华为，构建共赢合作关系，不仅包括客户、供应商，还包括自己的竞争对手。

企业要辩证地看待与竞争对手的关系。与对手存在竞争是一个不争的事实，这能促使企业不断提升核心竞争力。但从另一个角度看，如果与对手的竞争成了恶性竞争，那么会造成两败俱伤，或是一方惨胜的局面；同时，也会失去客户的信任。很多时候，企业与企业之间往往难以把握竞争的分寸和节奏，面对这种情况，华为采取了竞争与合作共存的战略，在竞争中坚持与友商合作，共同分享市场利润。

3.3.1 清晰定位自己与竞争对手的差距

知难行易，企业在激烈的市场竞争中，应清晰地认识到自身在市场中所处的地位和境遇。华为虽成为世界通信行业第一，但仍然充满危险。领先者是孤独的，也是危险的，随时会因为某个战略失误而被对手赶超。

为此，任正非要求华为人发扬自我批判的精神，认清华为和竞争对手之间的差距。他说：“在鲜花和掌声之中只会看到自己，与世界超级企业巨头相比，我们在某些方面仍有差距，在2020年要实现销售收入过万亿仍然面临诸

多挑战。”

【辅助阅读】华为“惶者生存”

早在 2001 年，任正非就提出“惶者才能生存”，意在提点华为人要认清自己与竞争对手的差距，不要视而不见，要敢于揭丑。他说：“如果一个公司真正强大，就要敢于批评自己，如果是摇摇欲坠的公司根本不敢揭丑。如果我们想在世界上站起来，就要敢于揭自己的丑。正所谓‘惶者生存’，不断有危机感的公司才一定能生存下来，因此华为公司是一定能活下来的……华为公司发展到目前的规模，面临的挑战只会更大，我们要认识到与对手的差距。要么停滞不前，逐渐消沉；要么励精图治，更上一层楼。正所谓不进则退，成功不是走向未来的可靠向导。谁能把我们打败？不是别人，正是我们自己。”

华为的发展面临着巨大的压力和威胁，最直接的威胁就是行业合并和联合。2015 年爱立信与思科进行全方面合作，目标直指 5G 通信领域。诺基亚斥资 156 亿欧元收购了阿尔卡特-朗讯。这似乎又让人们闻到硝烟的味道。2016 年，爱立信、思科和英特尔合作开发并测试业界第一款 5G 路由器的产品，有望快速实现商用，这对华为 5G 布局构成了一定的威胁。爱立信在移动和无线领域占有优势，提供了全球 40% 的移动网络；而思科以数据中心和网络播放器为主；英特尔的优势无须多言。双方的合作形成优势互补，合计持有超过 5.6 万项专利；即便在国内，华为还有老对手中兴。华为在未来的局势并不乐观。

华为终端方面，虽然捷报连连，但与苹果、三星比，华为的盈利能力相对较弱。苹果 2015 年销售收入 2 337 亿美元，是华为 608 亿美元的 3.8 倍；利润是 533 亿美元，是华为 70 亿美元的 8 倍。三星销售收入 1 805 亿美元，是华为的 3 倍；利润 237 亿美元，是华为的 3 倍。且华为终端的专利储备不足，做大做强终端，诺基亚和爱立信是始终无法绕过去的一块巨石。

爱立信成立于1876年，总部位于瑞典。数字时代开启后，爱立信凭借在电话领域所积累的优势，掌握了大量2G/GSM、2.5G/GPRS专利，并成为行业龙头，业务覆盖了网络设备、专业服务、技术授权、移动终端等。最重要的是掌控着2G、3G、4G许多关键技术，涉及设备与终端等诸多环节。虽然爱立信在2012年退出手机业，专注于网络设备和服务，但在终端领域的技术专利储备庞大，尤其是整合原北电核心技术后，其在全球共有35 000多项专利。早在2001年，爱立信移动平台公司就向全球设备厂商提供2.5G和3G技术授权。

爱立信前CEO卫翰思说："到2015年，全球三分之二的消费电子设备都将在一定程度上实现无线接入功能。到时，任何进入这一市场的公司或生产商都需要首先和爱立信达成合作协议。"

爱立信的专利地位谁都无法绕过，华为也不例外。华为在通信设备领域超越了爱立信、思科，但在管理效能和人力资源效能上与对方有着不小的差距。2015年，华为17万人创造的销售额为608亿美元，利润70亿美元，思科销售收入491亿美元，利润89亿美元，超过华为，且员工只有7万人。华为机关管理人员约有3万人，爱立信机关管理人员只有1万人。

与世界级企业比，华为的技术创新尚处于工程数学、物理算法等工程科学层面。对领先者而言，如果过度强调实用主义的技术路线，缺少前瞻性技术，那么必定面临被超越的风险。在合作上，华为具有天然的弱势，对手大多为欧美企业，有相近的价值观和文化，他们之间联合起来更为容易。

对于这些，任正非和华为人都有着清醒的认识。华为几乎每年都要展开对危机的讨论，讨论华为面临的危机是什么，部门有什么危机，科室有什么危机。在危机的讨论中确定是否还能够改进，能否提高人均效益，如何缩短与竞争对手的差距。当华为意识到对手的差距后，往往会向他们学习，例如向爱立信学习管理，向思科学习IT架构等。

知不足，然后能自反也；知困，然后能自强也！

3.3.2 不要独霸世界，能挣点钱就够了

任正非对华为人说“不要独霸世界，能挣点钱就够了”，这既是一种警告，也是一种智慧。华为在通讯设备领域经过多年努力追赶，成功超越思科和爱立信两大电信巨头。

华为在欣喜之余意识到，未来的道路会愈来愈艰难。一是思科和爱立信仍有很强的实力，自己与对手在某些方面还有很大的差距；二是树大招风，难免会遭到各方围剿。因而，华为强调与对手共同分享利益，共同维持产业生态环境，以摆脱不利处境。

【辅助阅读】任正非“多栽花少栽刺”

“多栽花少栽刺”反映了任正非和华为的竞争态度。任正非说：“我们不要敌视竞争对手，其实他们是我们重要的老师。我在埃及代表处已经讲得很清楚了，重视但不敌视我们的竞争对手，感谢我们竞争对手的存在，华为公司才能得以持续不断地发展和进步，正如鬣狗旺盛的生命力来自于猎物，来自于老虎和豺狼。在一种生存游戏中，当豺狼和老虎都被消灭后，鬣狗甚至会被羊和鸡消灭。这个游戏告诉我们，当狗处于一种安逸和放松的享乐状态中，没有了对手和较量，没有了危机和竞争，就会萎靡倦怠，从而走向颓废甚至灭亡。华为公司能够走到今天，不光是外国竞争对手给了我们极大的压力，使我们不断地突破，同时国内的竞争对手在我们后面追，一步都不放松，推着我们进步。没有这种双重力量，华为今天也许麻痹了、松懈了、崩溃了。我们对待竞争对手还是要友善。有人可能会说，大家去抢粮食，还要我们友善，让我们怎么办？要知道人家过冬天也很冷啊，人家也需要一些柴、一些米，你们也不要寸步不让，也让人家活下去，这是帮助我们培养一个明天逼着我们进步的人。”

任正非认为独霸世界会让华为陷入“安乐”，继而沉沦。对此，华为公司高级顾问彭剑锋教授也解释说：“产业是个生态圈，过去华为是追赶者，现在是领先者，领先者要成为产业生态良性循环的维护者，要给别人留口饭吃，自己才能有持续的饭吃。”华为在这方面总是表现出超乎寻常的智慧和远见。华为把竞争对手都称为友商，还罗列了具体的名单，包括思科、阿尔卡特-朗讯、北电、西门子、摩托罗拉、NEC 和爱立信……可以看到，华为是将竞争对手定位在合作关系上的。

2000 年后，通讯行业发展趋于理性，市场需求下降，任正非判断年增长不会超过 4%。当时的华为志向远大，成长迅速，不可避免地与竞争对手发生冲突，抢夺对方的市场份额。这样，就直接威胁到了竞争对手的发展，压缩了他们的生存空间。华为意识到这可能会让自己在国际市场上四处树敌。例如手机行业的龙头苹果公司，就遭到了各方围剿，苹果手机在中国市场占有率排名降至第五，华为则上升为第一。任正非说：“华为要韬光养晦，要向拉宾学习，以土地换和平，宁愿放弃一些市场、一些利益，也要与友商合作，成为伙伴，和友商共同创造良好的生存空间，共享价值链的利益……如果都认为我们是敌人的话，我们的处境会很困难。”

一次，华为和爱立信应法国电信要求搬迁阿尔卡特-朗讯的设备，被华为董事长孙亚芳叫停，任正非也打电话道：必须执行命令，不许搬迁。2013 年，华为某国代表处与运营商达成协议，搬迁爱立信基站，部署和升级华为的设备。公司知晓后，严厉批评代表处和主管运营商 BG 的负责人，同时知会给爱立信高层。华为在很多领域与友商展开分工合作，优势互补，例如华为与爱立信签署专利交叉授权协议。现在华为的友商已经能接受华为的崛起，这是任正非对华为人苦心训导的结果。

随着信息市场的发展和变化，企业的商业环境会变得越来越不稳定，面临着许多困难。任正非教育华为人道：“恃强示弱，内刚外柔，表面的强大，不是强大。”一个企业可以利用某些优势不断发展壮大，强大到不能再强大，一旦失去了外在的伙伴关系，就再也难以维持。

1870 年 1 月，洛克菲勒创立标准石油公司（后改名美孚石油公司）。不久，普法战争爆发，导致宾州海上运输瘫痪，石油出口也被迫中断。这间接导致了油价的暴跌，中小型炼油企业面临着破产。洛克菲勒却看到了机会，趁机抢占克利夫兰的石油市场。他以极低的价格大肆收购和吞并。为了达到目的，采用了各种手段，例如同铁路公司实行“所有铁路和石油业者合作”，垄断了石油运输，使原本就雪上加霜的中小型炼油企业更加难熬。在此情况下，没有被收购的企业纷纷联合起来，反击洛克菲勒趁火打劫的行为，并展开舆论攻势。一时间洛克菲勒四面楚歌，不得不做出妥协，解除铁路垄断，停止了并购活动。

1904 年，西奥多·罗斯福在美国总统大选中获胜之后，对美孚石油公司进行调查。调查报告对美孚公司提出了激烈批评。1909 年，美国联邦法院在反托拉斯诉讼中支持政府，勒令解散美孚公司。1911 年 5 月，美国联邦最高法院在第二次重审后，支持联邦法院裁决，勒令美孚公司必须在 6 个月内解散。1911 年 7 月，美孚公司宣布解散。

19 世纪末 20 世纪初，标准石油公司（或美孚石油公司）强大到没有敌人，但却又四处是敌人——法律、道德、公众等，因“独霸世界”付出了惨痛的代价。

在海外市场，任正非告诫华为人不要做市场规则的破坏者，不要总是强调颠覆，也不要排斥思科。他说：“如果有多家竞争对手跟我们争这个钱，谁的项目大一点，多给谁一点，把钱分给他们。”华为经常通过这样的方式把竞争对手变成合作伙伴。任正非说：“我认为还是要利用盟军的力量，我只要搭着你的船，能挣点钱就够了，我为什么要独霸这个世界呢。我们走向被集成，那我们就要建立多种伙伴群，用伙伴群把产品卖给客户群。”全球通信行业的巨头只有十多家，而能为信息互联的管道做“铁皮”的只有两三家，华为总体处在优势地位。

一家独大的思维，有时会造成企业在战略上的固执，变得不再开放，也不会再去主动拥抱变化中的世界，从而错失一些本可以拥有的战略机会。在手机终端领域，当苹果、三星等手机厂商在研发新的智能手机操作系统时，诺基亚仍在以塞班系统为蓝本开发智能操作系统，错失大好机遇。最终，手机行业的一代霸主被微软收购，但微软却直接搞砸了，没有给诺基亚任何续命的机会，在智能手机飞速发展的时间窗口一沉到底。直到 2016 年，几经波折，Nokia 品牌被微软卖给了富士康，随后又授权给了 HMD 进行生产，如今出了一款低配版的 Nokia 6 将在 2017 年上市，可是覆水难收，独剩情怀令人惆怅。

任正非指出："在这个英雄辈出的时代，一定要敢于领导世界，但是取得优势以后，不能处处与人为敌，要懂得与别人合作。"

3.3.3 与友商合作，营造良好生存空间

在华为，主张与友商共同发展，双方既是竞争对手，也是合作伙伴，共同创造良好的生存空间，共享价值链的利益。

这是要告诉我们，要与同行在诸多领域展开合作，致力于打造良好的商业生态系统。华为强调不会独占市场、破坏商业环境，将始终坚持通过各种手段建立良好的商业生态环境。

【辅助阅读】商业生态系统

"生态系统"的概念是由英国生态学家坦斯利于 1935 年提出的，指在一定的空间和时间内，各种生物之间，以及与它们的无机环境之间，通过物质循环而相互作用的一个统一体。后来，人们将"生态系统"这一概念引入到社会科学领域。

"商业生态系统"的概念由美国著名经济学家穆尔在 1996 年的哈佛商业评论上首次提出，指以组织和个人（商业世界中的有机体）的相互作用为基

础的经济联合体，也就是供应商、生产商、销售商、投资商、客户等以商品生产和服务为导向组成的群体。这些商业有机体在一个商业生态系统中承载着不同的功能，有着不同的利益驱动，但又相互依存，共同维持系统的可持续发展。与自然生态系统中的有机体一样，商业生态系统中的各环节都是商业生态系统的一部分。其中任何一个环节遭到破坏，都会影响整个商业生态系统的平衡，并最终伤害系统中的每一个有机体。

可见，一个健康的商业生态系统的多样性，有利于各有机体的生存和发展，可让生态系统功能优化。例如在电子阅读器市场上，索尼电子阅读器沿着价值链上下游整合，有生产商飞利浦和渠道商亚马逊；亚马逊从价值链外找来网络服务商 Sprint，在 Kindle 中内嵌网络功能，读者可以在线完成购买和阅读。它们两者一个优化一个创新，丰富了生态圈的功能。

为了打造良好的商业生态系统，任正非强调宁愿放弃一些市场，也要与友商合作。他提出："宁愿放弃一些市场、一些利益，与友商共同创造良好的生存空间，共享价值链的利益。"妥协换来的是更广阔的生存空间。2012 年，欧盟多次对华为发起"双反"调查，而华为的竞争对手诺基亚、爱立信等欧洲公司都愿意出来为华为背书。在国外市场，华为十分重视与竞争对手的合作，与摩托罗拉、英特尔、SUN、微软等跨国公司建立联合实验室，开发应用性的先进技术；与松下和 3COM 建立了"3G 开放式实验室"等。这些合作都对华为的国际化进程起到重要的作用。2003 年 11 月，华为与美国 3COM 公司合作成立了合资企业，华为以低端数通技术占 51% 的股份，3COM 公司出资 1.65 亿美元占 49% 的股份。之后，3COM 公司将研发中心转移到中国，实现了降低研发的目标，而华为则利用 3COM 公司成熟的网络营销渠道销售华为的数通产品，大幅度地提升了产品的销售量，2004 年增长了 100%。同时，也为公司运作积累了经验，培养了人才。华为通过与 3COM 公司的合作形成了优势互补、合作共赢的局面。试想，如果华为依靠自己力量打开国际市场，那将是一件非常艰难的事情。同样，华为与爱立信的交叉授权协议也体现了各取所需的战略思维。

2015 年华为手机狂飙突进，终端全年出货突破 1 亿部。2016 年 1 月 13 日，任正非在集团市场工作大会上，对华为终端提出了全球化目标："要敢于在 5 年内超越 1 000 亿美元的销售收入，同时立足打造中高端品牌，通过中高端带动中低端的销售。"以华为终端目前的发展速度来看，这并不是一个难以企及的神话。但能够预见到，在未来，华为将与苹果、三星、高通、爱立信等相关专利的持有者不可避免地发生专利战。华为通过与爱立信的专利交叉授权协议可以扫除技术壁垒，将全球化最大的市场风险，也就是专利风险消除在萌芽状态。华为大力布局终端业务与各方，甚至是竞争对手合作，也有出于战略突破的考虑。侧重消费类的华为终端更容易进入某些国家，例如美国。与爱立信的合作只是一小部分，未来也许还有更大的举动。总之，华为会坚持采用与友商、客户、供应商合作的战略来消除技术瓶颈、技术壁垒，甚至是借力打开和进入最具价值的国家和地区。最终，构建全球化的商业生态系统。

"竞争对手也要手拉手，也要走向合作。"企业之争都是利益之争，蛋糕分好了，人人都有蛋糕吃。在海外市场拓展上，华为不打价格战，不扰乱市场秩序，强调与友商共生共荣。任正非在谈到欧洲市场时说"把价格提到和爱立信一样高……"，其意是让利友商，把一部分市场留给友商。华为通过与友商的战略合作，能够抵抗国际上的不确定因素带来的压力和风险。对此，任正非用了一个形象的比喻："有时候我汽车没油了，我就蹭他的车坐一坐，总比我走路好，总比我骑毛驴好。所以我们要敢于、要善于搭上世界各种车，我们这个利益就多元化了，利益多元化，谁能消灭你？"

合作伙伴是越多越好，如果把人排挤走了，自己又进入了无人区，什么都得自己做，得不偿失。不如听取亚当·斯密的建议："要像爱自己那样去爱自己的邻居。"在数字化时代，爱也意味着融合与连接。

华为意识到与友商合作还可以降低研发成本。如果企业间联合起来研发一个产品，那么研发成本将降掉一半，产生的专利也可以共享，市场成本就又降了一半。2008 年，华为与英国全球海事系统有限公司合资成立华为海洋公司，获得了国际海底光缆市场的门票。进入海底光缆市场的资金需求量大、技术门槛高，因此，华为积极寻找强有力的合作伙伴，很快全球海事系统有限公司进入华为的视野。全球海事系统有限公司是一家具有 150 多年历史的海上工程公司，在全球海底光缆安装和维护领域位于世界前列，具有丰富的从业经验。华为借助全球海事系统有限公司的平台，轻松跨越在海底光缆铺设方面的门槛。在华为广泛的合作领域中，还包括与新加坡电信合资建立 ICPL、与 NTT 在日本合资建立 NTTWEMarine 等。

借用印度哲学家、诗人泰戈尔的一句话来形容华为的竞合理念："惟有具备强烈的合作精神的人，才能生存，创造文明。"

3.4　开放式集成，在竞合中携手创新与发展

企业在自主开发的基础上广泛开放合作，建立战略伙伴关系，能够提升自己的竞争优势。华为在通信设备和终端上与优秀的企业联合研发深受消费者喜爱的产品，同时开放各类技术资源，降低研究、预研的门槛，与科学家、开发者、合作伙伴共同开发新技术。

携手创新能够迅速推出更多性能优异的新产品，使企业能在短时间内满足各地客户的产品需求和服务体验需求。

3.4.1　鲜花插在牛粪上，在现有成果上创新

华为在强调自主创新的同时，还要站在前人的肩膀上，把握住时代脉搏进行创新。企业只有在继承的基础上，才能进一步发展。

在华为，有着明确的创新规则和指导理念，即在现有基础上创新，广泛吸

收相关领域已有的技术和知识，厚积薄发。任正非创造性地提出“鲜花插在牛粪上”的创新理念，以此警醒华为人在创新的道路上认清形势，不要闷着头乱来。

【辅助阅读】华为“鲜花插在牛粪上”的创新战略

任正非认为华为长期坚持的战略，是基于“鲜花插在牛粪上”的战略，不能离开传统去创新，而是基于现有的存在去创新。他说：“鲜花长好后，又成为新的牛粪，我们永远基于存在的基础上去创新。在云平台的前进过程中，我们一直强调鲜花要插在牛粪上，绑定电信运营商去创新，否则我们的云就不能生存……当年定的鲜花必须插在牛粪上，是我们自己曾经有过的教训。盲目地学习与追随西方公司，我们指望从天上掉个林妹妹，结果下不来，连不上，不知道怎么用，一直到林妹妹变成老太太了，全做好了，可以接进来了，才开始用，那时林妹妹已经老了，没价值了。现在我就说从牛粪上生出鲜花来，与电信运营商贴近，做一朵云马上卖一朵云，逐步形成七彩云霞。”

“鲜花插在牛粪上”的比喻通俗易懂地告诉人们在前人基础上创新的必要性和必然性。洽洽瓜子占领市场之前，瓜子行业一贯坚持炒制工艺，而食用炒制瓜子容易引起上火，食用完之后脏手的现象非常普遍。洽洽瓜子的创始人通过分析研究市场现状后进行了创新，他将炒瓜子转变为煮瓜子，在其中添加中草药香味，避免出现上火的症状，煮制工艺使得人们食用起来不脏手，洽洽瓜子也因此深受客户喜爱。和华为一样，洽洽瓜子就是在原有工艺基础上进行创新并取得了成功。

在华为看来，自主创新存在一个明显的死结，就是容易陷入死胡同里面，或形成一个封闭系统，最后，做出来的产品不一定比别人好。华为公司在创新方面借助于外界科研成果，做应用性研究。例如在材料科学方面，华为倾向于做材料应用上的研究，而不是在材料本身的创造。另一方面，为保持技术领先，华为会选择与全球知名科学家合作，提供资金帮助其进行新技术的研发。成果出来后，华为通过付专利费的方式获得技术使用权。

此外，华为在创新过程中只做有优势的部分，其他部分与外界合作完成。华为致力于建立一个开放的创新体系，特别是硬件体系。任正非指出："我们不开放就是死亡，如果我们不向美国人民学习他们的伟大，我们就永远战胜不了美国。"

任正非提出用"美国砖"修"万里长城"。他指出："华为很多 IT 系统和工具软件，都是自主研发。"这是华为早期的研发模式，因为从零起步，不得不耗费大量的精力和时间做好入门工作。通常这样的新产品性能不够稳定，可靠性差。后来华为在研发上积极参考国际同类工具软件，这类软件已经投入使用很长时间，口碑也好，成熟度高，完全可以借鉴其成果。

任正非曾在多次讲话中提道："IT 系统要从思想中去掉创新观念，要站在巨人的肩膀上，多借鉴和吸纳外界已有的先进工具和经验，多用'美国砖'（业界先进的技术和工具软件）修'万里长城'（IT 系统、工具和软件）。"

用"美国砖"修"万里长城"，其目的是一次性把事情做对。这是华为由来已久的研发和生产理念之一。华为强调在工作中不埋地雷，一是可以消除维修成本浪费，二是避免机会浪费。任正非认为，华为最低使命是活下去，而不是为了有一天自己也能造出"美国砖"。等到那个时候，华为的市场早已不复存在，造砖已失去意义。

任正非说美国砖不过是一个形容词，华为需要的是胜利。其实就是他山之石可以攻玉这个道理。任正非在"从中心仓到站点打通"工作汇报会上的讲话中提道："要买全世界最好的装备来打赢战争，山头攻下来，喜马拉雅山下的钻石全是我们的。"

华为坚定不移用"欧美砖"修建"万里长城"，凭借欧美先进软件包，建设高质量的 IT 系统。华为引进了"欧美砖"构建 IT 系统的同时，也积极致力于企业网开发的IT系统。在用“华为砖”还是“欧美砖”的问题上，任正非指出：“如果我们总是自主开发，不能为了现阶段的节约，修建出低价格、低成本、低质量的‘长城’，不久又要推倒用‘欧美砖’重建，为什么不能一次性建好混凝土结构呢？”

华为面临商业和技术创新问题时，如果有现成的“欧美砖”，且商用成熟的都会使用和借鉴。华为的这种创新模式，就如谷歌经济学家哈尔·瓦里安指出的那样，人类正迈进一个“组合创新”的新时代。当环境中充斥着丰富的资源时，人们就可通过组合和再组合进行新的创造。例如在19世纪，采用标准化设计的齿轮、滑轮、链条等机械装置，促进了汽车、造船业的发展。20世纪50年代，集成电路的普及带来了各类电器，如电视机、半导体收音机等。可见，科技发明也可以是各种要素共同作用的结果。

这样的道理对众多国内企业来说，都值得考虑。企业创新不能为了创新而创新，要站在巨人肩膀上，如果自己一点点往上爬，等爬到巨人肩膀上时，发现人家的技术已经在那了。企业要充分吸收利用一切成果更快、更好地实现目标，这样会提高企业和技术人员的生命周期效率。我们要在有限的时间里，保持高效，缩短和节省创造财富的成本。任正非指出：“如果别人合理收取我们一点知识产权费，其实相对更便宜，狭隘的自主创新才是贵的。”

同时，企业要警惕，创新是有边界的。华为认为无边界的技术创新会误导公司战略。诺基亚对研究不吝投入，在被收购前的10年中，共投资400亿美元，这一数额当时是苹果的4倍。20世纪90年代末，诺基亚曾开发了一款产品，就是平板电脑，配备了触摸屏，有无线连接功能。在今天看来，是无与伦比的创新，但却浪费了把创新引入市场的机会。就在iPhone颠覆市场的时候，诺基亚却把研发重心放回到基本款手机上。可见，创新多并不意味着会形成市场效应。繁多的创新种类，反而影响了企业战略聚焦，让企业失去战略机会。贝尔实验室发明了电子显微镜，但它的本身是做通信的，于是它又建立了一个公司。不专注本业，结果贝尔实验室垮掉了。

任正非指出："创新不是推翻重来，而是在全面继承的基础上不断优化。新产品开发不一定是创新，在老产品上不断改进不一定不是创新，这是一个辩证的认识关系。一切以有利于公司目标的实现成本为依据，要避免进入形而上学的误区。"

3.4.2 跳出封闭的圈子，开放式集成创新

企业关起门来搞创新，会危及企业的生存。不如跳出自己的圈子，看看外面的世界，主动拥抱和集成，说不定会有意想不到的收获。

华为认为开放式集成创新是行业的主导力量，这可以实现资源要素的最佳匹配，在不断的优化组合中产生"1+1>2"的效应。为此，华为积极开放管道、数据、业务资源等，为合作伙伴提供开放、易用、高效、安全的平台，实施联合创新。

【辅助阅读】集成创新的起源与演进

集成创新（Integration Innovation）的思想最早可追溯至1912年约瑟夫·熊彼特首次提出的创新理论。他认为创新是一种通过新途径实现生产要素和生产条件的组合，这种新途径包括策划新产品、引入新技术、开辟新市场、控制物料来源、建立满足生产的新组织等。

集成创新的理论研究和实践始于20世纪70年代，管理学者分别从内部技术创新要素所需要的条件探讨了企业技术、组织、制度、管理、文化的集成性创新。研究表明，提高企业技术创新成效的关键在于有效协调上述五种要素。

1982年，弗里曼从经济学意义上对组织、制度、管理、技术、文化进行综合性创新研究后，认为技术创新包括"新产品、新过程、新系统和新设备等多种形式在内的技术向商业化转化"。此时期，集成的思想和原理逐渐在科

技管理实践中得到推广和应用，例如 IPD 管理。

1998 年，哈佛大学教授马可·伊恩斯蒂提出了“技术集成”（Technology Integration）的理念，标志着集成创新概念首次提出。他认为“通过组织过程把优势资源、工具和解决问题的方法进行应用称为技术集成”，技术集成在提高“研究与发展”的机能方面贡献巨大。

同时代学者菲利普·赛德勒则认为，在当下企业创新管理中，构建柔性组织结构、流程和创新型文化能够快速响应环境变化，更有利于集成创新，这从内容上丰富了集成创新理论。

随着经济全球化、信息技术和互联网的快速发展，集成创新的方式和内容也在发生着变化。集成创新已不仅仅局限于技术方面，它广泛地融入了组织管理、企业战略、人类文明成果、未来发展趋势等方面的内容。集成创新体现了技术与外界的深度融合，是产品、技术、管理流程、商业战略、产业链结构和市场创新的综合性集成。我们可以看出，集成创新强调开放、共享，共同促进商业和技术进步。在华为，他们会通过开发者社区线上线下活动，和开发者共同分享最前沿的技术和实时产业动态；举办开发者大赛，激励和吸引开发者开发新技术，促进业界的认可和商业的成功。这种集成创新模式也被世界级企业广泛采用。

美国电话电报公司（AT&T）在美国的电话网最初只是一个功能单一平台，仅用于语音交流。随着时间的推移，固话并没有出现任何创新。后来美国政府要求 AT&T 开放网络，从而开启了创新的大门。越来越多的新公司加入，新发明也层出不穷，包括新型的电话、传真机、数据调制解调器、廉价长途通话等，所有这些都是在网络开放后才进入大众生活的。

IBM 个人电脑也是开放集成创新的典范。1981 年 IBM 推出个人电脑，开放了操作系统、微处理器、数据处理器等让软件研发者和电脑生产商在上面安装应用程序和附件，且不需要向 IBM 支付专利费用。这一决策在客观上推动了微软、英特尔、康柏、希捷、惠普、甲骨文等企业的出现和发展，一举奠定了未来几十年电脑主流市场的格局。

美国电话电报公司和 IBM 都是开放式集成创新方面的先行者，这种做法为自身和整个产业带来了深远的影响。对于集成创新，管理学者 H. K. 唐指出，集成创新所要解决的核心问题是日益丰富、复杂的技术资源与现实应用之间的脱节。华为已然意识到了这个问题，在集成创新的起点上把握技术和需求关系，同时全面开放业务。例如以云计算、敏捷网络、平安城市等解决方案为核心建立广泛生态圈。华为建设的敏捷网络全方位开放，在敏捷园区、敏捷数据中心等领域合作的企业达 200 多家。开放的集成创新方式和技术积累为华为带来了出色的产品。华为目前已经在德国、瑞典、印度等多个国家建立了多个研发中心，申请专利 76 687 件，其中与终端相关的专利有18 000 件。通过开放式集成创新华为增加了技术储备的厚度，同时也增加了用户的深度。在万物互联的当下，除了共享与集成，一项孤立的技术和应用是很难存在下去的。

微软公司于 2013 年 9 月以 50 亿美元的价格收购诺基亚手机业务。微软此举是希望能够进入智能手机领域，保证 Windows 操作系统的市场占有率，削减智能手机业务对 PCWindows 操作系统的冲击。收购诺基亚手机业务后，微软放弃塞班、Meego 系统，全面转向 Windows Phone 系统。但是微软的此次收购并没有达到预期目的，几乎没有手机厂商愿意搭载 Windows Phone 操作系统。手机品牌商更愿意选择谷歌的开源系统，显然大家更愿意吃免费的蛋糕。在性能和流畅度等方面，Windows Phone 系统又不如苹果 iOS 系统。Windows Phone 系统愈来愈封闭，似乎他们只愿关起门来自己开发，最终，没能形成良好的生态系统。微软只是收购了诺基亚的终端，可是单单靠终端来支撑网络是不可能成功的。

微软这次进军手机操作系统的战略失误，足以说明集成创新的重要性。华为积极共建开发者平台和开源社区，不断壮大产业链。当初谷歌在收购安卓公司后，就是否开放安卓系统的问题，发生了严重的争论，高管们各执己见。最后，谢尔盖·布林决定开放安卓系统。他认为，开放安卓系统，可以帮助谷歌在乱战的手机操作系统市场上快速实现扩张。结果，安卓系统取得了惊人的发展。安卓系统的平台对谷歌搜索引擎在手机上的使用也起到了积极的推动作用。苹果系统无论硬件、软件还是 APP 都由苹果自己设计和提供，被人们认为是最不开放的平台。后来，苹果一反常态，在应用面上，平台向第三方开放。尽管在硬件体系上苹果仍保持封闭，但这不影响开发商们的热情。2011 年，苹果 AppStore 提供了 42.5 万个应用，而在 2015 年超过 170 万个。现在，AppStore 已经成了世界上最成功的软件应用商店。

企业应随时代和潮流变革，“开放才能共赢”。

3.4.3 扩大“朋友圈”，分享“大蛋糕”

企业要在经营中不断扩大朋友圈，做大产业。当今社会技术和商业模式纷繁芜杂，单凭一己之力经营企业的模式将成为过去时。

华为认为，“生态竞合”将是产业发展的主流趋势。华为在 2015 年发展报告中提道：“我们坚持开放、合作、共赢的原则，聚焦 ICT 基础设施，积极开展与产业界、开发者、学术界、产业标准组织密切合作，激活商业和科技创新，推动业界建立合作共赢、公平竞争的产业健康发展生态。”

【辅助阅读】任正非解读“费城故事”

1992 年任正非赴美考察之后，写下了《赴美考察散记》。其中有一个故事：在费城，一个年收入约 4 万美元的中国留学生家庭。在寒冷的冬天，他们舍不得开暖气。任正非了解到，即使不开暖气，一年也就节约 100 美元左右。一问原因才得知，国内的亲人一开口就要他们寄 1 万美元回去，所以他们也不敢回国。吃穿用都十分简单，日子过得紧巴巴的。任正非说中国人省吃俭用，美国人乱花钱，广交朋友。中国人只能陷在自己的圈子里，永远跳不进钱窝，在美国依然贫穷。美国人则朋友越交越多，机会又多又好，钱也越来越多。人生的成功，80% 在机会。朋友圈大了，蛋糕也就大了、多了。

在任正非看来，跳出圈子，广交朋友，才能做大蛋糕。近年，华为积极拓展朋友圈，在全球范围内开展创新合作，推动商业和技术进步。例如与北美、亚太和欧洲合作伙伴积极推动 5G 生态圈的建设，推动 5G 标准进程。在互联网领域，华为与全球主流运营商、互联网公司联手建立了 NFVlab 创新研究。2015 年华为携手韩国 SK 电信，共同开发 5G 网络技术并申请专利。华为依靠自身网络信息技术的优势积极布局，与全球顶级伙伴携手合作，打造出了全新产品。

华为法国研究所建立的顶尖团队历时 3 年研发出华为首款 ISP 芯片，被应用到商务旗舰 Mate8 上，实现对焦快速，成像更加清晰，色彩明暗度更加饱满；此外，华为在 MateS 上引入 PressTouch 屏幕压感技术，带来了更加完美的人机交互体验。除了优秀的创新能力外，华为对客户需求和市场有着敏锐的洞察力。华为与全球知名时尚媒体 Vogue 一道赞助米兰时装周，并邀请时尚摄影教父马里奥·特斯蒂诺、维密超模卡莉·克劳斯和著名男模肖恩·奥普瑞拍摄了 HUAWEIWATCH 宣传片，凸显科技与时尚的碰撞。HUAWEIWATCH 也深得欧洲消费者喜爱。

在平板产品上，哈曼卡顿与华为 M2、M3 系列完美融合，使得产品具有一流的音效品质，发货量同比增长超 130%。在高端汽车领域，华为生产的车载产品获得了通用、奥迪、雪铁龙、特斯拉等一线厂商的认可，成为其未来车联网设备中的指定 4G 模块供应商。

华为通过这种跨界交朋友的合作方式，将自己的蛋糕越做越大。2014 年年初，华为与世界软件巨头 SAP 签署了全球战略合作伙伴协议，结成战略伙伴关系。2015 年华为与 SAP 共同宣布扩展全球合作业务，合作扩展范围至工业 4.0 等领域。2015 年 6 月，华为与 SAP 在华为总部成立联合创新中心。双方通过优势互补，致力于帮助企业客户应对转型挑战，提升企业运营效率。华为还联合 GE Predix 共同构建电梯维护解决方案，推进在世界顶级厂商中的商用。

美国当地时间 2016 年 1 月 5 日，华为与世界奢侈品品牌施华洛世奇在拉斯维加斯的消费类电子产品展上，联合推出全球首款女性 AndroidWear 智能手表：HUAWEIWATCHJewelandElegant，并实现规模发货。华为将技术、时尚和生活方式完美融合。

华为与欧普照明在芯片、智能照明装置互动、渠道及市场推广和标准协议等方面达成合作，建立战略合作关系，将推出携带 HiLink 协议的欧普照明全系列智能照明产品，满足客户不同空间不同场景的灯光控制。除照明领域之外，华为还与海尔、美的、创维、Broadlink 等多家企业合作。华为消费者业务首席战略官邵洋透露，华为将与合作伙伴陆续发布多款生态智能产品。

面对未来的大流量数据，华为十分看重云的发展。任正非强调，华为不会独自做几朵云，要帮助成千上万的客户建好千万朵云，打造良好的云生态的环境。华为以开放、合作、共赢的态度，立志做大产业蛋糕。

马克斯·韦伯说："任何一项事业背后，必须存在着一种无形的精神力量。"

第4章 夯实质量与品牌

在产品开发过程中构筑客户关注的质量、成本、可服务性、可用性及可制造性。任何产品一立项就成立由市场、开发、服务、制造、财务、采购、质量人员组成的团队（PDT），对产品整个开发过程进行管理和决策，确保产品一推到市场就满足客户需求，通过服务、制造、财务、采购等流程后端部门的提前加入，在产品设计阶段，就充分考虑和体现了可安装、可维护、可制造的需求，以及成本和投资回报。

——**任正非**

导语：以质量求生存，以诚信立品牌

质量是企业的生命。在华为人看来，质量不好、服务不好，必然是死路一条，只有千古传颂的歌才是好歌，才能为企业和产品赢得口碑。

质量管理从最早的手工作坊从业者自检，到现在的全面质量管理，经历了五个阶段的演变，时间跨越了上百年，可见质量管理的重要性。但随着未来社会大数据、大流量的到来，华为给质量管理赋予了新的内涵。华为面向未来确定了“让 HUAWEI 成为 ICT 行业高质量的代名词”的质量目标和“以质取胜”的质量方针。

从瞄准业界最佳到业界领头羊，华为不断深化质量管理理念，做好质量建设工作，以期获得重大突破。任正非指出，大数据流量时代，要建设大质量体系。这意味着华为要建设面向客户的端到端的全流程贯通的大质量管理体系，所有的流程环节都要关注质量。以往以“质量检验”为主的质量管理手段，显然已经不能满足新时期的“客户需求”了。

华为为了建设一个具有全球视野的大质量体系，借鉴了德国和日本的先进质量文化。之所以是“文化”，意味着华为的大质量体系建设依靠的是价值观，而不只是技术，或管理方法的改良。因为“资源是会枯竭的，唯有文化才能生生不息”，这种文化就是“一丝不苟，精益求精，追求极致”的匠人精神。

本章将阐述华为关于质量管理与品牌建设的经营主张和具体实践。

带着问题阅读：

1. “以销售为中心”与“以经营为中心”的区别是什么？
2. 在质量上，追求极致到底意味着什么？
3. 华为质量管理观念是如何形成的，又是怎样实践的？
4. 品牌、诚信、质量三者有什么内在逻辑和关联？

4.1　从以销售为中心到以经营为中心

以销售为中心的本质是以利润为中心，注重向客户推销产品的过程和结果，交易一旦完成，意味着双方关系也终止，或只提供必要的售后服务；而以经营为中心则是以客户为中心，围绕客户价值最大化展开运营和业务活动，最终帮助客户实现商业成功。

4.1.1　我们到底将客户放在哪里

任正非在 2010 年 PSST 体系干部大会上说："我们现在提的无线解决方案、网络解决方案，不是以客户为中心。客户需要的是一个综合解决方案……只要满足其需求。因此，公司提出了运营商解决方案、企业解决方案和消费者解决方案概念，以这三个解决方案来引领研发的改革，这就是以客户为中心的变革。"

这是"马电事件"后任正非对华为人的教诲，也是华为经营观念上的又一次转变。提供综合解决方案是以客户为中心的一个最主要的经营理念。以往买设备、以技术为中心的解决方案，都是单纯地向客户兜售商品，容易导致以自我为中心，对于华为这样的国际企业已然不适用。华为的"马电事件"就深刻地说明了这个道理。

【辅助阅读】马来西亚电信的投诉

2010年8月5日，马来西亚电信CEO向华为董事长孙亚芳发了一封邮件，内容如下（略有删减）：

"非常感激您的赞助与大力支持，我们得以成功启动新品牌（Unify）和商用新业务（Triple-Play）。这次商用仪式非常成功！然而，业务的商用并不能代表网络的成功转型，也并不能说明我们已经拥有了一个稳定的网络平台。但非常遗憾，在过去几个月中，你们的表现并没有达到我的标准的期望，多个问题引起我们管理团队的高度关注和忧虑。

（1）合同履约符合度和交付问题：在一些合同发货中，设备与我们在合同定义、测试过程中的不一致。

（2）缺乏专业的项目管理模式：在反复申诉中，我们看到华为在跨项目协同方面的一些努力与起色，但是在网络中，仍然存在大量未评估的孤立变更。

（3）缺乏合同中规定的优秀的专家。

…………

我个人非常期望能与您探讨这些紧急关键的问题……"

马来西亚电信这封酝酿已久的投诉信，让我们看到了客户对华为的失望和无奈。

华为"马电事件"的调查报告指出："各自为战，根本未意识到客户的期待和自身承担的责任，更没有意识到要给马电交付一个可支撑IPTV业务的宽带网络。同时，对项目的复杂性，项目之间的关联……等问题未能深究和验证，尤其是项目与客户组织匹配和组织调整、运营商的运维流程；对客户运维

部门、客户业务发放部门、呼叫中心、集成部门等部门的需求都关注不够。负责需求的亚太市场人员也没了踪影……”可见，当时仍缺少整体经营思维。

许多华为人在面向客户时的态度不断发生变化，只求尽快结束项目。调查此事的高管曾回忆道：“不听客户需求，以我为主，总是想说服客户接受我们的产品……”“我见了六位客户，客户对我说，你们的人现在见我们一次，教育我们一次……”

2009 年的最后一天，马来西亚代表处签下了与马电 IPTV EOT 项目，客户与华为都显得信心十足。但在 IPTV 项目交付过程中，分别单独交付的 NGN、FTTX、BRAS 项目接连出现问题。

由于华为相关人员未能认真按前期合同中 NGN 的 EOT 条款对 MDF 数据进行摸底、清理，导致 2010 年 4 月 24 日 NGN 第二个局点割接失败。由于数据不准确，割接接完后，每天有三四百个问题发生，终端用户的投诉不断上升。2010 年 7 月 8 日，马电提出对 ATM 功能进行测试，但相关研发人员却告诉一线项目组，已使用的 BRAS 版本不支持 ATM 自动探测子特性。最后一刻得到消息的一线项目组只能硬着头皮进行测试，结果遭遇了二次割接失败。客户认为华为在敷衍他们。2010 年 7 月，FTTX 开始安装测试，测试中发现不具有 OPM 功能，原来具有 OPM 功能性的单板还在仓库。由于没有 OPM 功能的许多终端已经发放到用户家里，马电只能挨家挨户地更换。

这次事件导致华为的客户马来西亚电信非常不满，他们向华为董事长孙亚芳发出了投诉信。随后，华为内部发起了一场声势浩大的自我批判活动，从方方面面总结了马电事件的前因后果。有人指出：“随着公司实力增强，客户期望我们能够协助他们商业成功，但我们……就没有从端到端的角度，通过集成的解决方案、交付、运营保证客户商业成功。”马电事件中，从谈判到交付都是典型的以销售为中心的表现，主要体现在七个方面。

重销售，轻交付。华为产品与解决方案总裁丁耘指出：“在 2008 年、2009 年项目获取阶段，我基本上每年都会有五到六次到马来，当项目获取以后，我来的次数就少了很多。”而马来代表处代表反思说：“我可以为获取一个合同而凌晨四点睡不着，却从来没有为交付而在凌晨睡不着觉。”众所周知，华为的市场营销十分强悍，为了拿下合同会发挥“范福利特弹药”优势，集中轰开缺口。然而与大多数企业一样，签下合同后，重视程度就降低了。时任销售与服务部总裁徐文伟说：“我们一线主管很少去关注交付……重销售、轻交付，这是一个普遍问题。”有的人在项目中还说，资源要用于项目的获取上，不要“浪费”在交付中。

单独交付各独立项目。华为固定网络产品总裁查钧当时反思说：“我们认为 A + B + C 几个产品凑在一起就是解决方案，其实这还是一个基于盒子产品的解决方案，缺乏产品尤其是整网交付的专业服务能力，以及附加于产品之上的增值服务能力。”可以看出华为马电交付项目没有按照解决方案交付流程进行，而是分别独立进行，导致衔接不畅，问题孤立，等到客户对整体进行测试时，漏洞百出。华为的调查报告指出：“客户希望我们是领导者，能为其带来跨产品、跨项目……的管理与服务。不幸的是，到现在很多员工还是像以前卖产品那样卖得很爽。”

只见树木，不见森林。当时华为的办公室所在的大楼就在马来西亚电信总部大楼对面，目的是贴近客户快速响应客户需求。据参与的相关华为人员回忆，拿下合同后，各部门齐聚一堂，为了自己所负责的产品和项目奋战到深夜。但很多人只是为了完成自己的目标，都认为其他人能够做好自己的事。但对于一个整体项目，其中的技术、各环节都丝丝相扣，一丁点的疏忽都会造成严重的后果。就如案例中 NGN 的割接，都以为有人提前做了详细清查、摸底。

责任意识、合作意识不强。在该事件的反思中有人指出，有些人主动意识不强，“虽然项目组内交付人员都很努力，但都只想管自己的产品，不想管别的……抵触情绪较高”，“部分产品方案很粗糙……各产品内部对接测试不够，现场工程实施过程中问题不断”。部门和部门之间相互指责对方的方案，而不是商量如何解决问题。客户有时会惊讶地问：“为什么你们和其他厂商对接没问题，而你们自己的设备之间对接不通?”

沟通不畅，信息不准。华为的内部调查发现，获取项目后，前方产品经理提交了关于“局端/终端设备功能需求”的 OR 单。OR 单明确指出测试用的单板不支持 OPM 功能，但在答复 OR 单时却没有把这一信息写进去。在项目进行过程中，一线产品经理更换，新任产品经理根据合同下了老版本订单，而具备此功能的单板还躺在公司库房中。在 BRAS 项目标书中，ATM 自动探测子特性被丢失，导致终端用户投诉。经过调查发现，工作交接过程中，这个需求一而再再而三地被遗漏。

风险意识不足，缺乏与客户的有效互动。马来西亚代表处与马电签订合同时，对方坚持要签 EOT 合同 EOT 条款。尽管 EOT 条款很严格，但马来代表处为了拿到项目，接受了大部分条款。万学军回忆说：“签合同的时候，大家考虑更多的是这个合同多少钱，条款尽可能好一点。至于能否按照合同交付，到时候能交多少分，想得很少。”后来的事实证明，华为就栽在了 EOT 上。代表处只顾签合同，对合同条款的风险预估能力不足，全盘接受，导致项目实施中问题层出不穷。这也是任正非后来一再强调要注重合同质量的原因。

多头领导，缺乏总体协调。华为当时规定大项目必须任命 Sponsor 以协调资源，解决问题。Sponsor，都是各产品线总裁兼任。华为调查发现，由于全球项目众多，且 Sponsor 主要负责日常运营，对于 Sponsor 这个职位如同鸡肋，根本无法持续关注。IPTV 的 Sponsor 邓飙回忆道：“一直到 8 月 5 日之前，我都不知道我是马电这个项目的 Sponsor。”各项目组也深知这点，只是例行发送报告，Sponsor 的作用根本没有发挥出来。

究其原因是缺少客户意识，对客户的需求视而不见。2010 年 8 月 23 日，华为从经营层面解决马电问题，总部组建了针对马来西亚重大交付项目 CTO 团队，才最终保证了交付任务的完成。

4.1.2 推动以项目经营为中心的落地

华为经过整改后，进一步确立了以项目经营为中心的运营战略。以“树立经营意识，前端后端拉通，风险假设闭环，项目经营可视”为变革目标，建立了完备的项目经营管理体系，支撑项目经营高效、规范展开。

为适应以客户为中心的经营策略，华为2010年成立了四大业务运营中心，分别是运营商网络业务、企业业务、终端业务和其他业务，在统一的平台上进行差异化经营管理。各运营中心下面又设立经营管理团队（EMT），各自按照所对应的客户需求的规律从经营层制定相应的目标与管理运作机制，以监督和领导公司区域部的运营活动，保证合同、交付符合既定流程。

【辅助阅读】IBM 咨询公司：企业经营模式转型战略

战略1：治理结构模式。确立核心领导层以领导变革，保障变革在透明和合理管控下进行；重新调整销售组织体系，解决产品部门与服务部门的冲突，建立组织内积极的合作关系；整合服务推行单位的组织结构，以实现跨部门的矩阵式项目管理。

战略2：流程变革。简化现有流程，以快速响应和满足客户的需求；建立新的流程体系推进跨部门合作。

战略3：绩效考核。确立一个全新的绩效考核体系，以激励服务业务团队和人员；建立切实可行的奖励系统，并与绩效挂钩，避免绩效管理流于形式。

战略4：系统。建立跨部门客户关系管理系统，以全面反映客户的实际需求；建立完善的客户信息系统，以获取和整理客户信息，并实现组织内部共享；建立完善的项目管理系统实时管理服务。

IBM 为那些向经营模式转变的企业提供了四条建议。华为采取的转变模式

与之大同小异。他们确定了“为客户提供服务”的经营目标，在 EMT 专门设立战略与客户常务委员会。委员会负责务虚工作，通过务虚拨正董事会及 EMT 的工作方向，此举也是为了解决类似在马电事件中高层不决策、客户反馈不积极的问题，确保 EMT 能够以客户需求驱动公司的整体业务。

针对马电事件中将客户需求丢在一边各自为战等问题，华为在行政组织结构中建立了战略与“市场”体系，专注于理解、分析客户需求，并基于客户需求确定产品投资和开发计划，以保证以客户需求为导向推动项目整体目标的实施。同时在各产品线、地区部也建立“市场”组织，贴近客户倾听客户需求，确保客户需求能快速地反馈到公司及相关交付部门，并放入到各自的流程中认真对待。

华为与山东省某客户达成合作协议，负责移动运营商固网建设。公司迅速调度综合运营集成小组，负责项目的实施交付。

以林东（化名）为首的项目组，坚持以客户为中心的工作方法，对客户的实际需求进行了分析，发现客户固网建设关键环节是快速激活和安装上线用户号线，如果客户依靠以往的人工作业，用户号线激活数量有限，客户的用户购买宽带后却得不到快速服务，严重影响用户体验。于是林东和项目组深入客户各地分公司，结合客户 IT 系统和客户的业务管理体系设计了一套不依赖人的自动化激活放号的解决方案。此举，打通了从前端业务受理到局内数据配置的端到端流程，实现了业务、流程、接口无缝自动化配置，激活放号的效率大幅度提升，平均每用户装机时间由原来的 72 小时缩短至小于 24 小时，日均受理 4 000 用户开户激活，有力地支撑了客户业务的快速发展。此外，他们还帮助客户改善了故障处理能力，由原来的 4 小时缩短到 30 分钟。对于华为的服务，客户方十分满意。

林东和项目组充分贴近客户，把握客户需求，结合现网与业务要求，帮助客户进行了全面的业务流梳理，缩短了客户的响应时间，帮助客户实现了商业成功。

此外，财务管理也是任正非所看重的，他指出，各经营要素要均衡成长，客户关系、交付、解决方案、财务等，不可偏废。马电事件中，重销售，轻交付，在资金使用上前期签单占了大头，后期交付则投入较少，二者比例严重不平衡。任正非不无忧虑地说："我们的确在海外拿到了不少大单，但我都不清楚这些单子是否赚钱。"

任正非亲自给IBM时任CEO彭明盛写信，要求IBM帮助华为完善财务管理。不久，IBM集结全球最精锐的财务咨询顾问进驻华为，启动IFS（集成财务转型）项目。IFS为华为培养了大量CFO，他们深入包括销售、市场、研发、供应链等部门，建立了规范的财务流程。IFS在项目的落地上，从项目经营管理机制、流程、IT等方面全面审视项目经营管理；围绕项目"拉通、闭环、可视"，展开差异管理，很好地解决了项目经营售前售后断裂、预算等问题。

马电事件中，后方供应给前方错误的OPM单板，给客户带来严重的损失。后续调查中涉及的各部门各执一词，交付的项目组认为后方发错了货物，仓库认为按照前方订单发的货，这就是前期计划不准确造成的。这要求企业的前、后端要一次把事情做好。如果计划不准确，协调难度非常大；如果计划准确，后端和前端管理也就简单了。任正非曾指出："计划是龙头，制订计划的人员一定要明白业务。"为此任正非提出了创建敏捷供应链的要求，以更好地为内外部客户提供准确的服务。如今华为已经完成工程交付计划与生产发货计划的集成，能够按交付站点发货，并以站点为中心交付和验收，并能够进行实时回款等管理，极大地保证了交付质量，同时也实现了快速、低成本的交付。

华为的供应中心面向客户快速响应需求、缩短交货周期，提升客户满意度。同时，也改善了项目交付管理，对保持公司持续经营和品牌树立有积极意义。供应环节作为经营要素之一，华为不单单是从物料、产品的供应考虑，而是集财务、集各项管理于一体。因而任正非指出："集成供应链解决了，公司的经营管理问题就基本上解决了。公司就是一条主流，就像长江是一条主流，长江上面还有很多小溪，供应链就是长江这条主流。”

总之，项目经营就是要以满足客户需求为导向，关注整体产出，并合理使用人、财、物，实现客户和企业的商业成功。

4.1.3　贯通面向客户做生意的 LTC 流程

华为为了积极推动以经营为中心的业务管理模式，提出了贯通面向客户做生意的流程，也就是贯通 LTC 流程，意图让每个业务流程环节都能树立成本意识、效率意识。任正非指出：“投标、合同签订、交付、开票、回款是贯穿华为项目经营的主业务流，承载着公司主要的物流和资金流。”

LTC 主要解决售前客户关系、销售、售后交付的工作质量和效率以及项目总运营成本问题。

【辅助阅读】海尔用 SBU 培养成员“生意意识”

海尔首席执行官张瑞敏认为，最好的经营方式莫过于让员工成为企业的老板，让企业利益和每个员工直接相关。海尔在 1999 年底进行了商流“整合”，由一名营销人员负责一个地方所有的产品销售。结果海尔减低了促销费用，提高了效益。2000 年，张瑞敏将“内部模拟市场”的概念探索成为“SBU 理论”。他的企业管理理想就是，把每一名员工都变成一个合格的“小老板”，让员工心中都有本生意经。SBU（Strategical Business Unit）就是战略事业部。海尔的 SBU 经营有三个特征，一是没有上下级，只有市场目标和市场关系；二是没有起点和终点，只有不断地创新；三是建设有竞争力的市场。

针对 SBU 理论，张瑞敏说：“SBU 的本质特征就是发挥企业里每个员工的创造力。《国富论》归根结底的观点为市场经济就是找到市场这只无形的手，也就是说每个人都从利己的目的出发，达到利他的效果。如果调动了每个人的积极性，每个人都在创新，企业才能在激烈的竞争中处变不惊。”

张瑞敏希望通过内部模拟市场，让每个海尔人都能直接面对市场，面向客户做生意，建立商品导向，让每个员工都将自己当成企业的经营者，以发挥最大的创造力。张瑞敏说："这样对每个人来讲，他不再是企业的负债，而是企业的资本。如果每个人的资本都能增值的话，那么这个企业就可以做得非常好。"

让每个人成为流程的经营者，在流程上创造价值，并实现总流程的融合与贯通，每个人都将为总的市场目标负责。华为和海尔所坚持的经营哲学，方法和工具有所不同，但本质理念却是一样的。

任正非认为 LTC 是一个主干流程、关键流程，一旦突破，整个流程系统就贯通了。对于任何企业来说，LTC（合同获取、合同执行到回款）都是最重要，也是最难的。合同获取、合同执行到回款哪一个都关系到企业效益。一份高质量、条款合理的合同，能让企业快速完成任务，并获得回款；一个高效的 LTC 流程能让企业消除不必要的浪费，进而把重要的资金投入到必要的领域。

华为的 LTC 变革首先围绕"通"进行，其次要有系统思维，否则就把全盘搞复杂化了，使得 LTC 的变革生出变故。华为在打通 LTC 流程时，聚焦一线业务需求，对流程进行逆梳理。梳理的第一步就是合同的签订，任正非指出："好的合同条款是实现高质量交付和盈利的基础。"

华为一线销售项目组负责合同的获取，他们会非常重视合同的质量，以降低合同风险。在华为的发展历程中不乏广种薄收的策略，就是什么合同都签，哪怕是再小、再苛刻的合同条款都接受。这被任正非称为耕种盐碱地。然而随着华为不断地壮大，不计条件地签订合同让华为付出了大量的人力、物力，耗费的资金更是多的吓人。很多时候，一个项目下来交付成本都超出了收益。因而任正非才会说单子签了不少，但究竟赚不赚钱都还不知道。华为近年来不断转向有效益的增长，不再盲目扩张。任正非说："公司将逐步加紧合同风险的评估与控制，逐步地提高合同质量。我们要聚焦到目标营运上，加大对融资、货款回收的标准化作业的规范管理。"

华为在合同条款的谈判中开始坚持自身的原则立场，不再像以前那样无原则地退让。有些销售人员为了销售额，随意答应客户条件，在任正非看来这是在牺牲合同质量，透支未来。在合同签订上，华为改变了签合同就生效的方式，建立了合同批准机制，合同由被授权人按规定签署。此外还编制了面向客户的"契约化文件"，以规范合同文本。华为为了提高合同质量，还设有"合同场景师"一职，具体负责不确定因素的分析，为合同经理提供信息和决策支撑。

从案例可以看出，一份好的合同是运作出来的，坐在办公室里是做不出来的。与客户开始合作前就要进行商谈，从客户关系上确定方方面面的内容，最后才能生成高质量的合同。在合同执行方面，许多企业从最前端的投标到最后的回款，都由独立的职能部门负责，是典型的分段管理。华为为了解决这种情况，专门设立流程 owner 角色或小组，从投标到回款全流程地监控和协调，并对最终结果负责。任正非还指出："打通 LTC 流程的关键是全流程的数据要打通。"就是全销售环节聚焦合同、生产环节聚焦订单、交付环节聚焦项目，在各自执行任务的同时，要保证协同的灵活性，对基本的合同及数据信息保持一致看法，以避免产生多余的数据。

实际操作中，LTC 流程的贯通还有赖于企业高层的理解和支持。任正非认为："如果领导不理解、不支持，那么推行就会困难重重，一把手不改观念是不能成功的。"华为高层的支持可以让 LTC 流程的内容迅速通过中层，减少中间环节的阻力。

企业要清醒地认识到：流程是手段，支撑一线、服务市场才是目的。

4.2 不断优化，用质量铸就企业品牌

华为确定了“让 HUAWEI 成为 ICT 行业高质量的代名词”的质量目标，同时，也确定了“以质取胜”的质量方针。自华为成立起一直视“质量是企业的生命”，不断提升产品的质量和服务的质量，赢得了客户的信任和尊敬，也奠定了华为今天的领先地位。

时至今日，华为以质取胜的质量方针涉及的领域是多方面的，除了自身外，还针对合作伙伴和供应商在质量和可持续发展方面提出了高要求，以跟上华为的发展步伐。

4.2.1 追求“零缺陷”，故障不出实验室

企业做好质量过程控制，要确保在产品的产品设计和生产流程节点上力求一次就做对，不让问题流入下一环节，更不能让问题产品流向市场。

任正非指出：“如果我们的产品好，可以减少大量的售后服务等损失和潜在用户需要的机会损失。我们认为企业的最根本利益是要追求不断的成本改进，不断的质量提高，然后在此基础上才能谈到产品是否具有先进性。”华为在质量管理中始终倡导和追求“零缺陷”管理，这既是对客户的承诺，也是自身责任的一种体现。

【辅助阅读】零缺陷管理

“零缺陷之父”菲利浦·克劳士比经过长期实践在 20 世纪 60 年代初提出了“零缺陷”管理理论。此后，零缺陷管理影响逐渐扩大，大量美国和日本企业在内部推广。1963 年，美国通用电气公司开始推行零缺陷活动，并增加了消除错误原因一条，完善了零缺陷理论。1964 年，美国军方企业要求与其

合作企业全面推行零缺陷计划。1965 年 5 月，日本电气股份公司率先推行零缺陷管理，拉开了日本制造业零缺陷运动的序幕。随后，仅一年多时间，就有上百家企业开展零缺陷运动。零缺陷运动使日本产品质量得到全面提升，并且领先于世界水平。

零缺陷管理主张发挥人的主观能动性进行经营，参与人员要树立“零缺陷”的指导观念，“从开始就正确地进行工作”，以完全消除缺陷为目标。正确地做事是指，企业经营、产品生产、交付服务等与客户相关的活动都要满足客户需求。同时，零缺陷强调预防和过程控制，要求第一次就把事情做对，使产品符合对客户的承诺要求，而不是依靠事后的检验进行纠正。第一次做正确的事，能够防止潜在或已有缺陷带来的成本浪费，并提高生产效率。

质量瑕疵使许多公司经常花费大量的资金用于测试、检验、变更设计、调整、售后服务、交付等其他与质量有关的成本上，如果企业第一次就把事情做对，就可以避免这些补救工作。企业若想追求零缺陷，态度和责任必须摆在第一位。在日本公司最常听到的一个词就是“本分”，即把手头正在做的事做透是应该的，必须的。日本 A-one 精密公司从 1970 年到现在始终在做一件事，即生产弹簧夹头。有一次，一个考察团队来到 A-one 精密公司参观学习，有人问：“你们是在哪里做成品检验的呢?”得到的回答是：“我们根本没时间做这些。”对方不信：“不可能，你们肯定做了的，希望能让我看一下。”结果一看，果然没有。考察团到其他日本公司参观时，发现这些公司也没有成品检验的流程。在这些日本企业眼里看来，质量不好是耻辱，所以每个人都必须一次就做对。华为对产品品质的追求，也有着精益求精和一丝不苟的态度。华为终端 CEO 余承东说过：“对华为而言，质量就如同企业的自尊和生命。自华为成立以来，就追求真正的‘零缺陷’。”

产品线上华为投入数百万元人民币不断测试，只为解决一个在跌落环境下的手机摄像头的质量缺陷，这个缺陷的致损概率只有三千分之一，而这完全在正常范围内。也曾为解决生产中的一个很小的缺陷，荣耀手机不惜关停生产线整改，影响了几十万台手机的发货。华为荣耀业务部总裁赵明说："尽管这带来了巨大的经济损失，但在质量问题面前是不可以讨价还价的。"产品"零缺陷"的理念已深深扎根于华为人的骨髓之中。

2008年，华为无线产品"共主控"研发启动。历经5年，从技术开发、芯片的开发验证到软件开发，2013R版本——SingleRAN终于实现"共主控基站"，即在一个基站上支持运营商所有的制式。这是全球第一个正式的多模基站。

版本一经交付，客户和一线的华为员工都赞叹道："从来没见过这么好的版本！"德国电信客户来信评价其为华为的"坚定的承诺"。波兰客户看到版本质量好，也提出购买要求。该版本被投入到全球各地市场，时至今日，版本还保持零事故、客户界面零投诉的纪录。

其实在开发的过程中，并不顺利，但华为研发团队始终恪守对零缺陷孜孜不倦地追求，在开发过程中任劳任怨，不放过每一个问题。

为了提升存储容量和访问速度，华为团队在WD22UMPT单板上使用了NandFlash（一种内存）作为存储器，成本也较低。同时，为了保证WD22UMPT硬件在共主控开发过程中不出现问题，NandFlash器件零问题，华为团队预先规划和开发了一块验证板，对所有厂家NandFlash进行全面的可靠性验证，包括器件寿命、数据保持时间等可靠性问题。

此外，华为团队在新器件寻源阶段，发现普通的薄型小尺寸封装存在管脚开焊的问题，在基站环境下器件只有2到3年寿命，显然对整个产品有着致命影响。经过多方面论证后，研发团队引入工业级BGA（球状栅格阵列）封装器件，从根本上消除了器件长期不可靠性的风险。

华为团队在问题发生之前，就开始梳理，发现问题并及时解决，相对于问题严重时或发生后再来解决，会更加有成效。我们知道，扁鹊的大哥是在病情发作之前治病，扁鹊的二哥是在病情初起之时治病，扁鹊是在病情严重的时候治病，在质量管理上，我们不能学扁鹊。

企业应朝着产品质量零缺陷的最终目标不断努力。日本松下电气创始人松下幸之助提道："对产品质量来说，不是100 分就是0 分。"把下一道工序当作客户，这是日本企业精益化管理的一个理念，他们要求生产人员要对下一个环节负责，以此来提升他们的责任感。在华为亦是如此，任正非说："谁为谁服务的问题，一定要解决。公司总的是为用户服务，但具体来讲，下一道工序就是用户，就是您的'上帝'。您必须认真对待每一位用户。任何时间，任何地点，华为都意味着高品质。"

此外，华为在产品的质量上推行最优的市场验收标准，就是日本产品的低成本、德国产品的高稳定性、美国产品的先进水平，这样的举动也是希望从全局的角度提高员工的质量意识和质量管理水平。

4.2.2　不断改善产品质量，满足客户严苛要求

美国质量管理学家朱兰博士指出：质量改进是使效果达到前所未有的水平的突破过程。华为的研发团队在项目开发、维护和升级中总是不厌其烦地收集数据、分析数据，以找出改进点。他们认为只有不断地优化产品质量，使各种纸面上的数据日益接近实际情况，才能精确控制每一个环节，并降低开发风险和成本。

企业经营者应不断提高认识，动员全员参与产品质量改善。如果缺少改进意识，产品性能永远不可能提升，质量问题也会日复一日地重蹈覆辙。

【辅助阅读】全员参与质量改善

质量大师戴明博士指出，员工全面参与对质量管理工作更有效。就当前质量管理状况而言，员工参与组织的变革越普遍，组织获得的回报越丰厚。

日本东京大学教授石川馨提出的质量圈，便是由员工参与质量改进的典范。无论是上世纪还是本世纪，质量圈在日本得到了全面的普及，参与的工人达数百万之众。丰田公司发现其售后保证损失50%是由120个大问题和4 000个小问题导致的，对此，丰田公司将前者交给工程解决，后者则交给质量圈去解决。由此，质量圈已成为公司的竞争优势之一。

团队合作打破了个人、部门以及直线人员和职能人员之间的壁垒，为个人提供了机会，也使得自身无法解决的问题通过集体智慧来解决，相对于个人而言，很难拥有充分的知识和经验来处理工作过程中的所有问题。参与团队活动的员工感觉他们得到了更多的授权，对公司在质量改进的效果更加满意，最重要的是企业的质量水平得到了实质性的提升。

改善无时无刻不在，只要用心观察和体会总会发现改善点。华为代表团曾到诺基亚公司交接平台的试制基地进行参观。参观过程中，他们发现了这样一个细节：该基地厂房的各块之间有门相通，且门一般都是关着的。在离门约2米处都有一根从天花板上垂下来的绳子。当需要打开门的时候，就拉一下绳子。华为的员工有点疑惑不解，在他们看来，这根绳子应该被放在门边的墙壁上，挂在离门2米处，显得即不美观，也没有实用价值。后来，当一名诺基亚员工推着车子经过时，华为的员工才明白这根绳子的真正用意：当员工推着车子到门前的时候，绳子正好伸手可及。如果将绳子安放在门边的墙上，那么推车子的人必须走到墙边去拉绳子，然后才能回来推车子，这样就多浪费了很多时间。

这一个小小的细节，充分体现了诺基亚公司不断改进的精神和意识，也让参观的华为人体会到改善的意义和价值。事实上，这种改善意识和精神在华为随处可见。

2010年，华为的一个新产品打开了日本市场，按照惯例日本客户要来华为厂验。待验设备有100多套，总共要检测4 000多项指标。华为测试团队十分看重这次检查，如果厂验出问题，客户会对华为的产品质量丧失信心。他们把每个环节梳理了一遍，更是将日方提出的厂验指标打印出来，足有上百页，力求不出错。

测试团队先进行模拟测试，开始一个指标一个指标的检测。检测顺利，只剩最后一项——温循测试，完成后就能结束模拟厂验。就在对这最后一个指标测试的过程中，一台运行了几个小时的测试仪表突然发出误码的提示。几千项指标都正常，就最后一个指标出了问题，测试团队感到十分懊恼。他们开始查找问题，但一切运行正常，那台发出过提示的仪表，也没有再发出警报，现场安静极了。

测试团队分析这只是一个零星误码，任何微小的变化，都有可能引起误码，例如一次电压的轻微波动、一根光纤有个污点等。按道理，这样的情形应该不会影响厂验过关。如果要分析故障来源，过程会非常复杂。怎么办？问题来源找还是不找？最后他们认为要对在前线艰苦奋斗的同事负责任，不能因后方工作不上心让他们的努力付之东流，找出问题来源的责任落在张浩（化名）身上。

张浩与研发人员交流后，决定变更压力测试的条件，以便让故障暴露出来。他穿着防静电工衣进入封闭、高分贝的温循实验室，时间一长衣服就湿透了，人也头晕目眩。他强打精神紧盯着仪表上的指示灯，生怕一眨眼就错过误码重现。

就这样他每天盯着仪器10个小时，整整待了一周。第八天，仪器突然“滴”的一声，误码终于重现。用他的话形容：“仿佛听到了世界上最美的声音。”张浩立即与研发同事现场分析，最终发现是因为产品的设计余量不够造成的。改进后，重新进行温循测试，零星误码问题再没有出现。

接下来的正式厂验中，华为产品的高质量获得了日本客户的高度认可。华为人这种对工作执着、对所做的事情和研发的产品不断优化的精神，也使得华为能够屹立于世界的巅峰。持续改善的优点显而易见，问题的关键是如何在企业里贯彻落实持续改善精神和执行力，在华为，除了教育员工增强质量意识外，还从三个方面入手。

华为强调，在改善方面要遵循“小改善，大奖励；大建议，只鼓励”的原则。任正非解释说：“能提出大建议的人已不是一般的员工了，也不用奖励，一般员工提大建议，我们不提倡，因为每个员工要做好本职工作。大的经营政策要有阶段的稳定性，不能每个阶段大家都不停地提意见。我们鼓励员工做小改进，将每个缺憾都弥补起来，公司也就有了进步。”可见改善要从小处着手，在踏实工作中积累经验逐渐发现问题解决问题，这样人才和建议都能得到恰到好处的使用，而没有浪费。

华为采用提案改善方式进行改善活动。提案改善是员工提交建议，管理层进行评估和实施改善的一种管理手段，目的是降低成本、提高质量或改善其他工作。以丰田公司为例，员工每年会向公司提出大约 300 万条建议，平均每名员工贡献 60 条，其中约有 85% 的建议被管理层采纳。对于丰田公司而言这是一笔巨大的财富，这些建议不仅改善了问题，还提高了组织的效率，更重要的是提案改善成为一种良性循环，不断为企业诊断，并不断进行改善，使组织的绩效得到提高。阿曼德·劳是通用电气公司旗下马萨诸塞州的飞机发动机工厂服务部负责人，一次“work-out”会议上，他接到了来自员工的 108 项建议，其中有 100 项被采纳。当中的一份设备护罩图，被质量改进小组竞标获得，而所需要的改进费用比外部报价低了 8 万美元。

此外，华为在终端还建立了完善的质量反馈改善体系，通过各种渠道，诸如客服热线、社交媒体、新媒体等广泛收集用户反馈的产品痛点，并在下一代产品中不断迭代予以完善，以促进产品质量持续提升。

4.2.3 以匠人精神打造一流产品

任正非说：“产品就是要精益求精、再求精。”在日本，如果让质量不好的产品流通于市面是一种耻辱，这值得众多中国企业学习。当今社会人们变得越来越浮躁，盲目追求眼前利益，忘记了自己肩负的责任——为客户提供优质服务。

工作中，华为人崇尚并秉承日本的工匠精神，始终保持对产品和业务的专注，致力于为客户提供最好的产品。

【辅助阅读】日本的匠人精神——秋山木工

日本著名的秋山木工家具工厂创办于 1971 年，它的家具由工匠手工打造，这些家具可以使用 100 年以上。现今，秋山木工年销售额达 11 亿日元，让人难以想象的是，这是由不到 40 人做到的。秋山利辉是秋山木工的创始人，稻盛和夫对他推崇备至，认为他是真正的匠人。秋山利辉认为匠人必须“有一流的心性，必有一流的技术”，他的独特工匠培养制度让他享誉世界。在秋山木工，想要成为匠人必须进入秋山学校进行 8 年严格培训，并严格遵守规定，8 年中学员们会潜心学习，隔绝与外界的一切。之后，秋山利辉会在第九年将辛苦 8 年培养的工匠赶出师门，不利用他们赚钱。因为要求异常严格，在将近 50 年时间，他仅培养出 60 余名工匠。秋山利辉认为“匠人精神”就是超越客户的要求，“比如客人找我们做家具，我们最后呈现给他的，一定超过他的要求一倍甚至更多。”

在日本，“工匠”意味着用一生的时间钻研，做好一件事。居住在日本神户的一名工匠冈野信雄，30 多年来只做一件事，修复旧书。在我们眼里，这份工作枯燥无味，难以忍受，而他却乐于其中，他能够将那些污损严重、破烂不堪的旧书修复一新。这种几十年只做一件事的工匠在日本并不鲜见。

日本一位名叫木村的果农在《自然农法》一书上看到“什么都不做，也不使用农药和肥料的农业生活”后十分震动，决意尝试种出不使用农药和肥料的苹果。他没有想到，这样一个平凡的信念，让他坚守了 11 年。品味了 10 年的失败，直到第十一年，满园的苹果树才都结出果实。现在，与他合作的一家高档法国餐厅里，招牌菜就是“木村的苹果汤”，需要提前半年预约用餐。这里的主厨介绍说：“这种苹果居然不会烂，可能是汇聚了生产者的灵魂。”这些匠人几十年只做一件事，只为做出世界第一的东西。

全球寿命超过 200 年的企业，日本有 3 146 家，为全球最多，德国有 837 家，荷兰有 222 家，法国有 196 家。长寿企业扎堆在这些国家，并非偶然，秘诀就在于他们都在传承着工匠精神。“工匠”们对自己的手艺充满自负，对自己的工作永远追求尽善尽美。他们不把手艺当作赚钱的手段，而是充满敬意和虔诚，匠人精神更多是一种追求崇高的品质和理想。在众多的日本企业中，“工匠精神”已经深入每一个人、每一个齿轮，形成了一种文化。

谈到华为人的“匠人精神”，任正非这样说：“华为没那么伟大，华为的成功也没什么秘密！华为就是最典型的阿甘，阿甘就一个字，‘傻’。”他道出了华为的匠人精神，那就是目标坚定，精益求精做好一件产品。

华为美国研究所研发的 PID 芯片——光电集成器件问世，在组装上，由于芯片的工艺复杂，对可靠性要求极高，无法满足直接安装在单板上的要求，只能由人工将引脚焊接上去。密密麻麻的引脚靠人工焊接，难度极大，如同在米粒上刻字，没有很高的焊接功底很难完成。生产线焊接组组长李辉（化名）试了一下，第一次焊接完成后，芯片功能无法正常启动，连试两次，焊接才成功。初步估算，一次成功率只有 70%。此时，前方市场人员已经在英国为新产品打开了市场，焊接组必须准时交货。

一开始，李辉和大家先用模具练习焊接，逐渐熟练后，用实物焊接，焊接的一次性通过率为 85%，但离他们追求的“零缺陷”距离十分遥远。一天，李辉在电视里看到几名医生在显微镜下为病人做心血管手术，这启发了他，做一个高倍放大镜，在焊接时，既可以清楚地看见密密麻麻的引脚，又可以观察到焊接质量。他与研发人员沟通后，很快就做出一台高倍放大镜。试用时发现，不是移动的单板对不上放大镜，就是芯片引脚对错位，顾此失彼。李辉想，能不能固定芯片，只移动放大镜进行对准？他模拟滑动仪器，反复实践，确认可行后，让研发人员重新优化设计。此后，操作中无须再移动芯片。

借助高倍放大镜和滑动操作的方式，李辉他们解决了在“米粒上刻字”的难题，产品一次通过率达到 100%。

李辉对目标的执着，不达目标誓不罢休的信念，让他终获成功，生产出了百分之百完美的产品。任正非对华为人说：“我们要向日本、德国、瑞士学习，发挥工匠精神，就是要踏踏实实地做东西。日本有个小公司研究螺丝钉，几十年就研究一个螺丝钉，它把螺丝钉做到不会松开。全世界的高铁、飞机上高速运转的设备都用它的螺丝钉。德国如果不是劳动法律的影响，全世界的汤勺都是德国制造。高级水晶杯、高级的银餐器都是德国小村庄生产的，我去过两个小村庄，他们打出来的表格说他们从来不谈销售，他们谈占世界份额的多少。所以这一点来说，我们要回归踏踏实实的路上来。”

如何才能拥有匠人精神呢？在获得奥斯卡奖的日本影片《入殓师》里，一名葬仪师说：“当你做某件事的时候，你就要跟它建立起难以割舍的情结，不要排斥它，把它看成是一个有生命和灵气的生命，用心跟它去交流。”

“匠人精神”起初源于中国，而如今成为日本企业和德国企业的代名词。我们要正视这个问题，要心怀敬畏、踏踏实实地做事，让“匠人精神”重新归来。

4.3　做到质量好、服务好、价格低

《华为公司基本法》第 8 条指出：我们的目标是以优异的产品、可靠的质量、优越的终生效能费用比和有效的服务，满足顾客日益增长的需要。质量是我们的自尊心。

做到这些，则往往意味着高价格、高成本。客户不能接受高价格，华为又

不能承受高成本。为此任正非建议："华为必须做到质量好、服务好、价格低，优先满足客户需求，才能达到和符合客户要求，才能生存下去。"

4.3.1 以质取胜，成为核心供应商

华为面向未来确定了"让 HUAWEI 成为 ICT 行业高质量的代名词"的质量目标和"以质取胜"的质量方针，意味着华为必须在各个领域，诸如内部运营、供应链管理等方面提高质量管理水平。

华为宣称，会付出合理溢价来购买优秀供应商持续高质量的器件和服务。其目的，任正非指出："华为用高质量的器件来制造产品，用高质量的服务来交付产品及改进管理。通过整个产业链提高质量的共同努力，使华为能更好地向客户提供高质量的产品和服务。"质量管理已经在华为上升到前所未有的高度。

【辅助阅读】雷米・特鲁德尔：客户"价格与质量"选择实验

客户到底是追求低廉的价格还是更看重产品的质量？加拿大西安大略大学的雷米・特鲁德尔教授对此进行了实验研究，并且，他还从实验中发现了对高质量产品的宣传法则。

研究人员从实验中得到了以下结论：

结论一：人们愿意为高质量的产品付出高价；但对于低质量的产品，只有价格非常低的时候，人们才会愿意购买。这也表明，人们对正面信息与负面信息的评价是不同的，他们对负面信息更为敏感。

结论二：人们愿意为高质量产品付出高价，并且，更愿意购买有质量保证的产品。但是，当产品的质量达到一定水平后，人们将不会因为质量提升而付出更高的价格。

结论三：当人们得知自己付出高价购买的产品，其质量与说明不符时，人

们会对商家的信誉产生极坏的评价。并且，不愿意再次购买同品牌的商品。

“什么是好产品?”任正非反问道，“好产品犹如好歌，只有千古传唱的歌，才是好歌。都江堰就是一个例子。几千年过去了，都江堰的设计、结构、思想，现在都没有人提出来说要改变它。这才是真正的科研成果，真正的好产品。”

李锦记专做酱油，至今已有 128 年。柳传志称赞道:“如果要做百年老店，中国民营企业家最好去学习李锦记。”其长寿的秘诀除了经营有方之外，最重要的就是以客户为中心，专注产品质量。李锦记是中国唯一一家通过美国食品药品监督管理总局审核的“零缺陷标杆企业”。2012 年 6 月，李锦记的海鲜酱、叉烧酱等五款酱料经过中国航天员训练中心的层层审核，成为航天食品。李锦记酱油以丰富的种类，良好的质量，赢得了全球消费者的信赖。

松下幸之助在创业时制作过自行车车灯，由于商品没有人知道质量怎样，零售商不敢进货。于是松下幸之助先生产了 100 个，找到零售店，对他们说:“先不用付钱，试试再说。”不久人们发现这种自行车车灯质量很好，即使在崎岖的山路也不会熄灭。销路慢慢地多了起来，一年能卖一万多个。因此，我们一定要重视质量。质量不好，就会被客户抛弃，无法继续生存下去。

大疆公司与美国的 3D Robotics 都是无人机领域的佼佼者。2006 年大疆公司成立于深圳，2012 年，推出了“精灵”无人机，由于产品具有良好的质量和性能，大疆逐渐成为无人机领域的标杆。2013 年大疆公司进入美国市场，并与 3D Robotics 展开竞争。

2015 年 4 月，3D Robotics 在拉斯维加斯推出无人机 Solo，科技媒体对它的自动驾驶功能赞不绝口。众多的无人机爱好者也为 Solo 的出现欢欣鼓舞。3D Robotics 也积极备货准备与大疆竞争一番。但是 Solo 很快出现了问题，无人机的 GPS 系统在连接上时断时续，影响到飞行的稳定性，出现了无人机会飞走或坠毁的情况；摄像头的稳定装置也发生问题，由于没有在第一批无人机上安装万向节，导致摄像头无法精确拍照和摄像，这对昂贵的无人机来说是一个灾难。

不过，即便这样，3D Robotics 的高管还是一致看好 Solo 的潜力，预计会在节假日销售一空。首席财务官和 CEO 原本已经与 PCH 国际公司签订了 6 万架 Solo 的生产合同，到 6 月中旬，他们又追加了 4 万架的订单。此时，一架无人机的成本已经超过了 750 美元。《福布斯》指出 3D Robotics 在 2015 年筹集了 6 400 万美元，其中大部分消耗在制造成本上。拥有万向节和 GoPro 摄像头的 Solo 单价超过 1 700 美元。2015 年年底，3D Robotics 总共售出 2.2 万架，是预计的一半，剩下的则积压在仓库里。有人指出，其质量问题是导致无人机销量不佳的原因。再加上大疆公司的犀利反击，Solo 彻底败北。

3D Robotics 因质量问题惜败，难免让人可惜，但这就是商业社会中残酷的现实，质量不好的注定要被淘汰。华为终端竞争对手三星，在刚刚过去的 2016 年 8 月，就发生了爆炸、召回、换机、再爆炸、停产停售和二次召回的一系列“虐心”的质量事故。事件最后演变为在全球范围内停止生产、销售盖乐世 Note7 型手机，并对已出售的该款手机进行召回。这对三星的品牌和市场营销产生了不可估量的损失。移动互联时代，同类产品间的质量比较，已变得空前立体和全面。企业如果放松了对产品质量的把关，无异于是“自废武功”。如果企业能够把客户利益放在首位，严把质量关，赢得客户信赖的机会就会更多一些。

产品质量安全第一位，先进性第二位是华为的信条。他们在贴近客户真实需求的基础上，提高产品的软、硬件质量，并在不断学习中改善产品质量。具体操作中，从四个方面展开。第一，注重产品的稳定性。任正非说：“我希望高端产品要做得既先进又可靠。我这里讲的‘安全’与西方所说的‘网络安全’不一样，我说的安全是要能稳定运行。往往一瞬间的失误，就可能引爆一个‘原子弹’，然后就粉身碎骨了。”第二，注重向他人学习。华为专门在美国建立研究所，研究如何做好软件。在谈到高端品牌终端开发时，任正非说："把工艺放到日本，脑袋放到美国，屁股放到苏州去，形成高端品牌机开发圈，才能做更好的高端产品。"他继续深入地说："未来很重要的技术是图像，而日本通过几十年积累，集中了大量的图像人才，华为要在日本建立图像研究所，把日本的'短、薄、精、小'加'图像'到我们的手机上不就更优秀吗!"第三，在设计中导入质量、成本和维护优势三个因子。任正非认为这是企业的竞争力的基础。他希望华为的产品能够做到"成本低于日本，稳定性优于德国，先进性超过美国"。第四，重视已发生的质量问题。积极探寻事故发生的原因，分析是技术原因还是管理原因导致的，给出方案进行改善，直到闭环。

海尔集团 CEO 张瑞敏也说过，要在国际市场竞争中取胜，第一是质量，第二是质量，第三还是质量。

4.3.2　用高质量的服务交付产品

快速响应客户需求，准时交付产品，是企业赢得市场竞争的重要手段。当前，各行各业竞争激烈，很多企业都在拼价格、拼成本。如果双方在相同条件下，谁的服务好，交付能力强，谁就能赢得客户。

任正非指出："华为要提高交付能力。交付能力不要只有 GTS（全球技术支持与客户服务部门），还包括研发、后方平台等，总体的交付能力要提升，交付速度、交付质量都要提升。高质量的交付就是为客户提供一揽子的综合性解决方案。"

【辅助阅读】华为力图把服务做透

早期的市场竞争中，国际大牌厂家比较容易耍大牌，不愿意配合客户要求去量身定做产品。在这些大品牌供应商看来，反正我给你什么就吃什么，美其名曰是教育市场，实际上是怕麻烦。

观察通讯产业达10年，权威研究机构Gartner Group在一项分析中指出，通信设备行业中，许多大公司一般派五个工程师到客户端驻点就是高规格了，甚至有些企业采用远端视频遥控交付和维护。而华为却可以派出一支12人的团队，与客户讨论、研发出最适合设备。在交付中，只要客户要求，即使地点远在青藏高原，华为的工程师也会立刻赶到现场，与客户一起解决问题。能让华为人把服务做透，与华为强烈的服务文化有关。在华为无论是高级主管，还是新的工程师，甚至是负责接送的司机，都把“以客户为中心”植入到自己的职业基因中。

在华为，以客户为中心不只是一句口号，他们能把这种服务文化真正地落地。在具体交付上，任正非强调：“一定要实现高质量的海量及时交付。要实行质量一票否决制，要一手抓销售额，一手抓销售质量、服务质量、合同质量。”企业要优先保证客户对质量的要求，如果这一项不能保证，那么在继续交付中，项目会被拖进泥潭，越陷越深。在交付过程中企业要以客户为中心，确定用什么样的解决方案去解决客户的需求，必须高增值、高质量、低周期、低成本地交付；与客户保持积极沟通，获得客户的资源支持；不管如何交付，必须紧扣客户需求的时间表，这是最基本的目标。

2012年年底，泰国3G牌照即将发牌，项目组利用空窗期，端到端仔细地梳理各个业务流程环节，制定既能适应大规模交付，还能建设一条从站点物料供应、分包资源、站点建设到商用的全流程通道，保障项目快速顺畅运行。

2013年年初，合作伙伴AIS中标3G牌照，项目启动。客户提出第一个月交付1 000个站点和全部上站检查的要求。这比之前交付的站点多出600个，任务极其艰巨。在交付前的准备阶段，项目组连夜奋战，封闭研讨多次，形成一套交付解决方案。成立了4个独立功能办公室，分别是PMO、TMO、MMO

和RMO。独立的MMO负责解决项目货物人员端到端的问题；本地化的RMO团队负责与客户在沟通上无缝对接；TMO团队针对网络商用保障成立专门的子项目组，负责和客户研讨商用保障方案，并模拟演练各种应急预案。项目组全流程打通项目建设通道，在站点商用过程中，没有发生一起客户投诉和事故，所有网络KPI达到合同规定。PMO团队拉通售前售后各个环节，快速识别客户短板和瓶颈，实现了商业成功。

项目内部交付的同时，项目组推动了针对客户验收周期长等流程的优化，使交付效率提高，形成了项目良好的交付生态圈。验收周期缩短50%，项目全周期节省成本上千万美元。

华为泰国项目组高质量地完成了交付任务。华为设有专门的部门负责交付现场管理及分包商管理，以确保客户需求、质量标准、法律法规等要求得到满足，保证交付过程顺畅高效。

在区域层面，华为强化区域作战能力平台作用，完善资源调配机制，加强专业能力和知识共享；建设重大项目部、解决方案重装旅和项目交付管理资源池等多个公司级战略预备队；完善项目型组织的配套管理机制与方法的建设。

2013年，北方某市市政府与华为签订了云计算数据中心合作协议，双方合作建设华为云计算数据中心。交付过程中，华为采用集成交付方案，仅用八个月就完成了建设周期，大大降低了TCO（总体拥有成本），快速回收建设成本。在项目交付前期，华为从客户需求出发，设定承包范围，包括供配电系统、综合布线、机柜系统、机房管理等系统，让客户将精力聚焦在业务层面。同时也简化了客户管理界面，便于后期交付管理。

交付过程中，华为依据数据中心交付经验，匹配项目组织架构，以项目经理、技术经理、工程现场管理经理、安全经理、质量经理、采购经理和项目设计人员为核心项目组的管理团队，以公司专业管理的大平台为依托，协调、调配各类资源，使项目中的关键环节得以顺利进行，确保了周期短，低成本、高质量交付。此外，华为各项目组之间保持良好的沟通。项目交付召开开工会，项目交付期间定期展开研讨会，通过多方及时有效的沟通，保证分工明确、资源调配及时、工程各环节有序进行。

同时，华为通过完整的质量管理流程保证项目质量，在质量规划阶段，制定项目质量计划指导书；在质量保证阶段，制定项目质量制度指导书和培训操作指导书；在质量控制阶段，严格按照指导书进行操作；在质量评估阶段，全面评估项目交付的客户满意度，实现项目交付闭环。

华为项目组通过一系列的精准化、专业的运转，完成了云数据中心的建设和运营，实现了客户对高质量交付的诉求。华为在实现高质量交付方面通常会从以下三个方面考虑和入手。

第一，加大对交付的投入。必要时增加一些人力和物力，以获得长久的市场竞争力。2015 年任正非在消费者 BG 服务策略汇报会上讲话指出："我们一个地区一个国家至少要有一个华为直接管理客户服务中心。"这里具体指建设和运营管理，他还强调这个服务中心要敢吃亏，吃亏可以带来口碑传播。企业直接管理客户服务中心要比与他人合作开店更具优势，能够完全自主地建立服务的品牌形象。任正非强调："我们在服务上一定要敢于投资，就是现在拿出一部分利润，增加一些服务投资的成本，就为明年的市场打下了基础。"

第二，要建立与交付相匹配的售后服务体系，不能让客户对企业产品有人走茶凉的感觉。

第三，涉及交付的单位要提前介入，等交付时才提供相关资源会严重影响交付质量和进度。例如华为资料部门，从产品的研发阶段就开始介入，和产品一起迭代开发，从产品的易用性角度、客户便捷使用资料的角度和友商的角度推动资料的整改。最后客户拿到的是一份信息完备且带有搜索功能的电子光盘，而不是枯燥、堆成山的手册。

任正非总结道："你真正为客户服务，客户是会接受你的，客户是会感知的，不会不感知的。你要赚人家口袋里的钱，你让人家感觉喜欢你你才能把钱掏出来，否则你就是强盗，钱是人家心甘情愿交给你的，你要让他感知你是为他负责任的人。”

4.3.3　不走低价、低质量、低成本之路

企业在市场竞争中应以优质的产品和服务打动客户，不打价格战；更不能走低成本的道路。低质量让企业失去生存根基，而低价策略和低成本之路，会剥夺企业大量的利润，让企业在经营上陷入恶性循环。

任正非指出：“我们决不走低价格、低成本、低质量的道路，那将会摧毁我们20年后的战略竞争力。”他强调：“公司长远的战略方针，是要通过不断地提高产品和服务质量，提高交付能力，来提高公司的市场竞争力。”

【辅助阅读】苹果公司优质优价策略

优质优价是苹果公司自乔布斯时代就一直坚持的战略。从初代 iPhone 开始，苹果就一直采用最先进的技术和材料来生产手机，例如新的操作系统、全新的芯片、大尺寸的康宁大猩猩屏幕等，无论是投入还是设计，对于当时的功能机来说无疑是一次颠覆。在设计上，苹果公司把消费者的需求放在第一位，力求为消费者带来最出色的体验。

在价格上，苹果2001年iPod刚推出时价格有399美元之高，之后推出的手机iPhone4/4S系列价格都在400美元以上。当时著名评论家、大众人群都认为苹果的手机太昂贵，很少有人买。但结果却出乎意料，2010年5月26日苹果公司以22 136亿美元的市值，超越微软，成为全世界价值最高的科技公司。

乔布斯曾经说过：“我们的目标不是制造出市场上最廉价的产品，而是制造出最优良的产品。如果这意味着麦金塔系列产品有时必须比别人贵上百分之十至十五，那就让它们比别人贵吧。”

任正非说苹果的优质优价策略非常成功，他还强调现在是过剩经济时代，生产出来的产品超过了实际需求，逼迫许多企业不得不打价格战。

以手机终端为例，廉价机倒了一批又一批，就是因为打价格战，让企业的利润空间越来越小。为了维持生产，厂商只能在材料上做文章，以次充好，结果把企业搞倒闭了。反观苹果、华为等手机厂商，注重手机的品牌形象，用最好的材料生产手机，围绕客户需求不断创新，力求给用户带来最好的消费体验，即使贵一点客户也愿意接受。再比如，美国热水器巨头 A. O. 史密斯公司进入中国市场后坚持高端定位策略，从不参与价格战，但其销量在行业内始终处于领先地位。

因此在激烈的市场竞争中，企业不应搞低价恶战，损人损己。任正非强调："别老是想低价竞争，这是历史了，这是华为公司过去的错误，要终止，否则我们就会破坏秩序了。"

2000 年前后，中国移动通信市场风起云涌，全世界的通信厂家都希望能在这个当时世界上最大、发展最快的通信市场上分一杯羹。在中国移动的 GSM 市场上，爱立信、摩托罗拉、诺基亚等外国公司争得你死我活，这些手机厂商的手机终端在中国的销售迅速发展。为进一步刺激手机市场，扩大销量，财大气粗的厂商在网络市场上采取了低价策略，以手机终端的利润弥补网络设备的成本。

华为加入了战局。1998 年华为公司 GSM 产品刚上市，国外厂商就大幅降价，发起价格战，以阻止华为的攻势。华为公司也开始降价，据其内部统计，1999 年 GSM 产品每线 1 200 元，2000 年降至 1 000 元，2002 年为 850 元。但华为并没有打赢价格战，因为它的对手们降到了比它更低的价位。

移动通信网络市场上的价格战从一开始就迅速逼近成本价，十分惨烈。华为公司新推出的 GSM 在市场上已经无价格优势，败局已定，华为最终未能进入中国移动的主流 GSM 市场。到 2003 年，华为的 GSM 系统只在一些边际网、偏远地区被偶尔应用。华为的无线产品线经历了长达十年的亏损，累积亏损额达数十亿人民币。

用任正非的话来说："这样烧钱的最终目的不是为客户服务，是想把竞争对手烧死以后赚客户大钱。"

2014 年"嘀嘀打车"和"快的打车"上演一场"免费打车"的烧钱游戏。2 月 18 日，嘀嘀打车和快的打车先后宣布补贴上调一元钱，价格战不断升级。虽然打车更便宜了，但也出现了打车难的现象，那些没有安装打车软件的乘客很难打到车。而价格战再打下去，双方谁都无法再承受一直亏钱的现实，2015 年"嘀嘀打车"和"快的打车"不得不达成战略合并协议。两家公司业务继续平行发展，并将保留各自的品牌。而到了 2016 年，来自国外的打车软件优步也被嘀嘀打车击败，并被收购。在这场烧钱大战中，价格补贴是一把双刃剑，它既可以帮企业快速打开市场，也能让企业快速消失。因为，客户在价格战中尝到了甜头，突然涨价会令很多人无法接受，这样企业的市场就慢慢萎缩了。

华为在初期拓展海外市场的时候，完全不顾一切、不惜一切代价拿到合同，但在交付中发现交付成本远远高于售出去的设备成本。现在华为非常注重合同的质量，不准做烂合同、低价合同。任正非一直强调："我们不卖低价，华为公司的价值观是坚持以客户为中心。要把自己的质量做好，让客户通过与我们合作得到好处，从而运营商就会坚定不移地选择我们。"对华为而言通信行业是一个巨大的市场，谁都无法描述它未来的规模有多大。低价竞争、劣质合作等行为是机会主义，从长期发展来看会影响客户对企业的满意度和忠诚度。为此任正非强调："华为始终拒绝机会主义，通过提供高质量的产品和优质服务来获取客户认可……让利于客户、供应商和友商，不为一点蝇头小利损害整个行业的利润。"

此外，有些企业很喜欢走低成本之路，这需要慎之又慎。需要注意的是，降低成本是依靠消除浪费和创造价值两个方面实现的，而不是简单地通过降低材料质量、削减人工费用、压低供应商价格就能达到目的的。后者只能让企业陷入死循环。企业要把质量提高，把服务做好，同时降低合理方面的成本才是正确的做法。

成本的构成是方方面面的。在华为，任正非强调，他不赞成过度地降低成本，但是不认真研究成本下降也不行。意思是说，那些该降低的成本一定要降下来。他举了一个例子，国内一个2 000万美元的订单，有十几人处理；在海外一个人手里却握着几个2 000万美元的订单。任正非认为国内的人力成本过高，要将过剩的人输送到海外。尽管国外的人工成本比国内高，但赚的是外币。在器件厂家方面，华为会给他们合理利润，让他们开发和生产高质量的器件。华为认为，要给客户提供高质量的服务和高品质的体验。高质量产品成本也会高，但却更具价值。任正非指出："我们做得实实在在一些，抗风险能力就强一些，我们在国际竞争和经济起伏中就平稳一些。"

这给我们的启示是，未来的商业竞争要从"低价格、低成本"走向"优质优价"，这也理应成为众多中国企业的商业追求。

4.4 品牌的核心是诚信，诚信的保证是质量

品牌的根本是诚信，这是华为成功的秘诀。

任正非说："没有诚信就没有品牌，你这个东西就是要做好。"古语道，酒香不怕巷子深，好产品任何时候都能赢得客户的信赖。企业要用质量换诚信，用诚信造就品牌。

4.4.1 用品牌意识驱动全员质量意识

任正非认为品牌的核心就是诚信。何为"信"？东汉经学家许慎的《说文解字》指出"人言为信"，北宋的教育学家程颐则认为"以实之谓信"。企业要从长远的眼光来经营公司，树立良好的质量意识，认真做好每一项、每一件产品，然后口口相传把品牌建立起来，换取客户的口碑。

华为强调，产品质量不好就是缺少诚信的表现，没有诚信的企业必定失信于客户，更无法建立起企业品牌。现代管理学之父彼得·德鲁克也曾说："未来企业的竞争，是品牌的竞争。"我们要做好质量管理，诚实面对客户，诚信经营企业，依靠诚实换取客户的信任度、满意度和忠诚。

【辅助阅读】麦肯锡公司论品牌价值

麦肯锡公司始终认为，品牌是企业的一种无形资产，它代表了消费者对一个企业及其产品、售后服务、文化价值的一种认可和评价；品牌，也是企业声誉的一部分，它代表着企业的特色；品牌，承载着一家企业的文化内涵和市场地位。

根据麦肯锡公司的分析报告来看，世界上 100 个顶级品牌的价值预测在 15 亿元到 700 亿元不等，我们所熟知的阿玛尼、可口可乐、万宝路、苹果、奔驰、宝马、妮维雅、阿迪达斯等品牌都包括在内。其中，许多公司的品牌价值就占据了总市值的一大半。正因为品牌价值的存在，同样的商品同样的生产工艺却因为品牌的差异拥有不同的品牌价值。

麦肯锡欧洲区主席赫伯特·亨茨勒也强调："品牌也是企业声誉的一部分，它让人联想到产品，也是企业的特色。品牌价值和未来的收益息息相关。"

知名品牌可以为企业带来潜在的客户群和巨大的利润。现实中，很多企业总是请名人，利用媒体为自己宣传，提高知名度。然而，他们忘记了企业品牌最本质的宣传点就是产品，只有产品赢得了客户的支持，企业才能做成大品牌。麦肯锡公司始终认为，客户的要求是一样的，即提供高质量的"产品"。作为一家管理咨询公司，麦肯锡公司对产品质量好坏的衡量标准是，经过咨询项目的建议和执行，企业原来积重难返的问题是否得到彻底解决，客户的收益等各方面是否有所提升。

显而易见，产品质量是维护品牌的最好保证。企业应积极唤醒每个员工的质量意识，让他们认识到一旦质量出现问题，企业就会丧失诚信。若想挽回品牌，重获客户的信任可能需要付出数十倍的努力。

1985 年，张瑞敏到海尔（时称青岛电冰箱总厂）走马上任。一次，他一位朋友来厂里买冰箱，结果挑了很多台都有问题，碍于张瑞敏的面子，勉强拉走一台。朋友走后，张瑞敏带人检查了库房剩下的 400 多台冰箱，发现有 76 台冰箱存在不同的质量缺陷。张瑞敏让人把这些问题冰箱拉到车间，问职工怎么办？很多人说，这些问题不影响使用，折价处理给大家。张瑞敏说：“我要是允许把这 76 台冰箱卖了，就等于允许你们再生产 76 台这样的冰箱。”最后，他宣布将这些冰箱全部砸掉。张瑞敏说完抡起大锤亲手砸了一台冰箱！很多职工砸冰箱时很是心疼，因为一台冰箱 800 多元，是一名职工约两年的收入，有的还流下了眼泪。张瑞敏告诉他们，有缺陷的产品就是废品。经此事件后，大家充分认识到了质量的重要性。三年以后，海尔人捧回了中国冰箱行业的质量金奖。十年后海尔走向世界，成为民族品牌。

张瑞敏这一砸，砸出了品牌，砸出了员工的质量意识。如今，越来越多的海尔人珍惜并努力维护他们的品牌，都以精益求精的态度做好每一个环节的工作。对此，任正非十分赞同，他指出：“品牌意识就是我们的服务导向，我们的服务围绕什么抓，要围绕塑造华为来抓，点点滴滴塑造华为，否则，我们怎么可能产生一个长远、深刻的社会影响呢？”任正非要求华为人树立正确的品牌观念，诚信做事、诚信待人，老老实实的把产品做好。

2015 年年底华为推出的 Mate8，以其优异的质量和良好体验受到了消费者的青睐。在美国拉斯维加斯的 2016 国际电子消费展上，Mate8 一举斩获 13 个奖项，巩固了华为品牌的地位。

一线领域，上万华为维护人员长期坚持岗位，以极高的质量意识保障着客户网络的安全顺利运行。2005 年，华为打开委内瑞拉市场，开始海量交付。代表处克服种种困难完成了建网阶段的交付任务，但不久故障频发，经过测试，代表处发现一个产品出现芯片失效问题。公司认为不能让华为的品牌形象受损，决定主动对所涉及的问题单板重新更换芯片，难度大风险高，涉及数量大，同批次单板有 300 多块。代表处在现场搭起了实验室开始模拟测试和更换，总部也派出 3 名专家现场支持。经过 60 多个日夜的努力，整改终于顺利完成。

华为代表处以维护企业形象为己任，没有放任设备质量问题的蔓延，用积极行动完成了整改。任正非说："我们要在全中国乃至全世界树立自己的形象，是每一点、每一滴、每时、每刻、每个人、每件事都在塑造这个品牌。"企业要不惜任何代价，维护品牌的效应。品牌是什么？任正非说："品牌就是承诺。"

日本有一家成立于明治时代的公司叫小系，至今已有上百年的历史，主要经营布料印染。小系刚成立时因自己的染料做不好，转而从德国进口。第一次世界大战爆发后，小系公司无法从德国进口染料，就对前来的客户道歉："我们无法从德国进口染料，等到恢复进口后我们再染出好的布料供你们使用。"之后，小系先生和徒弟们把染坊里染了一半的布全部拿到院子里，亲自用刀割碎。他跟徒弟们说，如果用日本染料印染另一半的布，然后卖给顾客，大家经过一洗一晒，就会发现这些布料一半是德国染料一半不是，那么小系公司就不能再存在下去了，我们不能做对不起大家的事情。

日本的"经营之圣"稻盛和夫说："经商的最高境界在于赢得客户的信任。信任你的人增加，你获得的利润就会增加。"当客户对一个企业的信任不断累积扩大时，企业就会赢得他们的尊敬和爱戴。此时，即使产品比别家公司价格高，或质量相对低一点，客户也愿意优先购买公司的产品。因此，企业经营者要不断努力提升企业的品格，向客户提供信得过的产品。

任正非总结道："华为这十几年来铸造的就是这两个字：诚信。对客户的诚信，对员工的诚信。只要我们坚持下去，这种诚信创造的价值是取之不尽、用之不竭的，要认识到我们花掉的很多钱是要形成未来的财富的。"

4.4.2 脚踏实地、实事求是经营公司

板凳要坐十年冷是华为经营公司的真实写照。任正非说："正因为我们把利润看得不重，所以我们不去包装、炒作和投机，而把全部精力用在脚踏实地、实事求是经营公司上。当然，诚实又没有包装，客户有时会看低了公司，但终究会认识公司的。"

桃李不言，下自成蹊。企业不应追求一时的繁华和热闹，面对各种诱惑耐得住寂寞，不断地持续艰苦奋斗才是根本。

【辅助阅读】企业不要穿"红舞鞋"

相传，有一双漂亮的红舞鞋，女孩若把它穿在脚上，跳起舞来轻盈、优美。可是一旦穿上它，就会永无休止地跳下去，直到耗尽舞者的全部精力。有一个年轻姑娘抵挡不住诱惑，穿上它跳舞，果然，她的舞姿是人群中最出色的。但舞会结束，红舞鞋依旧带着她不停地跳，直至女孩力竭而亡。

任正非说："红舞鞋很诱人，就像通信设备之外的利润，但是企业穿上它就脱不下来了，只能在它的带动下不停地跳舞，直至死亡……要能经受住其他领域丰厚利润的诱惑，不要穿红舞鞋，要做老老实实种庄稼的农民。"

企业发展的道路上诱惑随处可见，如果都只是为一时痛快为公司去找"红舞鞋"，那公司便只能活上一阵子，而一家伟大企业的目标应该是长久地活下去。

企业不要穿"红舞鞋"，让任正非清楚地认识到，任何事情都非一朝一夕就能够完成的。很多科学家、文学家和艺术家都是在自己很小的领域里"坐冷板凳"，才能做出成就。德国学者的一项研究表明：美国代表的是一种寻求短期利润和个人财富的商人文化；而德国则代表了一种努力创造持久永恒产品

的手工业文化。德国人耐得住寂寞，在枯燥无味的钻研中形成强大的压强而突破，他们依靠这种根深蒂固的观念造就了工艺精湛的“德国制造”。

德国保时捷工厂，工人们组装一部车只需9小时，但订单最快也需3个月才能完成。尽管需求旺盛，保时捷始终保持着固有的生产节奏，每天生产200辆车，年产不过6万辆，产值300多亿，和其他汽车巨头丰田、福特动辄上千万的产量相比简直不值一提。保时捷不贪图快，也不追求高额的利润，只是要打造最好的产品，仅此而已。这是德国企业的普遍特点。

我国原机械工业部部长项南在澳大利亚的内燃机展览会上，看到卡特彼勒公司的柴油机放在铺着红色地毯的台子上，发动起来声音非常柔和，没有任何问题。他说，我们的柴油机，放在展厅的水泥地上，周围还要铺木屑，防止机器漏油弄脏地面。柴油机一发动，下面都是油，噪音也大。企业的管理者生产者不仅质量意识淡薄、技能差，而且也没有德国人那种追求极致、持之以恒的精神，完全抱着一种“能用就行”的态度来生产，其产品的工艺质量可想而知。我们再看保时捷，每部售价12万欧元起。保时捷的技工至少要培训三年以上，才能正式成为技工。这里六七十岁的老年技工随处可见，几十年如一日地重复相同的工作。就是这种踏踏实实、一丝不苟的敬业精神让保时捷这样的德国制造闻名于世，屹立上百年而不倒。在日本，很多企业同样坚持脚踏实地经营企业，以至于出现数百上千的知名企业。

美国知名新媒体Business Insider（商业内幕）曾列出一份全球历史最悠久企业名单，排在首位的是日本一家名为西山温泉庆云馆的旅店，自公元705年就开场营业。

事实上，日本最早的“企业”是一家名叫金刚组的木工组织，成立于公元578年的飞鸟时代，距今已有1 400多年历史，相传四十代。早年，百济匠人柳重光应邀来到日本兴建四天王寺，并组建“家族企业”金刚组，主要从事佛教寺院的营造和维修。金刚组下辖畑山组、木内组、土居组、加藤组、木口组等8个组，它们之间既密切配合又互相竞争，任务往往由能力强的一组负责，其他组协助。

金刚组何以屹立千年不倒？最主要的原因就是，坚守本业，无论世事变迁还是浮华烟云，都专注于寺庙的营造和维修。其家训道："必须将精力集中在常年从事的神社佛阁的工作上，不可不自量力。""莫贪图太多钱。"第40代堂主金刚正和说："我们公司能生存这么久，其实没有什么秘密。正如我常说的，坚持最基本的业务非常重要。"到了近代金刚组仍然沿用着传统建造技术，寺庙的大梁、立柱、雕花等，全部用手工雕琢。每一道工序，每一件工具，全都凝聚着千年的智慧。明治维新时期，日本工业迅速发展，生产方式发生了前所未有的变革。面对种种挑战，金刚组的一百多名工匠没有一个人辞职而去，他们绝对不能让已经相传千余年的技艺间断和流失。

时至今日，金刚组仍在坚持建设和维护"宗教建筑"的信念，不断传承和延续精益求精的技艺。

坚守本业，精通于一个领域，是众多像金刚组这样的日本企业的经营态度和方式。这也是任正非和华为极力推崇的。任正非教育华为人："希望丢掉速成的幻想，学习日本人踏踏实实、德国人一丝不苟的敬业精神。您什么都想会、什么都想做，就意味着什么都不精通，任何一件事对您都是做初工。努力钻进去，兴趣自然在。"

任正非深入美国企业考察期间，深感到美国人简单、专一的精神，工厂里工人装配零件按规定、标准一件件的完成，既不加班，也不需要动员，整个车间显得平静而有秩序。在美国人眼里做好工作是应该的，无须他人刻意监督和督促。至于创新，想到了就去做，而不是空发感慨。他们制造了航天飞机，超大型计算机，超微型的终端，发达而优良的电信设备、测试仪器，这是他们踏踏实实、实事求是精神的外在表现。在美国 UA 航空公司的航班上，人们经常能看到年过花甲的空中服务员；在 AT&T 展览大厅，负责接待工作的是年过五旬的老工程师，而非年轻漂亮的女士。这些无一不体现出脚踏实地、实事求是的工作态度和方式。

台上十分钟，台下十年功。经营企业没有玄妙的道理，只有扎扎实实将业务落在实处。只要像德国、日本那些上百年的企业一样肯下“笨”功夫，就没有什么是做不到的。

4.4.3　导入质量文化，铸华为品牌

迪拜是一个没有一滴石油、全是沙漠的小国，却比周围其他各国还出名。任正非参观迪拜后感受颇深，他说：“这就是文化造就沙漠上的井喷。”任正非清醒地认识到，华为的质量管理还处于纯质量阶段。

这对华为来说还远远不够，用任正非的话来说：“资源是会枯竭的，唯有文化才能生生不息。”他要求华为加强质量文化的建设，将质量管理拓展到更广阔领域，从各方面建立起“大质量管理体系”，最终形成华为特有的质量文化。

【辅助阅读】华为站在客户的角度衡量质量

《华为人》刊登过一篇《做好自己的工作是对别人的爱》的文章，作者是华为信息技术工程部部长苏立清。文章指出：质量的原动力来自于一种把工作做好的意识和愿望，基于这种愿望，才能把质量的基础建立起来。

作者从文化角度谈了质量文化的建设。他认为质量文化建设，首先要从深层次上挖掘出个体对美好事物的天性；接着演绎出对质量理念的理解；再对它们理论化，让员工深入学习，提升质量管理认知水平。作者说：“如果长期忽略基础的东西，内心追求没有体现在工作中，质量文化建设工作容易成为空中楼阁。员工被动接受质量文化，不是真正理解，就很难成为自发的行动。”

“小质量”也是作者的一个概念，就是“把产品做好”。他指出最初参与产品开发时，并没有“质量好”质量理论。当时质量好的内在原因是因为华

为内部理解了客户对产品的质量要求，同时它们有强烈的愿望把产品做好。作者总结道，质量好就是满足客户要求。什么是用户的要求？就是“我要及时拿到高质量的产品”。

总的说来，质量建设既要唤醒个体内驱力，又要以客户为中心去开发产品。

质量文化的建设是一项多方面的、持久的活动，包括质量管理体系、员工的思想建设、管理理论的完善等内容。任正非在与员工的谈话中提及“术”与“道”来说明什么是质量文化，他说：“你们讲了很多‘术’，我想讲讲‘道’。法国波尔多红酒闻名于世，从种子、土壤、种植等各个方面形成了一整套完整的文化，这就是产品文化。”简而言之，“术”是指具体的某方面工作和规则，而“道”可看作是组织和个人在一系列工作中所流露出的心性。二者结合即是某种文化。1981 年杰克·韦尔奇担任 GE 公司的 CEO 后就说：“要想成为赢家，我们就必须把有形的核心理念与这些无形的价值观结合起来，从而获得一种价值观，即我们所追求的企业文化。”我们可看出，术即有形的核心理念，道即无形的核心理念。

企业在质量文化的建设上要循序渐进，先做好质量体系，否则既没搞好质量体系，也可能没搞好文化建设，还可能没有建设好组织队伍。任正非指出：“建设质量体系我们既要迅猛前进，也要高度重视质量、重视服务，进而各个体系的建设。”

在华为，产品质量是企业生存根本，要把质量放在文化建设的第一位。

在华为内部，一切流程，包括研发、采购、制造、供应、交付等都以质量为优先。无论是客户还是供应商管理，都是质量第一位。华为通常会以客户满意度来衡量组织和个人绩效，其中最重要的一条就是质量标准。对于供应商的考核完全以质量为中心进行。华为产品质量优异的一个重要原因就是其有一套较为完备的设计体系，即在设计初期就将质量、成本和维护优势等指标融入产品参数中，生产出的产品具有极强的竞争力。在其内部质量改进的过程中，他们从一开始就重视质量问题，并植入到产品线和资源线，要求全员参与。质量管理部门会把质量管理的方针、措施、验收的目标，分解到每一条产品线，甚至是每一个人。这从根本上摆脱了后期靠增加维修人员来解决质量问题的情况。在任正非看来，产品线和资源线必须“全民皆兵地抓质量”。他说：“质量文化建设工作必须全员参与，才能真正有效果，并且要长期坚持。通过质量文化建设和管理工作的互动，使员工更深入理解质量文化的内涵。”

可见，华为十分注重全员参与质量建设。此外，华为还建立了一个基于客户需求和客户服务导向的可量化的服务质量体系，能够更专业、更快速、更热忱地为全球客户及合作伙伴提供服务。

重视员工的思想建设也是华为建设质量文化的重要手段。例如华为经常组织一些培训以统一内部对质量的认识。华为认为做好质量需要一种内驱力，这种内驱力是一种精神力量，而这种精神力量有多重表现形式。德国西门子创始人维尔纳·西门子说“我绝不为眼前的利益而出卖未来”，自那时起，这句话成了西门子的企业信条，它使得组织里的每个人都深受感召。这种精神驱动西门子历经 150 年仍然能以高质量制造产品。在华为，“不要把消费者当试验品”也是一股精神力量，即服务客户的精神，它激励着华为人做好每一件事。例如在 2014 年，华为产品麦芒 B199 本可以按原计划完成，但研发团队决定延迟三个月以进一步优化产品性能，并保证其质量稳定。在接下来的时间里，他们设计了更高级的处理器芯片方案，同时对架构重新进行调整和测试。如是，企业经营者、管理者、员工只有拥有崇高的使命，才有可能做出高质量的产品，企业也才可能形成质量文化。任正非要求华为人：“静下心来，认认真真做产品，对待产品就像对待儿子一样，不能犯一点错误。”员工的思想建设手段多种多样，但不变的一点是，让他们能够带着使命感、责任感去工作。

我们论及质量文化，很容易产生一种错觉，即只与质量相关，这其实是一个误解。质量文化可看作是企业文化，也可以是企业的经营理念。就如杰克·韦尔奇指出的那样，无形的价值观是企业文化的组成部分。无形的价值观范围极广，但如果局限于企业层面，那它就是商道。在华为，商道是什么？任正非说："就是为客户服务。"组织以服务客户为导向开展各类活动，就是在建设质量文化。

日本著名学者石田梅岩提出，无论什么道理都是一样的，"士农工商，其道一也……为武士者，侍其君而不肯用命，难称其为士；商人若亦知此，吾道明矣。若对养吾身之买主以诚相待不怠慢，十之八九得合买主之心。合买主之心，再精勤于其业，何必担心渡世艰难？且首要恪守俭约……"意思是：各行各业的从业者都应恪尽职守对待下民、君上和客户。商人要真诚地满足客户需求，将客户视为衣食父母，提供精益求精的产品和服务，企业就能生存下去。

华为"以客户为中心"积极建设质量文化，为其在全球范围内赢得了良好的口碑，铸就了"华为"这一企业品牌。当然，任正非也指出："文化表现为企业一系列的基本价值判断或价值主张，质量文化不是宣传口号，它必须根植于企业的组织、流程、制度、政策、员工的思维模式和行为模式之中。"

华为，以行践言。

第5章 深入一线作战

必须将大兵团集中化攻城略地的方式转向具有自治能力的小单元战斗方式，使小单元像神经末梢一样深入到市场肌体的每一个角落，对市场内部的任何变化都能及时、准确地反馈。

——任正非

导语：建立贴近客户的一线组织

华为在扩张过程中，向全球市场伸出了无数支“触角”。这些触角深入世界的每一个角落，冰天雪地的俄罗斯小城，荒无人烟的非洲村落，富饶的欧洲城镇……它们便是华为的敏捷化组织，大到几十人，小到几个人，其作用就是争夺客户资源、快速响应客户需求。任正非指出华为未来的作战方式是“班长战争”，大兵团作战非常笨重，而小单位则灵活多变，能够针对变化中的市场，随时调整策略，并实施弹性管理。

敏捷化组织有着极强的渗透和作战能力，他们能够将客户关系做到极致，令对手感到无可奈何。

实际上，深入一线的敏捷化组织之所以具有强大的战斗力，很大程度上也是出自于授权管理。任正非很早以前就强调“把指挥所建在听得到炮声的地方，让听得到炮声的人决策”，就是要赋予敏捷化组织“便宜行事”的权力，这对很多企业来说是难以企及的。总结起来，华为在一线市场之所以能够屡屡拿下大合同，有两个条件至关重要。一是贴近客户的敏捷化组织，适时把握客户动态，先于对手提供最新方案；二是一线组织拥有极高的自主决策权，让他们敢想、敢干。这两个条件互为支撑，屡战屡胜。

本章将从敏捷化组织的建立、建设、作战和授权四个方面详细介绍华为如何进行业务管理活动。

带着问题阅读：

1. 华为是基于什么原因建立了敏捷化组织？
2. 华为的敏捷化组织具有哪些鲜明特点？
3. 华为“不打领带的客户关系”具体内涵有哪些？
4. 华为是如何向一线组织授权的？

5.1 建立贴近客户的敏捷化组织

华为一直致力于建立一个敏捷化组织，以贴近客户，深入市场一线。其目的在于，随时了解客户和对手的信息，进而快速、有针对性地展开行动。华为的敏捷化组织具有很高的自适能力，往往能够先于或优于竞争对手满足客户需求，以及获得客户的信任。

5.1.1 以项目为中心成立一线作战单元

华为将“以客户为中心”作为主要战略，这意味着，企业要能确保客户快速获得横向分布的产品和服务，向客户提供一个一致的归口。传统的垂直化组织显然不能满足这一要求，因为其组织边界分明，很多部门或个人固守自己的长期目标，无法满足企业需要的目标。

任正非说：“我们和竞争对手比，就像老鼠和大象。我们是老鼠，人家是大象。如果我们还要保守，就像老鼠站在那里一动也不动，大象肯定一脚就把我们踩死了。但是老鼠很灵活，不断调整方位，大象老踩不到，它就会受不了。我们必须要有灵活的运作机制和组织结构体系。”华为为了实现这点，成立了以项目为中心的一线作战单元，即铁三角组织。

【辅助阅读】华为市场“铁三角”模型（见图5-1）

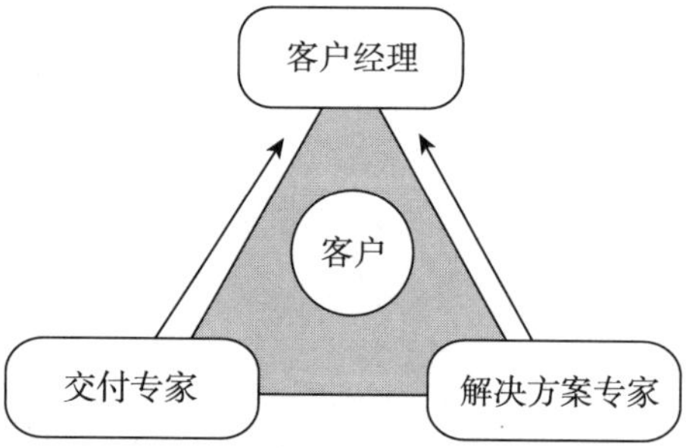

图5-1　华为市场“铁三角”模型

注：图中阴影部分代表他们处于同一客户界面，箭头指向表示支撑与被支撑职能。

华为的铁三角组织模式最早源于华为苏丹代表处。2006 年，华为苏丹业务快速增长，但在投标一个移动通信网络项目时没有中标，当地代表处展开自我批判，总结了导致失利的原因。

代表处发现部门之间，包括客户关系、产品与解决方案、交付与服务、商务合同、融资回款等部门，各自为政，缺少横向交流。在与客户接触时，每个人只负责自己的领域，对客户的需求理解有遗漏，或是被动响应，难以准确、主动把握住客户真正的需求。加之客户接口涉及的部门、人员较多，重复交流严重，导致客户对解决方案、交付能力不满意。例如在一次客户召开的网络分析会上，华为代表处有 7 个人参加会议，事前也没有协商沟通的具体内容，谁负责领队，结果这 7 个人各自从自己钻研的领域向客户解释技术和问题。客户的 CTO 非常不满，当场指责他们，说自己要的不是一张交钥匙工程的网，不是一张核心网，更不是一张数通网，而是一张能够立即运营的电信网。而华为代表处 7 个人向客户推销了几个互不相干的独立建网方案，显然需要客户自己做整合。在这种各自为战的情况下，没有人会为总体的客户满意度负责。华为的“老师”IBM 自成立起的前二十多年时间里，几乎以同样的方式销售计算机。其产品大型机、小型机和微型机、信息系统和薪资系统等，都有独立的部门负责，每个部门严守各自业务，互不干预。那些购买 IBM 产品的客户虽然都得到了良好的服务，但要将各种产品整合起来还需要自己动手，因为 IBM 的专业人员只负责他那一款产品。

华为苏丹代表处面临与 IBM 相同的处境，他们尝试打破部门、个体责任间的边界，提出以客户为中心架构新组织结构，实现客户接口归一化管理。

最终，华为苏丹代表处经过努力，形成了一个以客户经理、解决方案专家、交付专家为核心的项目一线作战单元——铁三角。铁三角一致面向客户，提供综合性的解决方案。任正非对此评价说：“铁三角对准的是客户，在市场的最前端，使用联合力量作战，体现的是综合的能力，使客户感到我们是一个友善的界面。”而这样的联合作战单元，在欧美发达国家，则早已经有着较为成熟的运用。

1993 年，摩根公司向客户推销和安装电子通信工具，以使客户能够快速办理现金和证券业务。但一开始客户们就怨声载道，他们需要花费一个多月时间来安装。为此，摩根高层组建了一个帮客户接入的改造团队。该团队成员来自技术服务、系统、客户管理、产品开发以及客户关系管理等部门，并委任一名产品经理作为负责人。团队负责人和团队成员建立了一个责任矩阵，以明确成员各自责任和流程步骤；同时，设计了安装流程图。随后，团队成员们群策群力地想出了很多大幅缩短安装时间的办法。当团队以一致形象面对客户，提出解决方案后，完成一次安装只用了七天时间，客户对示范安装非常满意。在接下来的几个月里，不论工程有多大，安装所需的时间都不到半个月。摩根的改造团队围绕一个项目重新定位公司的经营业务，用各自熟练的专业技能协同完成客户需求，与华为的铁三角组织异曲同工。

需要指出的是，类似这样的团队不隶属于企业现有的任何一个部门。在一定程度上，这些团队可以是专门的、临时的或是虚拟的。它们随客户需求变化而变化，能够随时增加人员或调配资源。任正非说：“公司业务开展的各领域、各环节，都会存在铁三角，三角只是形象说法，不是简单理解为三角，四角、五角甚至更多也是可能的，客户有什么需求，我们就有什么支持。”这种团队拥有特定能力和支撑资源，可以随时满足客户的需求。

铁三角的精髓是打破组织职能边界，形成以项目为中心的团队运作模式，是一个贴近客户的敏捷化组织。任正非指出：“它是一种推拉结合的模式。华为过去的组织和运作机制是‘推’，现在逐步转换为推拉结合，以‘拉’为主的机制。推即由整个企业、部门为主导，提出目标及任务，然后动用组织强大的资源去达成；拉是指一线组织提出需求，后方支援。”这里强调一点，铁三角并不是一个相互制衡和牵制的组织体系，而是一个抱成一团的聚焦客户、满足客户需求的共同作战单元。

最后需要指出的是，在华为，对这些作战单元进行考评的依据是它们为客户创造价值的能力。

5.1.2 选拔人才，组建“铁三角”团队

华为在建立了铁三角团队后，努力为团队选拔能够满足客户需求的人才。因为铁三角团队依据职能、产品或地域部署，所以每个人都必须具备核心能力，要在作战团队中创造价值。

华为的人力资源和职能部门的领导者会不断评价和更新部门员工的能力，以把这些成员的能力与现有的和新的客户需求匹配起来，最终确保这些专家保持和拥有本专业的前沿技能，以及处理其他业务的综合技能。

【辅助阅读】贝尔宾团队角色理论

英国剑桥产业培训研究部的贝尔宾博士经过多年研究与实践，提出了著名的贝尔宾团队角色理论，即团队内部有九种角色，他们共同发挥作用，促使团队实现良好运作。

执行者：务实可靠，具有极强的组织能力和自我约束力。较少关注个人诉求，对团队忠诚可靠。工作中能容忍他人的弱点，但缺乏灵活性。

鞭策者：思维敏捷，性格开朗，求知欲强，爱冲动。工作中能够主动与团队成员进行积极讨论，并推动团队达成一致意见，朝着团队任务和目标行动。

协调者：沉着、自信。能够客观审视和包容来自各方面的意见。工作上能够把控局面，协调不同意见者，最后进行综合。

智多星：思想深邃、见解独到、富有想象力。能够帮助团队出谋划策，帮助团队找出那些容易被忽略的问题或新看法。工作中不拘小节。

外交家：善交际、人脉广。能够轻易听懂他人的观点。善于发掘那些可以利用的资源。性格上开朗外向、为人随和，受欢迎程度高。不过其热情容易消退。

审议员：判断力强，理智的象征，能够在纷繁芜杂的意见和建议中找到头绪。性格上沉着冷静。工作上能够化繁为简，对他人的判断做出客观评价；遵循实用主义至上的工作法则。

凝聚者：为人温和，擅长人际交往，具有号召力和感召力。考虑问题深思熟虑，但有时会显得优柔寡断。工作时能够快速适应周围环境，克服团队分歧，并能给予他人帮助。

完成者：注重细节、追求完美，但容易拘泥于细节而延误总体任务。工作中强调过程控制，能够在讨论中找出问题；刺激和督促他人参加活动。

专业师：喜爱专业，心无旁骛。能够用专业的技能解决具体问题；然而他们将主要注意力集中在自己关注的领域，最终，只能在有限范围内作出贡献。

华为在人才选拔上十分看重实践能力，没有基层经验的是绝对不会被委以重任的。任正非指出："公司永远不会提拔一个没有基层经验的人做领导工作。"华为通常会选拔那些认真对待每一个工作环节，踏踏实实地一点一点去做工作的员工。

由于铁三角是处于一线作战的小团队，改变了以往单兵作战的模式，对团队成员的专业技能和综合能力的要求很高。客户经理要熟知营销四要素，即把握客户关系、解决方案、融资和回款条件以及交付的综合能力，简而言之要有做生意的能力；解决方案专家必须是一专多能的，对不熟悉其他专业领域的单兵专家不选拔；交付专家须具备较强的项目管理能力、与客户沟通能力以及解决方案制定和实施的能力，同时，熟悉交付流程的各个环节和后台可承诺能力。对于其他非主业务的人员，要能够了解和精通主业务。

2007年刘志（化名）加入华为，先后在华为北非地区部也门、阿尔及利亚和约旦任职，担任过产品经理、SR、TL、客户线，主导了多个地区部级和公司级的项目。在约旦的一个无线搬迁项目里，客户的商务诉求很高，项目曾几度易手，虽然最后客户选择了与华为合作，但项目进度一拖再拖。为了关闭项目，刘志和项目组成员用尽各种办法，和客户重新确认BOQ。谈判过程中，客户的CTO是一个立场坚定的人，一直坚持用友商天线。项目组与之谈了2个月，都没有关闭BOQ。后来，刘志抓住一次机会，引导这位CTO，不是生硬地套标书，而是按网络的实际需求，改用华为的天线产品，并将室外站改为室内站，原来的电池电源依然可以利用，最终，客户成功确认BOQ，关闭了项目。刘志从交付角度优化了方案，缩短了交付周期，降低了成本。一位产品经理对刘志开玩笑说：“客户经理懂技术，订单止不住。”

由于刘志精通各项业务，具备较好的综合能力，能够在项目交付中给客户提供综合性的解决方案，从而赢得了客户的信任和合作。

很多时候，华为在用人方面是不拘一格的，新人一参加完华为的大队训练营就被派往最前线。任正非认为实践出真知，要在具体操作中学习和成长。在华为，需要的就是随时能顶得上去、不服输的人。

5.1.3 明确权责，促进“铁三角”落地

俗话说：“一个和尚挑水吃，两个和尚抬水吃，三个和尚没水吃。”这是

典型的责任分散。许多企业看似组建了团队，却没有发挥出应有的效用，这是由分工不明确、责任分散造成的。华为显然不愿意看到“团队人多了，干活的反而少了”的情况发生，对一线作战单元“铁三角”充分授权，并厘清团队及成员的责任。

华为此举促进了铁三角的落地，让成员们在广阔的市场前线敢干、能干。

【辅助阅读】责任分散效应

法国心理学家马克斯·瑞格曼做了一个有关“责任分散效应”的实验——拉绳实验。在实验中，瑞格曼把一些身强力壮的被试者分成了一人组、二人组、三人组和八人组，要求各组被试者用尽全力拉绳子，并同时用灵敏的测力器分别测量被试者在比赛中的拉力。结果发现，当一个人参加比赛时，被试者的平均拉力是 63 公斤，而当群体参赛时，每个被试者平均使出的拉力都减少了：两个人一组时，人均拉力是 60 公斤；三个人一组时，人均拉力是 53.5 公斤；八个人一组时，人均拉力是 31 公斤。这就说明了一个道理：在共同完成一项任务时，随着群体人数的增多，每个人付出的贡献将减少。对此，心理学家解释说：如果要求个体单独完成某项任务，他的责任感就会很强，就会对该项任务做出积极的反应；如果要求一个群体共同完成某项任务，完成任务的责任由大家共同承担，分担在每个个体头上的责任就会减少，群体中每个成员的责任感就会减弱，因而也会减少自己的努力程度。这种现象在项目团队管理中经常会出现，当项目经理让几个成员一起来完成某项任务时，多数人会把自己应尽的责任或应完成的任务分解、转移到其他团队成员身上。一旦出现了这种情况，就会大大地削弱团队的凝聚力和战斗力，使团队的整体功能大打折扣。

权责相对称是团队管理的基本要求，它可以避免责任分散效应。权，就是团队履行工作职责应有的职权；责，就是明确团队应该承担的责任和义务，这

也是确保华为铁三角落地的关键要素。任正非指出，在以客户为中心的战略下，权力要进一步下沉。他说："代表处应有客户的选择权、产品的选择权、合同的决策权，以此来推动后方的各项改革。代表处的决策权仅适用代表处不确定部分的自处，全流程的成本公司不授权，形成一定基线。我们只把代表处不确定部分的决策下放给代表处。"可见，华为的授权是有选择性的。

市场及客户需求的多变性要求华为必须下放权力给代表处，以确保其能够因事因时灵活经营；那些纳入流程的各类资源，公司依据代表处的响应按需提供，避免无谓的消耗。在2009年华为销服体系奋斗颁奖大会上，任正非就对一线组织授权定了基调。此后，华为一直按此理念进行授权。

任正非指出，对于一线组织单元，只要在授权范围内，甚至不需要代表处批准就可以执行。他引用了美军在阿富汗的特种部队的战例："美军现在系统的支持力量超强，前端功能全面，授权明确，特种战士一个通讯呼叫，飞机就开炸，炮兵就开打。前线3人一组，包括一名信息情报专家，一名火力炸弹专家，一名战斗专家。他们互相了解一点对方的领域，紧急救援、包扎等都经过训练。当发现目标后，信息专家利用先进的卫星工具等确定敌人的集群、目标、方向、装备……"这类似于华为建立的贴近客户的敏捷化组织，这些以项目为中心的作战单元时时刻刻与客户在一起，发掘和了解其需求。一旦发现机会，即客户需要的服务，他们就会通过华为建设的大平台快速获得相应的支援。

任正非说："炸弹专家配置炸弹、火力，计算出必要的作战方式，其按授权许可度，用通信呼唤炮火，完全消灭了敌人。美军作战小组的授权是以作战规模来定位的，例如：5 000万美元，在授权范围内，后方根据前方命令就及时提供炮火支援。"受到启发的任正非改变了对一线作战单元的授权方式，他强调："我们公司将以毛利、现金流，对基层作战单元授权，并明确各单元组织的授权范围。军队是消灭敌人，我们就是获取利润。铁三角对准的是客户，目的是利润。铁三角的目的是实现利润，否则所有这些管理活动是没有主心骨、没有灵魂的。”

总之，在项目管理上，华为尽可能地给予铁三角授权，以让其在授权范围内直接指挥炮火，但超越范围的要按程序审批。华为在授权管理的程序与规则，不轻易变化。通过向铁三角合理授权，大大缩短了决策流程和沟通成本。

在分配责任上，华为强调量力而行，能力越大责任越大。任正非说：“如果你发觉自己没有足够的时间去做真正重要的事，那么你必须学会减少你的责任，这样你才能有足够的精力和时间。”铁三角第一责任人是客户经理，也就是团队领导；解决方案经理和交付经理负责全力协助，三者任务目标是一致的，不分彼此的。客户经理具体负责铁三角的日常运作、客户平台管理、经营目标完成、市场竞争等；解决方案经理负责客户整体产品解决方案的业务目标，以帮助客户实现商业成功；交付经理负责客户整体交付与服务。

不难看出，华为铁三角的角色已经发生了转变，客户经理从过去的单纯的签合同向综合经营管理角色转变；解决方案经理由过去买设备向综合解决方案销售转变；交付经理也由单纯的项目交付向满足客户需求的整体交付转变。

5.2　建设高、精、尖的客户界面团队

贴近客户的敏捷化组织用一致的形象、一致的服务、一致的解决方案面向客户，客户看到的就是一个统一的界面，这个界面就是任正非所说的客户界面，而这个贴近客户的组织就是客户界面团队。华为对一线组织进行授权后，一线组织可围绕业务特点实施弹性管理，体现灵活性和自适性。此外，任正非还强调：“强化专业牵引，强化高、精、专的客户界面团队。”

5.2.1　一线组织以业务为导向，实施弹性管理

将在外君命有所不受，华为总部在向一线组织授权后，便不再插手具体的事务，准许其独立经营。一线组织在以业务为导向开展各项活动时，拥有了较

为灵活的决策权。

市场信息瞬息万变，客户需求也千变万化。华为一线组织及成员在目标管理和执行上也会做出相应的调整，以确保始终在做正确的事。有些企业会要求一线团队和人员实时汇报，等待指示，这不仅错失了市场机会，而且也导致团队运行越来越僵化，依赖性不断增强，这就失去了当初组建团队的初衷。

【辅助阅读】横山法则

日本社会学家横山宁夫指出："触发个体内在的自发控制能够实现有效且持续不断的控制，而不是强制。"后来，这个理念由日本企业引入企业管理领域，并称为横山法则，具体指"激励员工自发的工作才是最有效的"。

日本企业在经营管理中发现，那些拥有自觉性的员工工作时更加积极；处于"约束"和"压制"的环境中，也就是事事按条条框框执行的员工缺少持续创造价值的能动性。因而日本企业普遍采取了灵活而有弹性的管理手段，即管理对象在一个必要约束条件限度内有一个弹性范围，在这个范围内其拥有自我选择、自我管理的权力，以更好地适应和参与企业管理。这在很大程度上为员工提供了发展空间，并给予他们尊重，员工主动性大大增强。

20 世纪 80 年代，随着日本企业惊人的发展，这一管理理念逐渐被人们所认识和接受。

横山法则告诉我们，一线组织如果在公司授予的权限和预算范围内开展业务，那么企业就不应该处处过问或掣肘。华为的一线组织——项目铁三角团队就具有较高的自主权，拥有经营管理、奖金分配、资源调度、相关重大问题决策、成员绩效目标承诺和关键绩效指标制定等重要权力。任正非指出："一个优秀的士兵，应该听从将军的领导，但打起仗来，将军不在身旁怎么办？凡事都要看情况，企业也一样，员工没必要事事都请示。"隆美尔在第七装甲师的

时候，往往会依据战场情况制定新的作战技术：一是，指挥出其不意，不合乎正统；二是，建立了“冲入线”的概念；三是，违反了总部一切训令，让部队沿着交通线快速跟进。尽管招致各方面的批评，总部也没有干预的打算。隆美尔我行我素，结果成效显著。战场形势瞬息万变，按部就班可能招致灭顶之灾。正如任正非所说，事事请示或按部就班，不仅会影响公司的运营速度，贻误战机，更会将公司的发展引入一个完全朝着领导者倾斜的误区。

2008 年，丰田超越美国通用汽车，成为美国汽车行业的“老大”。从 2010 年 1 月 21 日开始，在随后的几个月内，丰田经历了“地垫门”“踏板门”，再到“刹车门”，在北美、欧洲、中国发生大规模召回事件，遭遇“滑铁卢”。令人不解的是，时任丰田执行副总裁在 2010 年 2 月才得知此事。作为日本传统企业经营模式的典型代表，丰田即便是在迅速扩张期间，集权模式也没有被改变。当时丰田共有 30 多万员工，部门非常多，出现问题后，信息须要逐级上报才能到达决策者手中。而这又需要花费很长时间，在这过程中又有一部分关键信息被漏掉。有内部员工事后透露道，接到顾客投诉后，由于技术部门分工太细，想要解决客户的问题，需要向不同部门的十几个领导申请。

不难看出，丰田一线的员工发现问题竟然不能立即处理，而是得等到上级的指令后才能采取行动。这样的组织管理模式，面对问题时，不仅白白浪费时间，也错失了挽救危机的最佳时机。

企业经营中，被授权的团队不可能什么事都要请示，团队的责任人必须依据现场情况随机应变。任正非说：“已经有规定，或者成为惯例的东西，不必请示，应快速让它通过。”不过，一线组织在经营管理上，还应抓住主要业务从事经营活动，若脱离这个范畴，自主经营将会给企业带来巨大的损失。华为一线项目组必须坚守住“以客户为中心”这个根本开展经营活动。这样的弹性管理，对业务管理来说也有利于形成良性循环。

2014 年年初，华为与 AM 集团最大子网 Telcel 签订无线搬迁项目合同，搬迁项目是当时区域内最具挑战、规模最大的项目。

项目交付开始时，客户对华为的能力心存忧虑，加之客户的配合力度也不高，项目启动半年后仅建成6个站点。最后，项目交付管理平台主管张伟（化名）向客户争取了项目的全权主导权，但客户要求两周后汇报搬迁结果。这意味着，在10天内必须完成第一个城市的搬迁任务。张伟（化名）急赴交付现场指挥。到了现场发现人们按部就班地干着活，毫无压力。于是他决定利用分享制来激励员工工作，以快速调动员工的工作积极性。第二天，他立即召开目标解读会，层层分解交付目标，明确整体目标和个人目标。同时，公布了及时激励政策，每天第一个完成一个搬迁或勘测任务的队伍和工程师，每人当天可获得几百元的奖励。就在他宣布奖励政策的当天，员工的工作热情前所未有，甚至有人主动增加任务量。就这样，在预定时间内华为项目组完成了首个城市的搬迁。

华为的授权政策下，项目组主管能够针对现场突发问题采取对策；同时，在管理上具有很大的自主权，可以采用必要的激励措施。这两件事都无须向上级或总部汇报。在张伟的灵活调配下，围绕整体目标进行任务分解，把责任落实到个人，从而保证了业务朝着正确的方向进行。

在后续的18个月内，项目组还要完成7 000多个站点的搬迁。为了持续保持团队的士气，张伟决定改变过去项目结束后发放奖金的方式，改为项目边进行边评价的方式及时评定奖金。该方案得到了员工的广泛认同，保证了项目的持续进行。

张伟作为一线团队的负责人，在项目管理中以业务为导向，实施弹性管理，并取得了良好的效果。与华为一样，让下属坚持自主管理的还有“股神”巴菲特。他曾收购一家公司，并任命彼得·利格尔掌管这家公司。彼得·利格尔向巴菲特保证一定努力经营好公司。巴菲特笑着问他：“我把公司交给你了，你觉得公司的业务开发和发展规划谁来决定?”彼得·利格尔连忙解释道：“决策性问题，我当然会向您请示。”巴菲特脸色一变：“臭小子，别做梦了，别指望一年中有第二次得到我耳提面命的机会。”此后，动辄上亿美元的项目都由彼得·利格尔负责，巴菲特从不过问，只在年终时看看公司报表，利格尔和巴菲特在管理上是一种良性互动。利格尔自主经营，但背负很重的责任，这在一定程度上也激发他发挥更大的能量去完成使命。

企业应认识到，只有让一线组织具备快速反应和冲刺能力，才有机会赢得胜利。

5.2.2　以专业为牵引，保障高效输出结果

在业务管理上，华为强调专业牵引，诸如对财务结算、端到端信息响应等运营效率的改进，提出了以专业为牵引，拉动各功能领域实现流程集成和协同。这意味着团队中不同人员必须以各自良好的专业化能力，出色地完成综合业务，保障任务结果高效输出。

良好的专业能力是实现跨部门、跨任务协同的关键。华为无法要求团队中每个人都是各领域的专家，但也必须做到具备熟练配合的能力。在整个业务流程中，配合失误就会导致不可预测的后果。

【辅助阅读】F1 赛车维修站的高效率输出

F1 赛车维修站的专业能力堪称经典。每一次赛车进站，都需要 22 位工作人员参与工作。其中，12 位技师负责更换轮胎，每轮三人——1 人负责拆、上螺丝，1 人负责拆下旧轮，1 人负责装新轮胎；1 人负责操作前千斤顶；1 人负责操作后千斤顶；1 人负责在赛车前鼻翼受损需要更换时操作特别千斤顶；1 人负责检查发动机气门的气动回复装置所需的高压瓶，必要时需补充高压空气；1 人负责操作加油枪；1 人负责扶住加油枪；1 人负责操作加油机；1 人负责持灭火器随时待命；1 人负责擦拭车手安全头盔。

最后一位工作人员负责操作写有“刹车 Brake”和“挂挡 Gear”字样的指示牌，举起指示牌时，表示赛车可以离开维修站。正是得益于这种精细的分

工，大大节省了赛车进入维修站的时间。

F1 赛车维修站以专业为牵引，使用了 22 位工作人员。在整个过程中，维修站以高效输出为前提，拉动各个岗位人员的高效率投入。这与人们常说的以责定人、以岗定人有些相似，是一个标准化的工作行为。例如海尔工厂将五层大楼上的 2 945 块玻璃的清洁维护分工到个人，就是典型的以责定人。但华为强调的是以结果为导向的一个动态的执行过程，我们通过一个案例来看华为是如何进行专业牵引的。

2014 年，《华为人》第 290 期刊登了一篇《我的“欧冠”团队》的文章，作者所在的核算二部驻外团队隶属于财经体系账务管理部成都账务共享中心，团队成员 11 人，主要负责中国地区部 28 个代表处及国内 8 大研究所的行政类费用核算。作者指出，他们团队的分工与足球队十分相似，连阵型都是 4—3—3。

4 名制单会计 AC（Accountant）是后防中坚，团队接口部门的所有申付单据由这 4 人入账，要以专业化的能力输对每一个数字、每一笔付款，确保付款及时准确、支付安全，也就是不丢球。其中 2 人承担了团队 60% 左右的单据入账工作，核算质量高，零差错。另外两人担任左右边卫，除了基础核算工作外，还负责重要项目的对账工作，例如中国区合同交底和供应商对账等，这些项目工作的开展类似于边后卫的助攻，项目工作开展顺利就如同助攻到位一样。

3 名审单会计 PI（ProcessImprover）可视为前锋，主要负责申付单据的预审核，包括发票、合同条款、验收情况及权签的审核等，工作目标是在审核单据的同时，优化发现的流程和业务点。这 3 人始终处在阵型最前端，虽不负责实际入账，但责任重大，要直接应对和受理前端部门各种诉求等。PI 的发挥直接影响到 AP（AccountsPayable）部门的价值。

3 名复核会计 Checker 是中场，负责单据入账后的复核，并指导 PI 会计进行业务流程优化。在球场上也就是串联后防 AC 与前锋 PI，协助主管实施团队管理。

剩下 1 位就是作者本人，出任守门员兼队长，在团队里负责处理各种突发事件、例外事件，及时调整队员的角色等，保障团队的良好运转。

这名作者十分形象而专业地描述了应付核算团队的工作职能、业务开展过程，其实这就是华为常见的以专业为牵引，保障高效输出的标准模式。

归纳起来，它是强调以结果为导向，即：高效输出；注重整体，又分工明确，协同迅速；拥有专业技能的人才。三者缺一不可，只有满足这三点，才能实现华为建设高、精、尖客户界面团队的要求。为构建良好的业务对接，任正非提出“5 个 1”的战略目标。5 个 1，即：从客户订单下达到生成 1 天；从订单到发货 1 天/站点设备 1 周；从订单到客户指定站点 1 个月；软件从订单到下载准备 1 分钟；站点交付验收 1 个月。由于“5 个 1”的目标涉及产品开发、销售、供应、交付以及客户界面等多个环节，意味着华为必须从公司整体层面出发，每个环节都要打通。各业务部门有序、上下对齐开展业务，如此才能实现“5 个 1”目标。

通过专业牵引保障企业的经营效率，也是众多企业经营者应该思考和学习的地方。

5.2.3 用项目管理资源池培养协同意识

华为项目管理资源池是华为的人才储备和培训基地，主要用于培养八大员的协同意识，确保他们在分工合作中能够处于同一客户界面。华为的八大员是指那些就职于一线团队的项目组成员，包括项目经理、技术专家、采购、供应链、项目财务、合同经理、项目 HR、质量专家等与项目交付管理有关的八个角色成员，因而被称为项目管理“八大员”。

这些团队成员以业务为导向，跨领域作战，需要具备极高的协作意识和协作执行力。华为的项目管理资源池也因此而成立，用以培养八大员的协同、互补意识。

【辅助阅读】哈雷公司的互补团队

互补型团队需要团队成员高度互补，向着一个共同的目标，以一种高度同步的方式相互配合完成任务。哈雷—戴维森公司在20世纪70年代后期，市场份额由原来的60%一路狂跌至25%。新上任的公司CEO理查德·提尔林克希大刀阔斧地进行改革，并让公司重回正轨，开启了新的十年。即便如此，他仍不满意。他要在20世纪90年代把公司带向新的成功。他希望打造一个新的组织，以消除部门间的明争暗斗，更高地以客户为中心，为顾客制造有出色体验的创新性产品。他和高层管理经过商讨建立了一个以团队运作模式为主的运营组织，取代传统的一线组织结构。变革后的哈雷公司由三个团队组成，分别是创造需求、生产产品和提供支持的团队。其中，“创造需求”团队负责整合与客户相关的所有活动，包括市场调查、客户服务、产品分销等，并将信息向生产产品团队反馈，以确定满足客户需求的新产品参数；“生产产品”团队则负责产品设计、制造和装配；“提供支持”团队在财务、人力资源等方面提供支撑。这三个团队相互配合展开工作，每个团队自行设定团队的共同目标，并协同运作以实现各自经营目标。

在这三个团队外，设立长期战略小组，以确保公司的大政方针，成员包括公司的CEO、CFO等。另外，每一个团队选派两名成员进入战略小组。这样，一个以互补团队运营为主的公司就此诞生。

哈雷公司的互补团队从侧面验证了华为项目管理八大员培养的必要性。华为一线，也被称为“呼唤炮火的地方”，项目组成员常常不分昼夜地辛苦工作，以保障项目成功交付。而项目管理资源池源源不断地向前方输送专业人

才，保障高效输出。对此，任正非说：“我们要以战略预备队的方式，建立起项目管理的干部、专家资源池，要善于发现金种子，并让他们到各地去开花。这是培养干部、识别干部的实践基地。”

项目资源池实际上是对八大员在业务上的一种虚拟整合，通过各种实战模拟相互熟悉对方的工作流程，以便准确找到接入点，最终达到协同一致的效果。来自不同专业和不同界面的员工共同接受跨职能协同培训，这在其他企业也十分普及。比如，联合利华通过跨产品线、跨地域调动员工来确保协同能力。一方面，受训者可以正式地交流合作心得和技术经验等问题；另一方面，这种共同的经历可以促进成员间共同的组织文化的形成。在沃尔玛，他们采用了一种“战术商讨”的方式来培训员工的协同能力。他们定期把来自不同职能或不同流程阶段的员工召集到一起，共同就某问题进行商讨，提前就即将执行的业务流程进行商讨，以明确整个业务流程，以及自己在流程中所承担的责任，包括与谁、何时进行怎样的配合。沃尔玛通过这种方式确保了业务流程快速而有序地推进。与他们相比，华为的项目资源管理池以提升项目经营能力为主，且更注重实战效果，作为华为的三大战略预备队之一，倾力培养能够随时奔赴战场的高精尖人才。正如任正非所说：“项目管理资源池主要是推动八大员的循环进步，倾向于以执行为中心。”

参加 C8 培训的学员，在项目管理资源池管理中心的安排下，接受为期六个月的项目实战训练。

项目管理资源池课程根据华为实际项目交付的四个阶段开发而成，具有很强的针对性。实战演练中，大部分内容都无法由一个人独立完成，这有助于八大员之间的协同性培养培训。课程注重引导学员把重点从交付和服务转向经营，让他们聚焦业务、关注整体解决方案。很多企业在培训方面，都是针对各个板块，例如销售、生产、行政等独立进行，导致部门、人员间缺乏横向联系，造成只知有部门目标，而不管企业整体目标。华为在这方面做得很出色。在培训前，华为会制定《训战任务书》确定培训目标。作为培训，评估是必不可少的。华为的项目资源池在培训中进行两次实战评估，一是评估学员表现，二是及时分享实战案例。及时分享成果有助于让学员能够快速融入即将面对的“战场”。培训结束后学员还要完成实战结业答辩，以检验培训效果。

通过培训，学员能够更加清楚流程中每个角色的定位，便于更合理地开展工作。一位负责供应链的学员说：“参加培训后我知道了每个人的分工，知道怎样输出 PDRT 的材料，知道怎样沟通和衔接。”

有些学员表示，在项目管理中尽管很忙，但却没有输出效果，经过培训后才知道是沟通出现问题，沟通时只讲专业术语，团队中负责其他领域的人听得是云里雾里。在培训中，八大员能够学到知识，寻找共同语言，拉通了交付各岗位。也有学员表示，模拟谈判、集成计划讨论对解决其当下的项目问题很有帮助。

经过培训，华为八大员相互了解了彼此间的交付任务和责任，合作意识明显加强，同时增进了成员间的相互理解和相互间的沟通能力。

华为的项目资源池在项目经营中发挥了积极的作用。任正非指出：“华为的管理进步，要立足在项目管理进步的基础上，要好好培养及选拔项目管理的八大员，建立起成熟的程序、庞大的优质管理队伍。”

同样，华为的老对手思科在全球 140 多个国家有 300 多个办公点近 7 万名员工，协同工作也被提升到前所未有的高度。

早在 2008 年度的企业公民报告中指出，思科员工有 63% 的工作时间用于沟通和协作。事实上，他们建立了一个灵活的培训系统——WebEx 和网真系统，以促进各类型团队的沟通和协同。通过 WebEx 为员工构建了一个动态的学习环境，团队成员可以在任何时候、任何地点随时与本团队成员或外部团队成员交流，参与研讨会、现场培训与学习、互相分享知识与专长、在线演示等。网真系统带来了一种全新的学习与工作方式，员工可以就协同工作的内容实景、实时联系，大幅提升了沟通与工作效率。思科注重员工自我学习，让员工在网上学习到协同所需要的一切信息，例如组织语言，各种详细的业务流程，每个岗位所需要的技能，协同的技巧，某个项目所需要的资源等。

不论是华为，还是思科、沃尔玛，都将协同看作是项目经营的重中之重。华为的项目资源池关注培养学员的交付经营理念，通过项目八大员协同演练，拉通对项目交付管理各阶段的横向配合，增强项目交付关键角色的相互协同，在业务上，集成统一的客户界面，进而为以项目为中心的精兵策略做好准备。

5.3　构建不打领带的客户关系

华为“不打领带的客户关系”遍及全球市场的每一个末端。华为友商的客户关系更多的只是聚焦于企业的重要决策者，而华为构筑了包括决策者、各部门中层管理人员、技术人员等全方位的客户关系，将客户关系一沉到底，做到了极致。

5.3.1　把“战壕”修到离客户最近的地方

华为在建立“不打领带的客户关系”时，即便是再小的客户也要发展和维护。按任正非要求，华为与客户之间要保持朋友般的亲密关系，并随时满足“朋友”的一切需求。

这种关系能够让华为随时并充分迎合客户的需求。曾有人形容华为战壕修离客户咫尺之遥，可见其在客户关系管理上的用心。这也体现了华为以客户为中心、深入一线的发展战略。

【辅助阅读】麦肯锡分析企业与客户消费关系

麦肯锡公司欧洲主席赫伯特·亨茨勒曾经对这样一家企业扼腕叹息：一家德国百货商场凭借“这里应有尽有”的口号迅速占据了德国市场，在德国尝到甜头的企业准备带着自己的成功经验进军海外。经过多次考察之后，他们决定将海外的第一站定在法国里昂的市中心。这家百货商场除了建筑非常具有法国特色之外，其商品种类、部门分工、销售模式，甚至物品摆设方式都与德国商场保持一致。

最初分公司的亏损并未引起足够重视，总部高层还认为开设分店刚开始都会赔钱。直到亏损持续一年之后，总部才开始重视里昂分店的亏损问题。原来，里昂分店大幅亏损的最主要原因在于没有迎合法国客户的购物习惯。比如，法国人并不喜欢从德国照搬过来的商品，尤其是纺织品；法国人喜欢种类繁多的花样和款式，而德国的产品却严重单一化；法国人重视修饰物品，这间德国超市却没有此类商品；法国人喜欢最流行的东西，德国的商品却是快过时的；法国超市的打折幅度很大，德国超市却几乎不打折，而这根本勾不起法国人的购买热情。

经过一番分析后，赫伯特·亨茨勒认为，德国百货商场的里昂分店亏损的原因在于没有迎合法国消费者的消费喜好，说到底，就是没有匹配客户需求。

赫伯特·亨茨勒已经意识到了这家德国百货商场存在的问题，显然它没有领会到什么是真正的“不打领带的客户关系”。2000 年，中国电信运营商由一个拆分为 7 个。于是华为成立了 7 个运营商系统部，提供一对一的服务。华为的这些系统部从运营商总部到省级、市级分公司都设立了分支机构，这些办事处有一定的自主经营权限，负责本区域运营商的拓展和服务。这样，华为就能将所有大小运营商全部纳入自己的服务范围之内。“客户需求是华为发展的原动力。”任正非要求客户关系要做到极致，让竞争对手“陷入人民战争的汪洋大海之中”。

华为的客户关系是全方位的、不留死角的。就在电信拆分后，运营商省级公司只保留部分采购权，县地市分支公司采购权基本全部上缴，华为之前遍布各地县市的数百个服务网络一时间去留难定。华为管理层希望将重心放在运营商总部或拓展国际市场上，并收缩下面的销售服务网络。也有人建议，既然县市分支公司已经没有采购权，不如直接撤销，以节约运营成本。但任正非却说："我们每层每级都贴近客户，不放弃对我们有利的任何一票。这就是华为和西方公司的差别。"华为不仅没有撤走，反而把战壕修到离客户最近的地方，在每个地市建立客户服务中心，委任客户代表监督提高华为的服务水平。甚至在一些县市的电信局设立办公室，随时为客户解决问题。任正非说："我们每层每级都贴近客户，分担客户的忧愁，客户就给了我们一票。这一票，那一票，加起来就好多票，最后，即使最关键的一票没投也没有多大影响。小单位只需要维护好一两个最关键的关系就可以了，成本很低。"虽然没有了采购权，但在运营商内部却拥有很大的话语权。每当省级以上公司集中采购时，需要使用设备的地市公司提出需求和意见，与他们保持良好关系的华为就成了不二的选择。与客户同在，这就是不打领带的关系，让华为与客户的关系牢不可破。

华为山东代表处新人李东（化名）带一批客户参观。参观民俗村时，有小贩试图向客户推销商品，被李东拦住了："这是我的客户，请不要打扰。"参观完后，一位高级客户经理对他说："小李，记住，不要用'客户'这个词称呼他们，我们和客户在公开场合是合作伙伴，但私下里就是朋友。"把客户当成一家人，一直深深影响着李东。在之后的工作中，与客户不再有工作接口关系时，就以朋友和兄弟相称。他一直留着济南的房子没有卖掉，一位老客户曾对他说："不管你调到天涯海角，每天看见你的房子，感觉你还在身边。"后来，客户在假期时都会带着家人到李东现在工作的地方看他。

一次，某省一位外派的客户主管即将返回公司就职，李东一行三人凌晨五点钟就开车前往机场，下车直奔航站楼。客户出来时，就看到了两个举着牌子傻笑的家伙。然后，他们陪同客户一起转机返回。一个早晨，他们完成了一位重点客户的接待。后来客户回忆起这段插曲说，"真没想到，刚回国看到的第一张脸，又是华为的"，并表示在未来很看重与华为的合作。

华为把这种“不打领带的客户关系”做到了极致。华为刚开拓 Y 国市场时，办公室只有一条电话线，与客户沟通很不方便，于是部分员工索性就泡在客户的办公室里，与客户一同进出，一同吃饭，随时接受客户咨询和挖掘客户的需求。

华为不打领带的客户关系是一点一滴做出来的，而非说几句好听的话就可以办得到的。华为一位年长的高层客户在与华为的销售人员交流时，无意中提到自己曾在入住的酒店浴缸滑倒摔伤过一次。后来，这位销售人员每次陪同这位客户出差时，都在自己的行李箱里携带一个防滑垫。一位客户在出差期间突发重病，手术后，陪同这位客户出差的销售人员在医院照顾了整整两天两夜……

始终贴近客户，与客户“融和”在一起，才能构建好不打领带的客户关系。华为的一位销售员每天一有时间就跟着客户，一起上下班、吃午饭，趁客户茶歇的时候介绍一下公司信息，塞一些资料到客户的桌上。坚持了一个月，终于拿到了订单。后来他问客户，当时为什么会选择华为。客户半开玩笑地说：“你的铁屁股都快把办公室的板凳坐穿了，再不给你个机会我都不忍心了！”

主动为客户提供解决方案也是华为构建不打领带的客户关系的方式。1999 年，华为为郑州本地网做了一份网络分析和规划，并借机送到了省局高层的办公桌上，获得了高度认可，局长还追问：“是谁做的?”其实，做客户关系最关键的就是真诚、认真和坚持，急客户之所急、想客户之所想，带着感情与客户打交道。正因为这种深入骨髓、发自内心的情感力量，让华为人一次又一次地赢得客户的信任。

5.3.2 客户接待：再小的客户也是“客户”

营销里面有一个“二八法则”，要求企业重点关注 20% 的重点客户，其他的 80% 非重点客户给予一般服务就可以了。但在任正非的观念里，客户不分大小都要用心服务，他甚至把普通客户关系作为华为差异化竞争的优势之一。

因而，他要求华为人坚持将“普遍客户原则”执行到底。对华为来说，最小的客户也要见，小客户也是上帝。

【辅助阅读】客户关系管理

IBM 公司和 SAP 公司都提出了关于“客户关系管理”的理念。事实上，客户关系管理（CRM，Customer Relationship Management）最早由美国的 Gartner Group 公司提出，他们认为 CRM 是一种商业策略，强调以客户为中心开展业务流程和经营活动，以此来提高企业赢利能力和客户的满意度。

IBM 公司认为，CRM 通过提高产品性能和客户服务水平，实现客户商业成功，以此建立与客户的长期、稳定的密切关系，从而提升自身效益和竞争优势。

SAP 公司则通过数据管理的角度来认识 CRM。他们认为 CRM 的核心是客户数据管理，通过各类数据模型，为企业经营者在后期提供分析和决策支持。

从以上论述可以得出，CRM 是从服务理念、业务流程和技术三个层次共同展开的。无论如何定义 CRM，“以客户为中心”是其核心所在。

华为的“普遍客户原则”是其 CRM 以客户为中心的核心理念。任正非说：“一切工作的出发点，就是为了客户，最后的收益是我们获得生存。”因此，任正非要求以客户为中心，在处理客户关系时，必须一视同仁，不能轻视订单量小的普通客户，不能只重视个别的高层领导，对客户的中层领导甚至是普通员工都要奉为“上宾”。

有一次，某地一个邮电局的小科长到深圳考察华为的设备，任正非亲自下厨炒菜接待他。其实在酒店请吃饭花不了多少钱，但是自己炒菜，给客户的感觉是不一样的。华为初创时期，行政部只有一辆车，任正非出去时，恰巧客户要来，他就会将车让给客户。

2004年，华为与文莱电讯公司在文莱一家酒店举行华为承建文莱NGN（下一代网络）的开通仪式，这是当时全球规模最大的商用NGN网络之一，华为特意邀请了全球40多家运营商，共同出席会议。4月22日一大早，任正非就站在会议大厅门口，手持名片，挨个向入场客户发放，并说道："您好，我是华为的，我姓任。"一些初次与任正非见面的客户，看到名片上的姓名、头衔以及任正非本人时，都惊讶不已。任正非以及华为人的这种谦逊的态度，感动了每一位客户。

客户不分大小、职务不分高低。任何一个不起眼的细节和一个不起眼的角色，都有可能在最后关头对华为起到关键作用。哲学家西塞罗说："平等者最能与平等者相投。"这就提醒了企业管理者要一视同仁地对待客户，这样比较容易与客户建立起合作关系。

早期，国外公司在技术、资金等方面对华为有一定的优势，但是对于中国国内的情况并不熟悉。这些国外企业在国内分支机构很少，只关注重点客户，很少贴近小客户。他们的分支机构一般都设在省级城市。任正非看到了机会，他让华为建立与县局沟通的制度，将大量新员工调到市场第一线，让新员工去进行市场公关。但有华为内部员工反映：任正非的这种做法会导致华为的工作人员很难见到省级邮电的领导，而且去县级单位会很浪费。任正非坚持说："华为宁可多花钱，也要沟通。这样做并不是不节约，不下去跑当然能省钱，但节约是说在不需要浪费的地方节约，不该省的费用就不能省。"之后，华为的每一位副总裁每周都要抽出时间，跟客户面谈，了解客户的真实需求。这些见面的客户中，有相当一部分是小客户。

事实上，不仅仅是对国内客户，在国外市场，任正非同样坚持普遍客户原则。华为刚进入俄罗斯市场的时候，知名度很低，很多大客户都选择了华为友商的设备和服务。但是，华为人没有放弃，他们从小客户开始一点一滴地打开市场，不放过每一笔订单。华为在俄罗斯取得的第一笔订单仅有12美元。也正是凭借着这种坚持，最终才使俄罗斯成为华为当时在海外最大的市场。

不积跬步，无以至千里；不积小流，无以成江海。

5.3.3　主动帮助客户，满足客户业务以外的需求

主动帮助客户，帮助其渡过危机，既是华为以客户为中心的具体表现，也是华为社会责任的一种体现。

如何让客户心甘情愿地接受我们？心理学上的“互惠关系定律”给出了答案。它指出，对于大多数人而言，接受他人的恩情就如欠下一份债，在心理上就会产生负债感，总是希望能在未来的某一时间偿还这份债。在这种心理的作用下，他们就会作出相似的“回报”行为。对于销售人员来说，满足客户业务以外的需求也是一种对未来的投资。

【辅助阅读】互惠关系定律

对于“互惠关系定律”，康奈尔大学的里根教授（Dennis Regan）曾经做了一项有趣的实验。

研究人员把受试者分为两组，要求他们对一些画作出评分。画作共分两场，中间有一个休息时间。而且，在这两组受试者中，还混有里根教授安排的两位助理。

第一场评画活动结束之后，第一组中的“助理”跑到外面的商店买了一些可乐，一罐给自己，其余的随机分发给素昧平生的受试者；而第二组中，“助理”则买了一罐可乐，只给自己，没有给其他受试者。

之后，开始第二场评画活动。等受试者把所有画作都评过分后，“助理”便开始在小组中请求大家帮忙：“我正在销售一张0.25美元的新车摸彩奖券，如果我卖出得最多，就能拿到50美金的奖金。希望诸位朋友能够助我一臂之力，买我的奖券，买多少都行！”

结果，第一组中的受试者购买奖券的数量是第二组的两倍，有人甚至买了7张奖券；而第二组中，只有很少的受试者购买奖券，最多的只购买了1张。

这时，人们彼此之间的行为就会符合心理学上的“互惠关系定律”——信任的就会被信任，怀疑的就会被怀疑；给予的就会被给予，剥夺的就会被剥夺。

从长远的角度来看，最先付出的人不仅不会吃亏，反而会有更多收获。华为与客户患难与共，主动帮助其渡过难关，积极履行全球化企业社会责任。对此，任正非说：“我们向社会提供信息网络，这一全球网络需要永远保持稳定。在向社会提供服务时，整个行业必须专注于确保任何情况下网络的稳定和安全。这是所有网络设备商的终极社会责任，也是我们这些年来所做的。在发生灾难，例如军事冲突、地震、海啸、瘟疫和核污染的情况下，我们需要挑战自我，保持网络安全。”

任正非说的这些，华为人都一一做到了。面对灾难，华为赶往现场的速度比客户都快，他们总是想方设法，即便是步行也要走到现场抢救设备，保障通信。

2011年，百年一遇的洪灾席卷了半个泰国，数百万人受灾，客户方许多员工因家中被淹而返家救灾。华为作为泰国最大的通信设备和服务供应商与客户风雨同舟。洪灾造成各大运营商的站点和机房严重受损，通讯受阻。洪灾发生后，华为地区部成立了“防洪应急指挥组”，第一时间向各客户高层递交了网络保障建议书。同时建立值守保障机制，以保障网络安全；对中断的站点及时进行割接和搬迁。大家积极保护机房，围墙随洪水上涨越筑越高。

华为的合作伙伴运营商TRUE开始没有提出救援。华为就主动进驻，在机房周围抢修围墙。华为代表处一面安排人员值守机房，一面抽调人员随时待命。运营商TRUE的COO专门发来感谢信，他们以为华为员工早已撤走了。

负责 AIS 网络保障的工程师接到客户紧急求助后，驱车连夜赶往几百公里外的目的地。深夜到了之后发现，机房附近积水已达 1 米，在没有船只的情况下冒险涉水 30 分钟到达机房。同时，争分夺秒地搬迁，保障了该地区 40 多万用户正常通信安全。

对于救灾，任正非认为不需要特意宣传，不能用社会责任代替公司的形象和主流。他说："抗震救灾、资助教育……这些东西在《华为人》或外部媒体上发个花絮就可以了，不为客户服务的就是花絮，不说更好。"任正非主要想强调，为客户服务是华为的天职，不能因救灾而忘记自己的本职工作。

无论是华为的团队，还是个人都担负着一种社会责任。2011 年 3 月 11 日，日本东北部海域发生里氏 9.0 级地震并引发海啸。不久，福岛第一核电站发生爆炸。有的友商立刻撤到大阪，有的包飞机前往香港，而华为日本代表处依然坚守岗位。后来，华为董事长孙亚芳亲自到华为驻日本代表处慰问，客户非常吃惊，感叹道："别的服务商都跑了，华为的董事长竟然还亲自来了！"

无论是在亚洲，还是在非洲都能看到华为人保障通讯的身影。2014 年 7 月，埃博拉病毒在塞拉利昂出现。该国 A 运营商全网是某友商设备。8 月下旬，该友商两名代维工程师出于恐慌不辞而别。8 月底，该友商驻守人员全部撤离。客户 CEO 十分不满，致电华为该国某地代表处负责人，让其搬迁友商的全部设备。9 月初，客户说服了董事会，让华为在二期扩容中负责全网搬迁。这位负责人只要见到华为代表，第一句话都是"你怎么还在，我以为你走了"。在疫情爆发的几个月里，只要客户有需求，就会有代表处、地区部项目组、运营商解决方案、企业网解决方案、技术服务等方面的人前来。坚守总有回报，10 月，华为成功签下该国某项目；接着 11 月又拿到 B 运营商的首个设备订单，并奠定了未来良好的合作关系。

不打领带的客户关系不仅需要点滴积累，更需要关键事件的撬动。由于华为在疫情期间与客户共同进退，还能快速响应其需求，最终赢得了客户的信任与合作。

5.4 权力下沉，让一线指挥炮火

任正非在会见埃森哲董事长时说："我们要把一部分权力的指挥中心放到一线需要的地方去，让听得到炮声的人来呼唤炮火，避免公司机构过于庞大、官僚。随着流程的贯通，我们已逐渐听到了炮声。后方将是具备更强的专业服务与支持能力。"

5.4.1 让听得见炮声的人来决策

2009年新年伊始，任正非向华为全体员工发出了震耳欲聋的呐喊——"让听得见炮声的人来决策"。他特意强调："谁来呼唤炮火，应该让听得见炮声的人来决策。"华为自引入IPD以来，抓住了短期的机会窗，公司获得了快速成长，也保持了较高的盈利能力。后来，在很长一段时间里，销售主要是由销售部门来完成，再加之初期形成的垂直化管理模式，组织运行不够灵活，对前线的响应能力不足，决策和资源支持滞后，机关和前线之间缺乏了解。

正是出于上述原因，任正非才提出："把指挥所建在听得到炮声的地方，让听得到炮声的人呼唤炮火。"

【辅助阅读】任正非论"听得见炮火"

在华为，"听得见炮火的人"是贴近客户的团队，可以是销售人员、售前、售后技术人员等。任正非指出："第一个'炮火'是市场竞争中客户的需求、对方的情报和资源、市场环境等；第二个'炮火'则是公司赋予的各类资源，包括团队人员、支撑人员、成本、物流、设备等，所以这句话应该是'让听得见炮火的人有权呼叫炮火，在资源有限的情况下，优先、科学、快速地发射炮火，以获得最大收益'。"任正非还强调："要实现这个目标，我们就要构建这样涉及四个方面的体系：'能听到炮火''能听懂炮火''能呼叫炮火''炮火能呼之即来'。可见，'让听得见炮火的人呼叫炮火'不是简单的一句口号，而是对公司从上到下权力分配、资源流转、支撑服务、考核评价等一系列机制体制的重新构建，是对每一个功能节点职能的重新定位和赋予责任。"

能听得到炮火的团队既包括市场一线团队，也包括支撑服务团队，只有公司内部听到的炮火声音是一致的，才能做到理解一致，才能保证呼叫的准确性、支撑的及时性。

就在2010年年初，任正非明确表示："华为已从去年展开了组织结构及人力资源机制的改革，意图从过去的集权管理，过渡到分权制衡管理，让一线拥有更多的决策权，以便在千变万化的市场中及时地做出准确决策。"任正非从美国军队的变革中得到启发，信息化战争之前，一支军队由最高指挥官发布命令，然后层层传递至连长；反之，连长战时遇到敌情，则一级一级上报至本单位的最高指挥官，等待指令传达下来后展开行动。信息化战争后，美军强调重点打击，高精尖的作战团队应运而生，例如三角洲特种部队、游骑兵等。这些作战小队时刻处于作战一线，指挥权也全部向前沿延伸，由战时指挥官全权负责。美国有一步兵上尉对其在越南丛林战中的行为做了这样的说明："你问我怎么能在这样混乱的情况下使命令得以贯彻？我认为，如果士兵们在丛林里陷入敌人阵地而不知该怎么办，我又因距离太远而无法下达命令时，我的职责就是使他们知道自己该怎么办。他们该做什么，完全依赖于他们对形势的判断，我的做法是，责成现场的人自己做决定。"这就是任正非说的"打不打仗，后方决定；怎么打仗，前方说了算"。

任正非进一步解释说："我们现在的情况是，前方的作战部队，只有不到1/3的时间是用在找目标、找机会以及将机会转化为结果上，而大量的时间是用在频繁地与后方平台往返沟通协调上。而且后方应解决的问题让前方来协调，拖了作战部队的后腿……”让听得见炮声的人来决策，这是很多知名企业常用的管理方法，例如海底捞和麦当劳。

海底捞的创始人十分注重授权的管理，奉行让每位员工都成为管理者，积极参与到企业管理中来。在海底捞，副总、财务总监和大区经理有100万元以下开支的签字权，大宗采购部长、工程部长和小区经理有30万元的审批权，店长则有3万元以下的签字权。即便是海底捞的一线员工，也有着比同行大得多的权利——免单权。只要他们认为有必要，便可以给顾客免费送菜，甚至免掉一餐的费用。例如，在遇到顾客生日时，员工可以自行决定给顾客开设雅间，赠送果盘，给顾客一定的价格折扣。而且只要客户高兴，员工甚至可以暂时离开自己的岗位，与顾客一起庆祝。这种向“一线”授权的方式让员工更加贴近客户、管理更加灵活。

全球著名的快餐公司麦当劳曾在2002年连续11个月销量下降，第四季度亏损达3.44亿美元。2013年吉姆·坎塔卢波走马上任，经过调查发现，全球的快餐市场基本饱和，且大部分人已经厌倦了麦当劳提供的标准化食品。于是吉姆·坎塔卢波不得不艰难地进行变革，他强调“麦当劳现在的新老板是顾客”。紧接着他把资源管理权从公司统一管理部门下放至每个国家，甚至是每个行政地区的行政经理，由他们开发适合当地消费者口味的食品，如中国麦当劳提供豆浆和油条、法国麦当劳在汉堡上涂一层法国奶酪等。这一办法效果显著，到2010年营业额逐月上升。

海底捞和麦当劳都将重要的决策权下放至直接与客户打交道的经理、员工身上，这让他们能够更加及时地响应客户需求，赢得了客户的信赖和尊敬。其实，这与任正非提出的“让一线指挥炮火”的授权理念完全一致。华为的“让听得见炮声的人来决策”并不是心血来潮或是灵机一动想出来的，而是在发展过程中，不断总结经验教训，逐步领悟到这一“真谛”的。

华为把指挥所建到听得到炮声的地方，也就是客户所在的地方，目的是更好地服务客户、响应客户需求和抓住机会。让听得见炮声的人来决策强调

"前线指挥后方，而不是后方指挥前线"。任正非希望变革后，让一线组织的负责人通过 IT 来调配后方的资源，而不是拥有资源的人通过 IT 来指挥一线组织。

为此，华为还把计划预算核算权力、销售决策权力下放至一线。2011 年，华为开始大踏步地进军终端消费市场，成立了企业 BG 和消费者 BG，将决策权进一步前移。终端业务为了抢占互联网渠道，推出了"荣耀"品牌，并赋予荣耀团队独立设计和运营的权力，以更好地响应和把握市场。后来，荣耀团队围绕互联网渠道的特点发行手机，迎来销量井喷。

在任正非看来，长时间脱离一线的干部，已经失去了对"战场"的敏锐感和判断力。要解决现场问题，就必须把决策权交给那些听得见"炮火"的人。

5.4.2 选对能听懂炮火的人，充分授权

华为强调"让听得见炮声的人来呼唤炮火"，就是要求"一线指挥官"在前线发挥主导作用，指挥炮火的人必定是精英中的精英。

企业只有让最清楚市场形势的管理者指挥，才能快速抓住机会，取得辉煌的战果。任正非指出："带兵的班长要会打枪，否则怎么可能把这个班带好呢?"这也要求企业能正确把握市场方向，有强大的平台有效支撑一线组织，同时给予一线指挥官调度资源、及时决策等权力。

【辅助阅读】彼得·德鲁克谈授权

企业如何在现实工作中进行授权，以激发员工的参与热情，德鲁克提出了以下三点建议：

(1) 明确员工应该参与的任务。德鲁克认为："管理者的职责不是救火队员，而是处理例外事件。"管理者不应该凡事亲力亲为，而要将各项任务先行

区分、界定好，再来明确哪些任务应该授权，由哪位员工负责参与并执行。

（2）让员工独立解决问题。德鲁克建议管理者通过提问，让员工自己发现问题，自己找到定位，自己主动解决问题，激起员工参与工作的积极性。例如，管理者可以这样问："你认为我们组织的管理者，对你的工作应该了解些什么？你对我们这个组织有什么看法？你觉得我们还有哪些尚未开拓的机会？你觉得我们有哪些尚未察觉的危机？你希望从我这里知道些什么？"

（3）鼓励员工自主决策。关于这一点，德鲁克如是说："当一位员工能够主动思考如何执行，并为更好地执行而作出决策时，他已然成为一名管理者。"

德鲁克为我们带来了一些授权方面的启示和执行方法，我们可结合华为的授权手段一同认知和学习。华为在人才的选拔和任用上总是能给人带来"意外的惊喜"。2013 年，任正非提出了"少将连长"的人才模型，重点在于让高层下一线指挥炮火。他指出："传统金字塔的最底层，过去级别最低，他们恰恰是我们面对 CEO 团队、面对复杂项目、面对极端困难突破的着力点……过去的配置恰恰是最软着力点。"通常一个企业的人才梯队呈金字塔结构，越往上，意味着人才的经验更丰富、能力也越强。显然，这个现象被任正非注意到了。他委任企业的高层管理干部到一线做连长，目的是依靠他们优秀的领导力和较高的综合素质更好地指挥团队、精准呼叫炮火。可以看出，华为在直接面对客户的团队负责人的选择上，开始倾向于那些经验丰富、专业的具有资源整合能力的干部而不是以往那种敢打敢拼的新兵蛋子。尤其是在面对优质客户和重要的老客户时，"要把精锐的全能型'海军陆战队员'用来攻克难关"，任正非这样说。这样做也可以快速、准确抓住市场机会，尤其是在欧美国家这样的高价值市场。

任正非说明了一线战场需要怎样的人才后，又给出了连长的具体选拔标准，即"能听懂炮火"的人就是华为需要的"少将连长"。他具体解释说：

"不是简单的遵照指令坚决执行的人，是具有综合素质的一个团队的队长，要具有培养、锻炼队员合理组织工作的能力；与客户的沟通能力；将客户需求转化为产品组合的能力；不断学习新知识的能力；随市场而动，敏锐嗅觉的能力；能够敢于向不正确指令提出个人建议的能力等，这就是我们需要的'少将连长'。"

当然，华为不会直接从机关调集人员去做少将连长，这些人需要从一线中来，经历过实践考验。

2000 年 9 月，李一凡（化名）正式成为华为的员工，被分配到无线技术支持部的第一线，从事 GMSC35 新产品的技术支持工作。李一凡每天的工作就是现场开局、现场割接支持、远程支持问题处理等。一年以后，华为开始实施中国移动 GSM 目标网全网升级项目，李一凡则负责组织全网项目实施以及做好远程支持工作。工作任务很多，李一凡几乎每个月有 20 天都在公司过夜。在两年时间内，他现场支持了四十多个重大工程项目的割接，个人也就积累了扎实的专业知识和一线工作经验。第三年，李一凡就成为了无线产品二线技术支持工程师、国内 GSMNSS 产品责任人。第四年，李一凡就被调入北京分部，作为移动软交换长途汇接网项目的技术总负责。就这样，不到 4 年的时间里，李一凡从一名普通的一线技术员，成长为华为的技术骨干。

类似李一凡这样的人才就是任正非和华为眼中"少将连长"的不二人选。任正非说："少将有两种，一是少将当了连长，二是连长配了个少将衔。"少将当了连长，是指华为会选拔优秀的机关干部派往一线任职锻炼，进而发现具有做少将连长素质的人员，刚开始华为会重点关注具有"出色组织能力、敏锐捕捉机会能力和主动思考能力"的人员，然后把他们送入华为大学进行系统的专业培训，提高其带领小团队实践的能力，以及培养相应综合素质。凡具备这两项能力的少将将会成长为"少将连长"。连长配了个少将衔，是指破格提拔优秀的一线基层主管、骨干，同时提升职级、待遇等达到少将水准，但他还是连长而不是少将。

华为公司培养和选择好“少将连长”后，就赋予连长“呼叫炮火”的权力，也就是能够有效支撑市场竞争需要的权力，使其能够充分指挥团队和筛选出优质资源直接服务客户，从而创造更大的价值。授予“少将连长”的权力包括团队人员的选择、管理和任免；资源的自由调度；资金的使用额度；呼叫技术支撑的权限等。任正非指出：“只要是以市场发展、公司受益为目标的权力需求，公司都考虑给予下放。”同时，华为为了避免因授权不平衡而导致的管理和资源浪费，提出了集中支持、集中处理的方式解决共性问题，即各一线团队面临相同的问题时，共同使用公司赋予的资源，这些资源来自后方的大平台，例如重装旅、资源池、区域重大项目部等。对此，任正非强调：“大家要以一个共同的目标为指引，提高人员使用效率、提高工作效率的资源和职能需要集中的必须集中。”

在具体的授权过程中，华为还会依据项目情况规划和明确授予的权力类型、权力大小、权力使用效率等，做到合理授权和有效控权之间的平衡。面对授权可能带来的风险，任正非强调：“授权可能会被某些不道德的人利用而犯了错误，但权力仍要继续下放，要相信绝大多数干部的品质是好的。”

华为在让具有少将能力的人做连长的同时，还会按项目的价值与难度、产出贡献配备相应的资源，组建专业化团队，以支持少将连长在项目管理中获得盈利能力。在少将连长的人数上，华为希望多多益善。任正非说：“这些人数量的多少，将决定公司能够将战斗单元细分到什么程度，也就决定着对市场的反馈能不能做到更精细化。”

正如德鲁克指出的那样：“一个人若想为机构做出一些重要贡献，那他必须确认自己在工作上有哪些优势可以加以利用。”

5.4.3 对过程要监控，对结果要问责

值得注意的是，充分授权后也要适时监管。管理学大师德鲁克说：“授权不等于放任，必要时要能够时时监控。”权力是一柄双刃剑，赋予员工权力固

然可以为团队带来许多好处，但运用不当，很可能会阻碍团队发展和损伤公司的利益。

华为在向一线组织领导授权的同时，也时刻注意着权力的平衡与制约。任正非说："要不断加强权力下放，让听得见炮火的人发挥指挥作用，同时，也要加强监督和管理的作用。"意思是权力下放后，还要对"少将连长"的市场拓展行为做好监督；并对最终效果进行评估，对出现的问题进行问责。

【辅助阅读】虚假同感偏差

斯坦福大学的社会心理学教授李·罗斯研究发现："每个人都觉得别人和自己想的一样，但事实并非如此。"这种高估倾向性被称为"虚假同感偏差"。1977 年，李·罗斯教授进行了两项实证研究，证明了虚假同感偏差对人们的知觉和决策的影响。

第一项研究中，被试者被要求阅读一则有关冲突的文章，并按告知的两种方式回应。被试者要做三件事情：

（1）判断其他人会选择哪种方式；

（2）说出自己选择的方式；

（3）描述选择两种回应方式的人的特点。

实验结果显示，无论被试者选择哪一种回应方式，大多数人都认为别人会做出和自己相同的选择。这个实验证明了虚假同感偏差在大众思维中普遍存在。

在第二项研究中，李·罗斯和他的同事们选择了挂在人身上的广告牌做实验。

他们召集了一批大学生，问他们是否愿意身上挂有写着"来 Joe's 饭店吃饭"的广告牌在校园里走 30 分钟。实验之前，他们告诉被试者可以学到"一些有用的内容"，以作为这样做的原因。

结果，在那些同意挂广告牌的人中，有62%认为其他人也会同意挂广告牌；而在拒绝的被试者中，只有33%的人认为别人会同意这么做。

第二项实验的结果证实了第一项实验的发现。

正是由于认为他人的价值观与行为同自己的一致，所以人们才坚信自己的决策和行为的正确性。在企业管理中，虚假同感偏差对授权管理影响颇大，它会让授权者错误地认为授权对象一定能够完美地胜任这一角色，从而放弃对权力运行的干预。至于被授权者在运营中出现的各种问题，授权者则一无所知。摩托罗拉公司的CEO小高尔文，就曾经因过分高估属下员工的能力，放手让员工去做而没有对执行过程进行监督，最终付出了沉重的代价。

小高尔文是摩托罗拉创办人的孙子，因为他个性比较温和，所以当他接任摩托罗拉CEO时，员工们都公认他会是一个好领导。接任CEO以后，小高尔文想让那些高层主管们充分发挥他们的管理天赋，不想束缚他们的手脚，就将权力全部交给公司的管理者。

小高尔文的过度授权，导致他对公司真正的经营状况全然不知，因而制定的工作目标也不符合公司的发展实情。小高尔文曾经公开宣布要在2000年售出一亿部手机的目标，最终没有达到。其实早在几个月前，就有内部员工知道这一目标根本无法实现，只是小高尔文看不清状况罢了。此外，过度授权、缺少监管，导致公司内部各事业部门缺少协调，总是各自为政。比如，设计和制造出的每个产品的界限已分不清楚，极大地影响了摩托罗拉的运营。

2000年开始，摩托罗拉的市场占有率、股票市值、公司获利能力连连下跌。作为手机行业的龙头老大，却落得市场占有率只剩下13%的后果，几乎只有劲敌诺基亚的三分之一；股票市值也缩水72%。就这样，摩托罗拉只能接受15年来首次亏损的结局。

小高尔文实行对员工充分授权的举措是值得称赞的，但他应对放任下属而导致的亏损负有重大责任。任正非在这点上则不会听之任之。他指出：“既要坚定不移地实行权力下放，同时也要有相应严格的监督制度。企业发展壮大要求权力进行不断的再分配，要不断地下放权力，这样才能产生更多的资源并对之充分利用。但是如果对下放的资源不实施制约，任其放纵自流，就会产生危险。”为了发挥出授权应有的价值，华为实施了全方位的监督，包括业务盈利能力、廉洁程度、打压下属的问题、资金管理问题等，更有审计、道德遵从委员会定期审计少将连长所负责的地区。如果这个地区出现大面积的腐败，那么道德遵从委员会会因监督不力而受到处分，甚至连财务审计人员也要承担责任。这就是任正非所说的：“我们一边加强把权力放下去，一边要更强地形成监督的力量。”

在授权和监督的态度上，众多顶级企业的总裁们也纷纷发表自己的看法，张瑞敏喊出了“过度授权等于放弃权力”的口号。“权力分散后不等于下面的人可以为所欲为，接受权力的人必须服从集团整体利益在宏观上的要求和控制，要有责任感，要以契约的形式明确规范下来。”在他看来，授权及后续行为要以推动公司进步为导向，必要时要立“生死文书”。这在华为也比较普遍，一线团队的负责人经常会立下绩效承诺书、廉洁自律书等文件。

华为在监督的同时，会保持适度原则，以避免引起授权对象的不满，或干扰一线团队正常业务的展开。例如某个地区的经营考核按区域进行，而不是项目。也就是说公司只看该区域每个季度、年度要贡献多少总利润，至于该地区内哪些项目亏一点，哪些项目多赚一点，公司就不过问了。这种做法让华为一线团队在经营上更加灵活机动，能更有效地呼唤炮火。很多企业在过程监督中矫枉过正，致使员工纷纷“假积极”地工作，看似很努力但没有输出更好的成果，却也没有犯错。任正非指出：“所谓假积极，就是因为制度过分制约了他。”这对企业发展没有任何益处。任正非敏锐地观察到：“权力既要下放又要制约，是个辩证的矛盾。”华为一直致力于大平台的建设，就是希望能建立一个不依赖人、财、物的管理体系，让流程管人，削弱“人治”的作用；减少授权的数量和种类。这样做的一个好处是，少将连长将一直在做正确的事，这是因为流程已经为他设置好了路径。

权力下放后还要建立问责机制。审批不能代替监管，监管不能没有结果，审批是业务体系，监管是过程控制，问责机制是要解决问题，改善问题。建立问责机制，关键是要明确谁来负责、评价标准是什么、问责处置权限有哪些。总之，问责在华为要完成改善，直到闭环。

第6章 后方大平台支撑

华为的组织变革是以作战需求为中心的，后方平台要及时、准确地满足前线的需求。我们机构设置的目的，就是为作战，作战的目的，是取得利润。平台的客户就是前方作战部队，作战部队不需要的，就是多余的。后方平台是以支持前方为中心，按需要多少支持，来设立相应的组织，而且要提高后方业务的综合度，减少平台部门设置，减少内部协调，及时准确地服务前方。

——任正非

导语：建立大平台，全力支援一线组织

华为立足业务实践，经过多年摸索建立了以“大平台管理”为依托的组织结构。其目的有两个，一是摆脱公司对资金、技术和人才的依赖；二是最大程度地实现资源共享。

众所周知，华为一直在谋求管理进步，任正非提出了向管理要效益的口号，不断推进组织机制和流程变革，以降低管理内耗。华为的改革魄力和力度让人侧目，包括总部机关在内的各个部门都进行了精简和职能变革。如今华为的管理层级大为减少，运营效率大大提升，各级干部的职能也发生了转变，主要以服务和支撑类为主。企业和干部的活力都得到了释放。

大平台的作用最终体现在一线作战上，即“小前方，大后方”的战略。华为建立了贴近客户的敏捷化组织，全面实施精兵化战略，这些一线作战单元被授予了各种呼唤炮火的权力；而大平台就是为他们提供炮火支援。华为几大平台互为补充，有提供财务支持的，有提供解决方案的，有提供技术援助的，等等。总之，用任正非的话来说，就是“一两个人在前面作战，但后方有几百人、数千人在提供支持”。

本章将重点介绍华为建立大平台的现实需求，以及运转模式。

带着问题阅读：

1. 任正非强调向管理要效益是如何落实的？
2. 华为的机关单位在变革后，职能上发生了哪些转变？
3. 华为建立大平台的背景是什么？如何优化资源利用？
4. 华为的大平台如何运转，前后方是如何连接的？

6.1 持续推动科学管理体系的建设

华为建立了两个管理体系：一个是管理架构、流程与IT支撑的管理体系，一个是对人的管理和激励机制。任正非认为这种无生命的管理体系，是华为未来的巨大财富。他强调，只要坚持这个管理体系，将来无论发生什么，华为都不会崩溃。

6.1.1 推进组织机制和流程的改进

机制和流程是一个企业战胜对手、保持永续经营的关键。任正非说：“华为红旗到底能打多久？我们的机制和流程经过不断优化，形成一种良好的循环机制后，就逐步将人的因素和企业的运行机制相分离，任何人离开这个企业后，机制还是会很好地不断运行下去，这就是华为红旗到底能打多久的关键因素。”

这意味着未来的竞争，是管理竞争。因而企业在管理上必须具备快速的响应和调整速度，以适应变化的市场。管理大师加里·哈默说：“我曾梦想有这样一种组织，它能够不断自我颠覆，且不会因转型而造成苦痛的创伤。我也梦想有这样一种商业，变革者永远能够冲破一切阻碍，使创新的电流波及组织中的每一个行为。我也梦想有这样一种公司，能够真正发挥每个人的激情和创造力，能够真正地让每个人自愿奉献一切。”他口中的组织显然也是任正非所期望的组织。

【辅助阅读】创造未来的高绩效组织

著名的管理学者尤尔根·阿佩罗总结出了高绩效组织的五项基本要素，这些要素是从许多成功企业身上总结而来的。

要素一：战略灵敏度。组织能够比竞争对手看得更远，具有对当前和未来的敏锐的洞察能力。

要素二：变革的速度。组织能够在竞争激烈的市场中，具有快速的响应和调整能力，以应对未来的不确定性。

要素三：资源的流动性。组织的快速响应能力，要求组织能够将人、资金、技术、物等资源，在任何时候投送到公司业务活动所需的任何地方。

要素四：集体承诺。组织的高层能够坚定持续不断地支持快速响应、非传统的变革或学习，这要求企业拥有一个强有力的领导班子。

要素五：管理以人为本。组织具有以人为本的文化，以持续不断地挖掘出员工的潜力和建立最快速度响应的组织。

敏锐洞察未来，快速响应，抓住战略机会是华为进行组织机制和流程变革的依据。任正非指出，未来华为战胜对手的关键因素不是技术、资金、人才，而是管理和服务。任何企业没有优良的管理都难以保持竞争优势。以福特汽车公司为例，其两次衰落都与老福特及福特二世的管理方式密切相关。老福特时代，凡事都是他一个人说了算，很少听取管理层的意见，导致企业内各层次的员工积极性和主动性受到抑制，人浮于事，产品严重缺乏创造力。福特二世时代虽然起初注意到了父亲管理上的问题，但他仍旧没有摆脱我行我素的经营方

式，最终导致福特这个汽车巨人奄奄一息。两位福特以刻板而严厉的方式管理企业，即便是在社会变革的新浪潮下也是如此。

领导力大师沃伦·本尼斯指出："每当一个社会系统在时代的持续变化中为了生存而竞争时，它就会培养出一些特定的组织行为。"我们可理解为，社会系统的变化迫使组织不断进行自我优化，以维持生存和竞争。这与任正非的变革观念非常一致。他曾指出："只要公司的机制和流程的建设是很好的，就能极大地推动公司的进步，华为曾经是一个'英雄'创造历史的小公司，正逐渐演变为一个职业化管理的具有一定规模的公司。淡化英雄色彩，特别是淡化领导者、创业者们个人的色彩，是实现职业化管理的必然之路。只有管理职业化、流程化才能真正提高一个大公司的运作效率，降低管理内耗。"这与两位福特的管理观念完全迥异。在华为发展史上，组织和管理随着企业规模和市场变化而不断变化。

1999 年之前，华为与现在很多企业一样，采用垂直职能制，指挥命令系统一竿子插到底。后来，任正非发现生产出来的产品数量大、品类多，而且市场也不断扩大，原有的垂直职能制管理起来无法全面覆盖，于是决定分权。当时中国人民大学商学院的一位教授以 GE 组织结构为蓝本，设计了一个事业部组织模式。任正非与众人讨论后认为，GE 的分权事业部不利华为当前的发展形势，各事业部容易坐大，总部的控制权会被削弱，无法形成整体竞争优势。后来华为结合企业发展的实际情况采用了矩阵型组织结构，以业务流程为导向，在全球范围内设置了片区、地区、办事处、代表处，将管理职能垂直落地。但很快，由于市场扩张太快、战线太长，矩阵组织结构下的流程越来越长，协调也变得越来越困难。所以，在 2006 年又提出"满足客户需求"优化组织的建设口号。2007 年之后，任正非依据华为苏丹代表处的工作方式，提出"铁三角"组织模式，一心让"听得见炮火的人来决策"，同时打造重装旅等支撑性平台，并提出"前端综合化、后端专业化"的战略理念。

2009 年之后，华为的组织变革再次启动，将原来的销售部门打散，按业务单元把销售、产品、服务部门纳入同一个经营单元，即铁三角业务模式，并在华为全球市场推行。

华为认为推动公司前进的最主要因素是机制和流程，因而一直坚持积极的变革，重视组织内各级管理体系的建设。与华为处于同时代的企业非常多，但只有华为活了下来。在2002年的互联网危机爆发时，行业内外的企业都纷纷裁员自保，而华为还在谈管理。尽管华为也面临着业绩下滑、人员流失等困境，但还是完成了人力资源系统、管理体系、流程体系等一系列管理体系的建设和改善。也正是通过这一阶段的管理变革，华为成为国内第一，并开始走向海外。任正非指出："某种意义上看某些公司不比华为差，为什么没有发展起来，就是没有融入管理，什么东西都是可以买来的，唯有管理是买不来的。我认为，无论经济可以发展多么好，不管高铁可以多么快，如果没有管理，豆腐渣是要垮掉的，高铁是会翻到太平洋的。"

企业要发展，要竞争，没有管理人才，没有管理水平是万万不行的。像我们所说的德国、日本那些百年企业，包括美国的IBM、谷歌都是依靠管理才成功的。不过，管理是一个非常宏大的工程，不是几个高级人才就能搞出来的，要靠全体员工共同努力才能实现。

6.1.2 管理的最高境界是"无为而治"

"我们不是靠人来领导这个公司，我们用规则的确定性来对付结果的不确定。"任正非曾在多个场合下强调他的这种管理理念，无论是面对媒体，还是内部人。对他而言，"无为而治"是管理的最高境界，也是最好的管理状态。世界顶级管理企业和管理大师也在不断探索和实践这一主张。

1998年，任正非在《华为的红旗到底能打多久》一文中就说道："一个企业的内、外发展规律是否真正认识清楚，管理是否可以做到无为而治，这是需要我们一代又一代的优秀员工不断探索的问题。只要我们努力，就一定可以从必然王国走向自由王同。"这是任正非对管理的探索和追求。

【辅助阅读】

管理学者比尔·费舍尔指出：“当世界从偶然的变化向持续性变革演进时，组织也必须要与之相适应。”

管理学者约翰·西利·布朗和约翰·哈格尔拉的“拉动力”理论认为，在面对更加复杂和不可预测的市场变化时，最好的经营模式是发挥自主管理的力量。那种“将资源权力集中在少数人手上”“凡事由上往下推动”的经营模式已经不适应当下的环境，必须推进更开放、更具协作性的经营模式——以拉动力促进企业的成长。

管理学者大卫·保利尔这样评价“拉动力”管理：“它能够充分利用参与者的热情、承诺和渴望，从而能使分散的具有快速响应能力的单位迅速结合起来，并开始运转。拉动力管理能比官僚化和标准化的推动管理更好地配置和利用资源。”

管理学者伊夫·多茨和米克·科索宁认为，市场的快速变化导致企业战略规划的失败率增加。他们的结论是，在快速变化和复杂商业环境中，组织需要改变依靠经验决策的行为，转而培养能够快速调动组织内的创新、资源和人才的能力。最终，构建以“团队承诺”为核心的文化氛围，使敏锐地感知周边的环境，并产生自主的行动力。

所有这些分析都说明，只有建立基于“市场化”管理，也就是无为而治，才能做到管理的最高境界。任正非曾这样形容“无为而治”：“即使我们睡着了，长江水照样不断地流，不断地优化，再不断地流，再不断地优化，循环不止，不断升华。这就是最好的无为而治。这种无为而治就是我们要追求的目标。”管理学上有一个观点：管理的最高境界就是不控制也能达到目标。这实际上就是“无为而无不为”。《华为公司基本法》的制定就是为了使公司达到这种境界，它引导着华为不断前进，为华为各层级开展业务活动指明了方向。美国晨星公司的规模和利润在20年里不间断地保持增长，其奥秘也在于此。

管理大师加里·哈默对晨星公司有着深入的研究。他指出，晨星公司的员工没有上级，也没有职位；没有提拔和晋升机制，薪酬取决于同事的评价；员工通过相互沟通和协作完成各自的任务；每个人自己负责工作所需的资源，必要时可以用公司的钱购买。

晨星公司的所有员工都自动自发地进行工作，每个人都是自己的老板，工作中主动与同事、客户、供应商沟通并协调自己的工作计划和进度。晨星公司通过一系列的管理措施来实现“无为而治”的管理。包括：

（1）目标管理：管理层将公司总目标按天分解至个人任务表中。

（2）同事谅解函：说明各自之间正式的业务关系，明确实现和衡量的步骤。

（3）内部供求协议谈判：每年，内部23个业务单位之间进行供求协议谈判。

（4）信息公开：公司所有业务、财务等信息全部公开。

（5）纠纷调解机制：建立同事间的纠纷调解机制，出现纠纷，该机制立即触发。

（6）业绩评估：建立基于SBU的业绩评估机制，让同事相互评价对方工作成绩。

…………

晨星公司的这些举措相辅相成，相互强化，使每个人都成为管理者。晨星公司相当于在公司内部建立了一个高度“市场化”组织。加里·哈默指出，这些员工做了经理人所不能做的事情。任正非也认为，把公司治理的希望寄托在一个人身上时，是很危险、很脆弱的。他说：“我们不能把公司的希望寄托在一个人的生命和智慧之上。华为公司通过贯彻集体委员会制度后，在管理上进一步完成了体系转变，走上了良好的自我运行、自我调整、自我优化的轨道。”晨星公司实际上是建立了一个“无为而治”的管理体系，靠着这个体系公司不断向前滚动。任正非说“成功的外国公司的大老板成天打高尔夫球，而我们的高层领导疲惫不堪”，就是因为未达到晨星公司那种“无为而无不为”的管理境界。

企业管理中总有一只“有形的手”来指挥企业，让管理陷入低效率和笨拙，这显然是任正非所不愿意看到的。他希望华为不需要管理层疲于奔命，就自动地向成功奔去。华为历经二十余年，建立了宝贵的不依赖于人、财、物的管理体系，牵引着华为滚滚向前。

曾有人问任正非：“你怎么一天到晚游手好闲?”他回答：“我是管长江的堤坝的，长江不发洪水就没有我的事。即使发了大洪水，我们早就有预防大洪水的方案，也没有我的事。”这就是任正非对“无为而治”管理理念的一种诠释。

6.1.3　持续不断地向管理要效益

华为业务量和效益日益增长时，任正非指出：“我们现在利润不是来自于管理，而是来自于增长，如果明天没有增长了，我们公司可能就利润为负、现金流为负了。”因而他强调公司在没有出现负增长之前，要不断地向管理要效益。对于企业而言应有长远的打算，不能因短期收益而沾沾自喜。用任正非的话来说就是：“不能一边救今天的火，一边埋明天的雷。”

“有利于潜力增长，有利于效益增长，有利于组织和文化的一致性”是华为永恒的管理主题，这也驱动华为从组织内部各个方面想方设法地提升组织的竞争能力和生存能力。

【辅助阅读】任正非“我们能够留给后人的财富只有管理”

任正非的话处处透露着理性与平实。在谈到管理时，他说：“我们为什么始终重视管理？因为留给我们的财富就是管理！如果没有管理，这个企业能留给我们什么？就是一大堆债务。我们认为企业在变革过程中，至少在泡沫经济年代，我们用积累的资金引进、改良、自创的管理变革已经接近成功，摆脱了这个困境，摆脱了这种瓶颈，使我们有可能成功，而不是有可能失败。所以我认为，这种无生命的管理体系不仅我们要自己学会，而且一定要把它融会贯通，要把它推广下去，改变自己的工作作风。无生命的管理体系，是需要有生命的员工来执行和完善的。”

这也是任正非不断提出向管理要效益的原因所在。他指出：“华为公司的人均效益和西方公司比较至少要低2/3以上，那么我们浪费的是什么呢？是资源和时间，这是由管理无效造成的。”他意识到，与世界级企业相比华为的效益产出还很低。因而华为初创时期就不断向IBM学习，林林总总的变革就是要从根本上谋求改变，向管理要效益。企业有良好的进步愿望，也要有良好的管理方法与手段。企业经营者应在一开始或企业形势比较好的时候，抓住机会，坚定不移地推动管理变革。否则，越晚变革成本越大，甚至会将企业拖入死亡。

当我们看到与其他企业的差距时不要悲观，差距是我们进步的空间；当我们与其距离缩短的时候，就释放了极大的潜能。任正非指出：“管理能够大幅度提高潜在效率，公司的潜力也正是管理。各级部门都要格外重视管理的进步，短期内效益有可能会降下来，但从长远看会提高。”从创立至今，华为已进行了数个阶段的管理革新。

自主优化阶段。从1988年创立到1998年的十年里，华为的管理变革主要是以解决问题为主，无论是《华为公司基本法》的起草还是各职能的优化，全都是自己摸索着进行的。这也是大多数创业型企业所必须经历的一个过程。

引进复制阶段。从1998年到2008年的十年里，华为陆续与国际知名公司合作，引入研发体系、薪酬体系、财务体系等。华为通过对成功者的学习和借鉴提升了管理水平。

创新发展阶段。2008 年以后，华为在精简机关和流程的同时，还弱化财务结算，优化价值评价的分配机制。同时，加强了对一线的授权，实施了以一线作战为中心的组织与流程变革，实现了机关向服务、监管的转身。不仅如此，任正非还注重向华为高层传递“向管理要效益”的信号，高层也逐渐达成普遍共识。

以客户为中心的全面发展阶段。2014 年左右，华为开始聚焦“以客户为中心”的战略，并进行管理变革，最显著的就是大平台体系的建立以及精兵策略的运用。它们能够快速响应和满足客户需求，并最大限度地实现资源共享和优化配置，减少因不确定的因素影响确定的事。

彼得·圣吉曾经说过，一个企业实现效益最大化的条件就是，拥有一套科学合理的管理制度，并且有一套可靠的生产、供应系统。华为今天的成功，很大程度上是源于它能不断地优化自己的管理，从科学的管理中攫取效益。坚决向管理要效益，唯有这个办法才能牵引企业持续发展下去。华为的管理方法和手段值得我们学习和借鉴。

所有企业都能够认识到规范化管理的重要性，但却难以执行到位。现代企业中员工的文化层次越来越高，如果不规范管理，那么，各行其是的人也越来越多，管理也就越没有希望。2016 年发生的“阿里巴巴月饼门”事件闹得沸沸扬扬，阿里巴巴五位技术人员利用职务之便在内网刷月饼被开除。我们说既然企业有规定在先，触犯了就要执行，这就是规范化管理。华为的中研部成立后，有人给任正非递纸条，认为规范化管理的条条框框会降低部门成员的创新效率。任正非也写了张纸条给这个人：“如果中研部的工具库、数据库，甚至每个功能模块、每段程序都不规范，拿什么去拼出一个具有创造性思维的产品呢？不规范管理将导致公司越大，效益越低，矛盾越多，越没有竞争潜力，最后就破产了。”任正非认为，没有规范化，队伍就会溃不成军，管理的成果得不到巩固，效益也不可能提高。

提高效率，要减少无效工作，加班加点埋头苦干这种增加劳动强度的工作方法并不能提升工作效率。任正非举例指出：“研发越高级的技术，大家就越兴奋，越去研究，职务和工资也越来越高，简单的技术反而不愿意去研究。如果我们减少 20% 的无效工作，那么既节约了成本，也不用加班加点。”

减少不必要的重复劳动。有些企业总是会为了执行流程而设置许多岗位，反而加重了执行阻力。在华为会精简那些重复的工作流程，以提高单位时间的效益。华为的运营商 BG 和企业网 BG 曾经都在研究 IP，后来通过变革重新整合，释放了重复劳动力，不仅减少了浪费，而且还增加了很多利润。

设置人均效率改进目标。华为通过合理设定人均效率改进目标，来牵引业务。其具体措施为降低招聘速度，重点提升现有员工的人均效率，不再一味追求用人员规模来支撑业务发展。任正非指出：“过低的人均效益要求必然带来组织的过度膨胀和机构臃肿。”华为的人力资源委员会在董事会授权范围内根据业务发展和管理的实际情况，制定人均效益持续改进的管理机制，并执行和监管，包括考核指标、评估结果应用等相关数据。

一个企业最重要、最核心的追求就是长远地、持续地向管理要效益。

6.2 机关单位去中心化，强化服务意识

华为素来以服务来定队伍建设的宗旨，让所有的业务活动都以客户需求为导向，即便是机关单位也都以服务一线为己任。任正非反复强调，在华为领导层决不能有官僚习气，事无巨细都要向上级请示的行为，会将公司发展引入一个完全按领导者意志行进的误区。

6.2.1 精简机关，减少管理层级

杰克·韦尔奇曾说：“管理层级就像羊毛衫，当你穿了好多件时，你就不

知道外面到底冷不冷。”清除不必要的管理层级可以让组织更贴近客户，有助于快速响应客户需求、应对各种情况的发生和完成决策过程。

市场变化了，客户需求也变化了，企业的机关就要少一点。任正非指出：“当年我们从小公司走向大公司时，分工过细。现在我们使用的工具先进了，很多流程打通了，功能组织也要综合化，不仅要减少层级，也要缩小规模，几个组织合并成一个组织。如商务合同评审的专业组织，应该涵盖运营商 BG、企业网 BG，没有必要成立两个平台。”新形势下，华为开始了组织结构优化工作。

【辅助阅读】GE 公司的扁平化变革

20 世纪 80 年代，GE 公司约有 40 万员工，其中有经理头衔的超过万人，从一线工厂到 CEO 有十多个管理层级。GE 公司一位董事说：层级代表一个企业有组织、有纪律。但实际上这是典型的金字塔式的组织结构。新上任的 CEO 杰克 · 韦尔奇决定消除管理阶级，实施扁平化组织管理。经过变革，GE 公司的管理层级从生产车间到 CEO 只有 6 个层级。韦尔奇指出，组织的扁平化在于：改善了管理功能，让组织更灵活。扁平化组织相对于金字塔组织有着鲜明的特点：

（1）以业务流程而不是部门职能来设置层级；

（2）业务流程以客户需求为导向；

（3）取消金字塔结构的中间层级，增加管理宽度；

（4）越到执行层级的机构获得越多的授权。

此外，扁平化组织的建立和发展，需要综合型人才、跨部门团队以及共享中心的支撑。

如今的华为已经进入了一个相对平缓而稳定的发展阶段，业务发展也转向

整体服务的解决方案。因此，华为开始着手精简行政组织机构、减少管理层级和行政人员。任正非之所以能够大刀阔斧地精简机关，也与华为的 IT 建设有关，经过多年建设的“IT”已经能够支撑企业全球业务的开展，日常工作、资源调配、财务结算、解决方案、供应链管理等都可以通过网络完成，减少了对人的依赖。

对此，任正非说：“庙小一点，方丈减几个，和尚少一点，机关的改革就是这样。总的原则是我们一定要压缩机关，为什么？由于 IT 平台的实现，我们管理信息的传递，已经比较有效。过去的管理层级，应该可以减少。这么多层级，一是管理速度慢，二是增加了许多非生产性的管理人员，降低了效率，增加了成本。”华为常务董事、产品与解决方案总裁丁耘更是指出：“主流程应坚持简洁高效的原则，原则上不超过 5 个审批点。”

华为认为过多的层级对企业有百害而无一利，撤销管理层次并扩大管理宽度，也可以确保更多的优秀干部到一线市场创造价值；留下的干部则不会过分地热衷于决策。企业应该清醒地认识到，华为精简机关，关心的不是怎样消除层级体系，而是怎样建立一个适应发展的新的健康的机关体系。例如华为全球销售总部，曾领导全球上百个国家分支机构的数万人，精简机关后主要起参谋服务的作用，人数不到百人。对于大多数与华为一样的知名企业来说，他们精简层级的出发点在于，如何让组织的结构满足未来商业成功的要求——速度、灵活性、创新性和整合性。相比之下，那些围绕规模、角色、专业化和控制等要素来设计组织层级的企业，在迅速变化的市场和信息化下，组织机能开始失调。

苹果（Apple）公司的史蒂夫·乔布斯和史蒂夫·沃兹尼亚克开发了最早的家用计算机。其实在 1973 年，施乐公司帕洛阿尔托研究中心的工程师就已经开发出了第一台个人计算机，它首次使用鼠标驱动和桌面比拟的图形用户界面技术。这比苹果公司推出 Apple Ⅰ的时间早了三年。传闻史蒂夫·乔布斯参观完帕洛阿尔托研究中心后，在苹果系统上添加了屏幕拖拽、菜单栏、下拉菜单以及复制粘贴等功能。当时帕洛阿尔托研究中心的工程师未能说服公司的高层接受他们的创意，施乐公司的高层认为这与复印机不相关，也没有兴趣生产个人计算机，所以他们的创意没有得到足够的重视和资助。这些工程师们认为等级森严的组织层级严重阻碍了高层决策的方向，因为高层有更重要的事情等着决策，像一个还在实验室的样品这样的小事还不足以引起他们的重视。他们感到失望，很多核心的工程师带着所掌握的技术离开了施乐公司，其中许多人去了等级不那么森严的苹果公司。而苹果公司后续推出的 Apple Ⅱ 电脑大获成功。

施乐公司过多的层级让管理人员的决策变慢、变迟钝，起码在对待个人电脑这件事上没有引起足够的重视。太多的管理层级让高层在决策时只见森林不见树木，一些能够引起巨变的小创意或建议，往往被忽略，或暂时搁置一边。华为在管理中极力避免此种情况的发生，不断优化管理，精简机关、压缩干部数量。为此，华为开始了各种有效的改善活动。

本着对事负责的原则精简机关。任正非指出："执行流程的人，是对事情负责，这就是对事负责制。事事请示，就是对人负责制。"在华为内部曾存在着干部习惯于事事都请示上级，由此产生了许多审批部门。例如在采购上，批量采购与单件采购的手续完全相同，正确的做法应该是优化审批流程，诸如单件采购在授权范围内不必请示，快速让它通过。任正非认为这样的部门是在制造垃圾，他说："这些垃圾又进入分捡、清理，制造一些人的工作机会。制造这些复杂的文件，搞了一些复杂的程序，以及不必要的报表、文件，来养活一些不必要养活的机关干部。"如此一来，层级越来越多，失去了存在的意义。因而任正非一再强调要尽力精简机关，简化不必要确认的东西和不重要的环节。

任正非认为，精简机关还要"压缩管理干部的数量，加强专业及业务工作的队列人数，改变非生产人员的比例。同时要努力提高专业与业务人员的工作量及工作效率，进一步减少人员数量"。机关减少了，剩下的管理人员必须是能力出众的，能很好地管理幅度更广的业务，否则人数虽然减少了，也同样达不到提升效率的目的。华为在干部的配置上是以能满足“质量好、服务好、成本低”的基本数量为基础。一切多余的干部设置，任正非认为都不利于这一目的的达成。华为对于那些不打粮食的干部一律淘汰，让那些有责任心、有协调能力的，有见地又敢于向上级报告真实情况的，富于创新精神又踏踏实实工作的员工走上管理岗位；对岗位的设置，不强求处处都是高学历。在任正非看来，高学历就是高成本，对于流程规范、操作明晰的岗位，会开放专科生上岗。

华为在精简机关、压缩干部数量的同时，还注重利益的重新分配，以确保变革能够平滑过渡，避免引起激烈的动荡。

任正非毫不避讳地指出：“要以正确的心态面对变革。什么是变革？就是利益的重新分配。”重新分配利益对组织来说是一件大事，必须要有一个强有力的管理机构来执行。利益分配永远不可能完全平衡，这就要求管理机构尽量平衡各个方面的利益。伴随中间层级的消失，华为及时将压缩下来的干部转移到专业及业务管理的岗位上去，也就是能创造价值的岗位；或是送入项目资源池进行培训，作为后备人员等候一线市场的召唤。华为尽可能地避免过度裁员。面对利益重新分配，华为一再强调要有一个正确的心态来对待，否则变革是不可能被接受的。

6.2.2 打破部门间的壁垒，协同作战

打破部门间的壁垒，与精简机关一样都是机关单位去中心化强化服务意识的具体表现。当下，大多数企业，尤其是中国企业依然围绕专业来划分部门，例如销售部、设计部、工程部、生产部、采购部、市场部、人力资源部和行政管理部等。有些大型企业可能拥有 30 个以上这样的部门，而每个部门又都有自己的专业小组。这些部门都具有自己安排日程和资源的权力。我们可以看到一个部门繁多而整齐划一的组织结构。

【辅助阅读】组织的横向传递能力

管理大师戴维·尤里奇和他的同伴们曾对组织的横向传递能力进行了深入研究，他认为，权力或决策的横向传递可以通过三种方法来实现。

第一种传递方法：赋予团队就工作流程作出决策的权力。

第二种传递方法：通过例行协商来达成一致，强化团队决策。例如，一个团队可以在领域内的流程作出决策；但当决策可能会影响到领域外内容，团队就要在确定决策之前，全面与将会受到影响的组织进行沟通。

第三种传递方法：组织必须有一个跨职能的指导委员会，其职责就是要作出一个跨越职能的共同认可的决定。例如某个企业的委员会由来自设计、生产、财务、市场营销和质量等部门的领导者组成。每当一个项目团队面临一个重要的决定时，项目领导者就会召集指导委员会寻求支持。

戴维·尤里奇设计的横向传递能力，为我们提供了打破部门墙的一些思路。我们在这里无意探讨不同组织结构的优劣，我们的目的是提供如何打破部门间可能或已形成的壁垒，实施协同作战共同实现企业的整体目标的解决方案。当一个企业计划制造一款新产品时，必须要几个部门一个接一个地行动，可能会耗费相当长的时间和巨大的资源。

社会学家布鲁斯·菲利普斯发现，在 20 世纪 70 年代末期，美国几大汽车制造商打算生产“满足客户需求的汽车”以占领底特律市场。他们通常会按顺序开发，也就是相关部门严格按部门责任一个接一个地单独完成各自环节，这一过程为：市场部提供调查数据，研发部门设计出“新产品”，然后把图纸转交给工程部，工程部再生产样品时需要重新修正，随后，工程部把样品和数据转交给制造部，制造部在制造过程中为了便于组装新车会重新设计，最后把新产品送交市场部。但是市场部无法卖出去，因为它早在几年前就过时了。而日本汽车制造商从设计到生产出成品只需要美国汽车制造商一半的时间，结果日本汽车顺利地占领了底特律市场。

在今天看来，案例中的美国汽车制造商的生产方式是一种不合理的流动，部门间缺乏协同和服务意识。在面对这样的局面时，华为强调各部门工作的开展都要以商品化为导向。就如任正非指出的那样："我们的产品经理要对研发、中试、生产、售后服务、产品行销……负责任，贯彻了沿产品生命线的一体化管理方式。"就是要建立商品意识，紧紧抓住产品的商品化，从设计开始，各个部门就要构建技术、质量、成本和服务的优势。

当这种部门壁垒变得容易穿透时，人们就会发现各个部门可以并行工作，本应按顺序进行的业务流程能够同时进行。例如医药公司的新药研发是一个相当漫长的过程，某著名医药公司为了缩短周期，成立了数个"数据分析与报告团队"取代了众多的临床操作部门。每个团队都包含了新药研发所需的临床操作过程。工作中，数据分析与报告团队通过并行合作来缩短过程周期的目标。

部门壁垒的另一个表现就是，各部门间争先保护自己的势力范围，使局部目标优于企业目标。尽管其他部门需要资源来完成企业目标，但有些部门偏偏不那样做。尤其是几个部门共同完成一个项目时，争端愈发明显，这表现在控制权的争夺和利益的分配上。有些公司为了解决这个问题，例如通用公司，会召开员工大会，来确定各部门的可接受性，进而相互配合工作。跳出部门以广阔的视野看业务运营，能够降低势力范围之争。在华为，任正非指出各部门的工作要以成果为导向，各部门及员工都要以商品化的思维去组织工作，以最终实现产品和服务的商品化目标。

1996年，中国邮电部允许交换机嵌入其他厂家的用户模块。华为摩拳擦掌，但接入网产品与交换机业务部的远端模块冲突，且交换机业务部又隶属中研部。由于是在一个部门开发，接入网产品所需的资源得不到保障，研发进度缓慢。而老对手中兴的接入网产品在市场上占有率很高，新对手UT斯达康也借接入网产品在中国市场上风生水起。华为公司市场部频频告急。最后，在任正非的主持下，中研部专门成立了以交换机业务部、传输业务部、无线业务部、多媒体业务部共同参与的跨部门接入网新产品研发团队。此举实现了研发资源的共享，发挥了产品和技术的组合优势。各部门都选调核心技术人员参加项目组，在项目组的统一安排下开展各项工作。同时，各部对接入网产品的相关内容提供大量技术支持。跨部门项目组成立后三个月内，就一举突破了接入网新产品的关键技术，并且在组建接入网络，ETS 无线接入、会议电视等方面，率先提出并实现了商用。

起初，华为中研部接入网产品研发缓慢，这是因为中研部独自开发，其他部门因不是自己的职责而未予以积极配合，直接导致中研部的接入网产品无法与其他模块对接。后来在任正非的主持下才打通各部门自己的势力范围，完成产品研发。企业遇到这种情况时，应及时采取对策，避免陷入各自为政的困境。

我们可以看到，华为在解决部门壁垒的时候，采用了以项目为中心的管理模式进行市场开发、产品研发和客户服务，一举降低了职能部门直接干预的困扰。

6.2.3 服务好内部客户也是打粮食

为了更好地促进部门间业务的有效开展，华为还引入了“内部客户”的概念。在国内公司中，早期强调服务内部客户的企业并不多见，而华为恰恰是践行内部客户制度较早的企业之一。

任正非在 1996 年内部讲话时说：“公司以前是市场化运作的，做出了一些成绩，但内部体系却不能很好地从上至下贯彻下来，我们现在要做的，是建立一种内部客户的概念。什么叫内部客户，说简洁些，就是你的同事也是你的衣食父母。人事行政部门不要觉得你们是管理销售部和生产部门的，你们需要做的是服务，包括华为中高层和各个主管也是一样，如果你们不把下属都服务好了，谁能来为你把工作做好？谁能来为企业创造效益？所以，先搞好内部客户，再去说你能做到以客户为中心。”

【辅助阅读】华为的秘书服务体系

1998 年，华为引进英国 NVQ（National Vocational Qualification）文秘（或行政管理）职业标准体系，称为华为秘书体系。华为秘书体系隶属于华为人力资源部，是公司业务的重要保障队伍，目前华为全球秘书约 2 000 余人。

任正非对秘书的职能做了准确地说明。他说：“化学家童第周要洗试管，我认为洗试管没有必要让一个科学家来做，他不做这件事，会多做一些别的事，为国家多做一些贡献。我们就是为了降低整个企业的总体成本，才建立秘书服务队伍的。如果我们不想降低成本，那么我们让研究开发人员、高级管理人员自己拖地板、装订文件，无疑减慢了他们的工作速度，降低了工作效率。这就是我们所说的服务的概念，归根到底就是解放生产力……我曾经在市场部讲过，办事处的行政秘书就是管家婆，把这个家乱七八糟的事情管理起来，主任就可以省心了，减轻了管理者的压力。”

具体来说，华为秘书有五大职责：一是管理主管日常事务。二是维护主管内外部有效工作关系。三是跟踪主管交代的重点业务进展。四是协助主管推动流程制度优化和运作效率提升。五是协助主管营造高效的组织氛围。

华为秘书体系专业化程度在业界处于领先地位。

华为建立秘书服务体系就是为了让研发人员、管理人员能够聚焦主业务，多打粮食。其实，“内部客户”是麦肯锡、IBM、惠普等世界知名企业都十分提倡的一个理念。在大多数企业中，员工处于自身工作状况等原因的考虑，大多不愿意响应别人的求助，也就无法有效地做到服务内部客户。而事实上，被埃森哲公司评为全球最权威的 50 位管理学家之一的约翰·奈斯比特则指出，

企业人必须有一个内部供应链的理念，即内部客户是相互的，而非单向的。

企业内部的组织实际上是一个供应链的关系。在整个链条上，尽管各部门分工不同，但都有着协作关系，以及服务与被服务的关系。例如，销售人员需要研发人员在一定情况下给予技术支持，此时，销售人员就是研发人员需要服务的内部客户，而当研发人员需要收集客户意见和建议时，不可能是自己亲自去收集，必须通过销售人员的配合与支持才能实现有效数据的采集，而这一过程中，研发人员所扮演的其实是销售人员内部客户的角色，二者唯有相互协作，才能做到简单、高效地工作。

与服务外部客户一样，华为将建立信任作为内部客户服务的真谛。其内部客户服务有三个基本要素：关怀、合作和沟通。通过这三个要素更好地提升工作质量，创造部门间的双赢。

2006 年，华为地区部年中会议在哈萨克斯坦召开，代表处要筹备近 50 多人的会议，而且来的大多是片区和地区部的领导。刚到半年的客户经理李凤（化名）头一次负责安排大型会议。当时，时任代表因意外事故住进了医院；代表处一名被解雇的本地员工四处滋事。李凤毅然扛下所有责任，负责照顾受伤的代表处负责人，为了给伤者喝一碗鸡汤，连饭都没做过的她亲自满村子抓鸡，在土灶台做饭；她主动联系律师，协助处理本地员工离职事件；同时，将地区部会议的接待准备工作安排得井井有条。因为过度劳累，她在新代表到任的这天早上昏倒了，他所负责的所有事情均在她的努力下完成了。

在李凤看来，她有义务竭尽所能去帮助解决这些问题。在哈萨克斯坦三年多的时间里，李凤总是主动地协助代表处处理各个方面的工作，让他们安心为客户服务。她的服务精神好像与生俱来，总是能够自动自觉地出现在需要她的地方。2008 年年底，华为与法电集团的一个合作项目需在亚美尼亚开展。但当地还没有华为的办事机构，代表处决定派李凤前往，她欣然接受了平台搭建和项目运作的任务。由于其优秀的服务能力，2009 年 4 月，她被调至格鲁吉亚代表处主持工作。

李凤以出色的服务意识和能力服务着代表处的每个人，极大地促进了团队业务的正常展开。为了保证“内部客户”的观念和制度能够更好地确立下来，华为在绩效考核中设立了“为内部客户服务”的考核指标，即与他人的协作程度。

华为服务好内部客户的理念涉及方方面面，华为大学便是一个典型的服务内部客户的组织。每个季度，片联组织都会根据华为的人才需求制定一个清单，交给华为大学，华为大学则负责根据清单上的需求把培训大纲、考试大纲拿出来，一一对应地进行人才培养和输出。华为需要什么样的干部，华为大学就输出什么样的干部。2009 年，华为国际业务进一步扩张，需要大量的驻外员工，华为大学便根据片联提供的内部需求培养了超过 3 000 位肯于奔赴海外，并且有能力胜任海外办事处工作的干部及员工。2014 年，华为 5G 人才紧缺，向华为大学提出需求以后，华为大学立即邀请国内外顶级的通信技术专家开设技术升级课程，为公司培养和输送该类人才。

华为的内部客户服务意识经过多年建设，已经成熟，几乎所有部门都能找出多个服务“金牌团队”。华为的干部也具有很强的“客户服务意识”，在找下属谈话时，会给他们倒水，因为下属是价值创造者，服务好了下属才更积极。

服务内部客户本质上是将部门与部门、员工与员工之间的合作关系视为一种内部的利益共同体，这能够很好地打破部门壁垒，树立以服务为中心的管理理念。

6.3 以大平台实现资源优化共享

华为一直致力于积极构建大平台，这个平台是全球性的、多样化的，是用来提供服务和共享的。华为大平台的建设既是出于解决现有业务问题的考虑，也是对未来竞争力提升的谋划。任正非说：“我们要加大对平台的投入，构建明天的胜利，未来的竞争是平台竞争。”

6.3.1　建立不依赖资金、技术和人才的平台

任正非说：“我们要逐步摆脱对资金的依赖、对技术的依赖、对人才的依赖，使企业从必然王国走向自由王国，建立起比较合理的管理机制。只有摆脱三个依赖，才能科学决策。我们起草基本法，就是要建构一个平台，构筑一个框架，使资金、技术、人才发挥出最大的潜能。”

这个平台实际上是一个基于科学管理的大平台，它又包括众多的不同领域的平台。其目的在于自动自发地响应一线作战单元的需求呼叫，而不需要通过过多的行政层级来决策和批准。华为的大平台是一个资源集成管理系统，通过科学管理实现资源的互通互联。最终，它可以支持华为全球业务活动的开展，就像管理学者尤尔根·阿佩罗所说的那样，在任何时候将所需资源投送到任何地方。

【辅助阅读】华为的“狼狈”组织

1997年，任正非在《建立一个适应企业生存发展的组织和机制》的文章中提出：“必须建立一个适应‘狼’生存发展的组织和机制，吸引、培养大量具有强烈求胜欲的进攻型、扩张型干部，激励他们像狼一样嗅觉敏锐，团结作战，不顾一切地捕捉机会，扩张产品和市场。同时培养一批善统筹、会建立综合管理平台的狈，以支持狼的进攻，形成狼狈之势。”

任正非口中的狼狈组织清晰地阐明了一线作战单元与后方平台之间的关系。他还强调：“技术日益趋同，客户需求日益多样化，只有靠平台的支撑，才能更快速地满足新形势下的客户需求。”在一个企业，有很多支撑性的流程在支撑核心流程。以华为的项目铁三角为例，项目铁三角业务是核心流程，周

围或机关的人力资源、法务、行政、财务是支撑性流程；再比如 PDT 项目团队中，产品研发业务是核心流程，财务人员负责预算的核算，是辅助流程，包括它的上级财务单位也属于支撑性流程。一切的支撑性流程都围绕核心流程展开。

过去企业中的人事、法律和财务等职能被定位在控制而不是服务，这让负责核心流程的团队不得不亲力亲为协调和获取推动流程所需要的资源。任正非认为这极大地浪费了核心流程的生产力。他指出："构建'炮火能呼之即来'的及时响应体系，让赋予的权力发挥更大的功效，更高效地开拓市场、发展客户，让新的生产关系适应释放的生产力，实现大型企业能够在市场中快速响应，重新跳舞。"也就是说，一个共享、服务的支撑流程，能够让员工专注于核心流程，而这又能够提高管理效益。

与华为一样，许多顶级企业都倾向于将非核心职能从核心流程中剥离出来，建立专门共享平台。通用公司早期的各事业部里都有专门的支持单位，例如法务部，后来他们将法务部门全部转移至一个平台，建立专门的法务专家中心，为各事业部提供法律问题的支撑。这实际上是将各自独立、分散的相同的部门职能进行合并。还有一种情形就是将不同的部门职能进行横向拉通、水平合并。例如华为将包括法律、财务、解决方案、信息系统、人力资源等职能合并于地区部，以地区部为平台让分布在各地区的一线的作战单元、代表处共享这些资源。在一个大平台的环境下，这些职能被从核心流程中分离出来。

实际上，共享平台的建设可以是各种各样的，也不只局限于一个。任正非指出："这个平台不仅仅是研发，也包括财务、供应链、交付。"

1998 年，任正非在办公室门后贴着事业部制的利与弊的纸条。最终，他选择了大平台的组织结构。当时华为建立了四大共享平台，分别是销售及服务平台、产品研发平台、生产及供应链平台和财务平台。

2008 年，华为由全球原来的 8 个片区拆分成 20 多个地区部，使指挥作战中心进一步向一线前移。在地区部，以销售服务为核心流程，五大平台选派人员搭建小平台，并向各地区下沉，其管理方式是矩阵式管理。地区部围绕业务线开展工作，也就是让听得见炮声的人来决策。这种做法最大限度地共享了资源，同时也避免了各业务单元独立作战的局面，例如，销售只管销售，管合同的管合同。只要前方有需求，大平台立刻给予支援。

在四大平台的基础上，华为又划分了四条产品线，分别是核心网、无线网、网络、业务和软件。各大产品线各有专注，其目的是成为专业的共享平台。例如核心网产品线平台为无线和软件产品线提供共享资源，以降低成本，缩短研发周期。对此，任正非说："产品间的竞争从长期来看，归根结底在于基础平台的竞争。一个产品不能完全从零开始做起，要有丰富的平台、CBB支持，要有强大的工程工艺能力和技术管理体系支撑，使得产品的成本、质量能在一个很好的平台上得到实施。"产品线向客户区域延伸时，也就是铁三角中的解决方案专家，负责形成客户解决方案，工作中随时向四大产品线提出需求，而各大生产线则随时响应提供人财物的支撑。

随着市场需求的不断变化，华为也在不断扩展和优化平台。例如增加了为前方输送人才的平台，重装旅、项目资源管理池、预备队等。任正非强调："华为要继续坚持平台战略，持久地大规模投入，要研究适应客户的各种需求，把握住客户的可靠性、可服务性等各种关键要素，构筑华为公司在新时期的竞争优势。"

平台存在的意义在于为一线项目组提供支持和服务，因而平台的设置要以能够满足核心流程需要为原则。华为的平台的客户就是一线的作战部队，凡是他们不需要的，就会删除。他们对所提供的服务拥有选择权，公司不再控制谁使用什么资源。这意味着后方平台按需要多少支持，来设立相应的组织。

6.3.2　总部从管控中心向支持、监控中心转变

近年，华为总部本身也在积极地变革，由原来的管控职能向支持、监控和服务职能转变。就传统的组织结构和组织管理而言，一个公司总部的最大、最

重要的职能就是管控。我们知道管控最核心的手段就是分配方式，通过集中分配的方式，调配各种资源完成各种生产作业，进而实现规模化和高效益。这是典型的集权式管理模式。在这种模式下，几乎所有的权力都集中于总部，无论哪个部门需求某项资源或提出建议时都需要向总部请示，等候命令。如今这种模式受到了越来越多的质疑和挑战，挑战者大多是新兴的科技公司。互联网信息发展使得信息传播更为迅速和宽广，过去那种老旧的层级传递方式以及附带的权力傲慢已然成为一种障碍。

华为总部的变革既是一种适应时代潮流的变化，也是一种内部驱动的结果。其原点就是以客户为中心，然后对业务从前端到后端进行逆梳理，梳理过程中凡是有利于业务的都要保留或变革自适，凡不利于业务的全部简化或删除。华为的总部作为业务自梳理的一环也不例外。

【辅助阅读】艾尔弗雷德·斯隆改组通用公司

杜邦公司取得通用公司的控制权时，通用公司正濒临困境。不久，杜邦公司任命艾尔弗雷德·斯隆为通用公司的CEO。他上任后，对公司的组织结构进行了重组，打造了著名的通用事业部制。

艾尔弗雷德·斯隆按照企业所经营的内容，诸如产品、地区、顾客等来划分设立若干事业部。事业部拥有独立经营权和核算权，但对结果负责；并需要执行总公司的经营方针和政策，遵守统一财务制度。这些部门均由企业中层经理们来管理，担负着生产和分配产品的任务。此外，艾尔弗雷德·斯隆设立了执行委员会，并收归了成员的大部分决策权。执行委员会成员负责研究公司的大政方针和长远规划。他把原来总部的具体管理权限下放至各部门。同时在总裁和执行委员会下设立了财务部和咨询部两大职能部门，分别由一位副总裁负责。财务部担负着与公司财务有关的各项职能；咨询部负责非生产业务事项的管理。这两大职能部门使总裁和执行委员会从繁重的日常经营管理工作中解脱出来，转而关注更重要的事情。职能部门与下属各企业的中层经理一起制定“部门指标”，并负责协调、评估和资源分配等事务。

通用的事业部制优点明显：各事业部在生产上能够灵活自主地适应市场需求；权力下放，有利于发挥各事业部的积极性和创造性；为通用公司培养了大批的中层管理人才；事业部作为利润中心，易于总公司评价不同产品的价值，有利于做出正确的战略决策；独立经营有利于组织专业化生产，提高劳动生产率和经济效益；各事业部相互竞争，保持了企业活力。其缺点也是显而易见：一是容易滋生本位主义；二是削弱了总部的权力。

华为曾无限接近于通用的事业部制，但后来被任正非否决掉了。因为在某种程度上它依然是中央集权制的管理模式。任正非有着自己的目标，他说：“公司管控目标要逐步从中央集权式，转向让听得见炮声的人来呼唤炮火，让前方组织有责、有权，后方组织赋能及监管。这种组织模式，必须建立在一个有效的管理平台上，包括流程、数据、信息、权力等。”在这种组织建设的理念下，华为的总部发生着变化。公司最高的权力机构是股东会，共计两名股东，一个是工会，一个是任正非。工会由持股员工代表会审议并决策。持股员工代表会由全体持股员工代表组成。不难看出，华为的最大受益人是持股员工，从业务角度来看，企业收益越高，员工收益也相应增加。

股东会通过董事会对公司的整体业务进行指导和监督，对公司战略和运营中的重大事项进行决策。董事会下设人力资源、财经、战略、审计四大委员会。可见华为的董事会权力只保留审核、监督权，更多的决策权被下放到经营管理团队，直至一线作战单元。

在实际运作中，EMT拥有经营决策权。但2011年后，EMT全部下沉到各个业务中心BG，即运营商网络、企业、消费者和服务型业务，分别由这些业务群进行经营决策。这可以视为华为从中央集权模式向分权模式转换的标志性事件。其目的也就是“让听得到炮声的人来指挥战斗”。在此基础上，任正非还强调：“监督权前移，以及决策执行过程透明化管理。要让各级干部、专家熟悉这种模式的转变，逐步推动发展。”华为充分稀释总部机关的管控权力，以不让总部成为掣肘华为未来发展和当下前进的绊脚石。任正非说：“高速公路应该是有效利用资源，让汽车越跑越快，不要在高速路上扔小石子，反而成为路障。公司的机关作为专家团队，主要是协作推动，决策管理，而不是走向行政直营的方式。”把决策权下放至业务的执行基层，这就避免了类似 IBM、摩托罗拉早年因决策失灵而使组织陷入危机的境地。

美国零售商西尔斯成立之初利用一体化的组织结构和超强的管控能力成功成为世界第一大零售商。无论是投资、进货、分店开设等，所有的关键决策都是由总部做出。西尔斯对企业的控制体现在各个层级上，不同的管理层都有各自的批准权限，而重要的决策都要逐层向上汇报，然后由总部决策。这种总部控制驱动的模式在当时十分流行。但到了 20 世纪 80 年代，西尔斯公司的经营状况不断恶化，从 1984 年开始，其营业额年增长率不到行业总额平均增长率的一半，1986 年西尔斯公司总营业额比上年下降 18.7%。不久，新任 CEO 布吉克上任。通过分析他发现，公司的经营方式呆板，跟不上形势的发展。顾客想要更低的价格、更好的服务以及不断变化的商品，而西尔斯的总部控制驱动的管理方式对满足客户需求有着巨大的缺陷。例如它的分店经营方式及品类，甚至商品陈列都是一样的，毫无新意可言。布吉克认为快速响应客户需求比规模化控制更重要。西尔斯开始尝试“以顾客为中心”的管理理念，将大批的经营权下放至各分店，让他们围绕满足客户需求经营分店。同时砍掉了美国本土 12 个大型商品仓库中的 5 个，并依据市场需求建立专门商店或柜台，总部负责总体协调、监督和考核等事务。最终，经过变革后的西尔斯当年就摆脱了危机。

西尔斯将关注的焦点转移至客户，把决策的权力交给更懂、更贴近客户的商店经理。这种转变也是华为一直在坚持和倡导的，任正非提出要用十年时间完成变革。他说："授权下去后，一是会使我们的工作效率大大提高；二是切实落实我们公司是前方指挥后方。我们明确一下，战略问题是高层指挥基层，战术、战役问题是前方指挥后方，后方要尽力支持前方要求。这是后方机关存在的唯一必要条件，机关不能为前方服务，那么这个机关是不必要设置的。战略问题由高层指挥，是因为战略往往要牺牲短期利益换取长期利益。要由高层投入保证。"

华为的总部不再负责具体业务的指挥和指导，而是把目光聚焦于长远目标，从大方向上为华为的发展把脉和领航。这对企业的发展是至关重要的，基层务实，高层务虚，企业才能保持一种自适性。

德鲁克曾断言："任何企业如果将责任和决策都集中在少数管理者身上，必会招致毁灭。这样的组织就如同恐龙一样，试图用一个微小、集中的神经系统来控制无比庞大的身躯，但因为无法适应环境的快速变迁，终致灭亡。"

6.3.3 以全球化视野建设能力中心

华为建立全球能力中心，意在共享专业资源，为全球业务活动的开展提供各种支撑和服务。任正非指出："在全球，不断加强共享中心的能力建设。在过去的一年中，五类全球共享中心通过整合、优化、自动化等手段，持续提升服务质量，支撑公司运作效率不断提升。"这背后是华为人才观的改变，用任正非的话来形容就是"炸开金字塔"。

【辅助阅读】华为"炸开金字塔，与世界握手"

曾有人问华为未来二三十年的发展，任正非回答说："华为未来的发展，就是我们一定能活着，而且一定能成功！因为我们在七八年前就已经把人才'金字塔'顶端炸掉了。'金字塔'是一个封闭的模型，塔尖的这个人有多宽的视野，'金字塔'就有多大。"华为公司董事、高级副总裁陈黎芳女士解释说：“炸开人才金字塔，与世界交换能量。金字塔是最稳定的建筑结构。在工业时代，人才金字塔结构的优点显而易见，有秩序、有层级、分工明确，效率高。而数字时代，这种人才金字塔结构也有了缺点。比如它是封闭的，与外界没有能量交换，层级严密，内生，不利于创新。又比如，金字塔塔尖这么小，只能站下少数人，容不下更多人才。所以，我们创始人提出，把人才金字塔顶端炸开，无限扩大外延，使内生领军人物辈出，外延天才思想云集。这样更多华为的商业领袖、战略领袖和技术领军人物，能够不断站上来，使组织永葆活力。同时，华为的人才可以跟外部专家、科学家、国际组织、标准组织、产业组织进行交流。这些交流碰撞就产生火花，无论被谁应用，都是有利于贡献社会的。”

华为炸开塔尖，为的是让众多精英涌现出来，以此保障组织活力。在全球范围内进行全球能力中心建设，以满足全球作战需要为前提。全球哪个地区的资源和能力最强，就把能力中心建在哪里。2015 年 9 月 7 日，任正非在战略预备队誓师典礼暨优秀队员表彰大会上的讲话中指出：

“我们要把战略能力中心放到战略资源聚集地去。举一个例子，先问大家，软件哪个国家最厉害？美国。美国哪个地区最厉害？西雅图。如果终端软件能力中心没有建在西雅图，说我们的手机软件世界第一了，这是不可能的，所以现在要转变。既然要胸怀世界，就要能气吞山河，如果你都不敢把战略资源摆到那个地方去，就说我要称霸世界，那是不可能的。所以每一个系统，包括战略预备队都要重新审视自己，我们的能力中心放在哪里。”

华为的能力中心建设有明确的指向性，这也是众多国际顶级企业共同的特点。例如爱立信，把利润中心放在所得税最低的地方。IBM 在中国设立开发中心，如今已成为 IBM 全球规模最大的软件开发实验室，其最大的意图在于 IBM 的本土化运转。华为强调在战略资源聚集地布局，更看重在有风的地方筑巢。

华为产品与解决方案总裁丁耘说：

“把能力布在人才聚集的地方，机构随着人才走，不是人才随着机构走。和一些企业把人才招回国内使用不同，我们是在全球找人才，找到这个人才围绕他建一个团队，不是一定要把他招到中国来……南柚北枳，一个橘子在南方长叫柚，在北方长叫枳。我认为，人才的产生是需要环境的，一个人的创新能力跟他在哪个环境关系很大。我们经常听到‘筑巢引凤’，但我认为，离开了人才生长的环境，凤凰就成了鸡，而不再是凤凰。”

可见，华为的能力中心建设是跟着人才走的。米兰是全球知名的微波之乡，诸多知名公司如西门子、阿朗、爱立信在米兰都设有微波研发和销售机构，还有如米兰理工大学等大学专业投入微波人才培养，人才资源丰富，微波产学研生态系统完整。华为在意大利的米兰挖到顶尖的微波专家 Renato Lombardi 后，就在米兰建了一个微波研究所，成为全球微波能力中心。华为目前在全球建设了超过 26 个能力中心，从瑞典的无线通信技术中心，到日本的工程技术中心，再到印度的软件工程中心，还有美国硅谷的互联网创新中心等。

能力中心建设通常与华为自身发展有关，在保持高水准的研发的同时，还希望一些能力中心为一线业务提供支持。例如华为发现印度代表处印度籍员工特别善于谈判和投标，华为就在印度设立了面向全球的谈判和投标能力中心，加强了华为代表处的合同谈判能力。任正非指出：“这些能力中心对当地要有促进，他们不一定孤立，他们和代表处靠近、和组织靠近，耳濡目染，也会有传播的。能力中心可以是逻辑的，并非物理的。”

华为的共享能力中心还注重能带来管理水平的提升。在过去的十年里，华为在中国建立了全球财务共享中心，加强全球业务的财务控制，降低了成本；同时通过 LTC 流程变革，提升了流程管理能力。华为不仅在管理上推行共享中心，而且在业务上也推行共享中心。2016 年 8 月 26 日，印度班加罗尔建成了华为最大的全球服务交付共享中心（GSC）。印度与中国一样具有广阔的市场，且软件业仅次于美国，人才济济。华为此举符合任正非所说的在资源聚集地建立共享中心。

华为的全球能力中心，让华为可以充分利用现有优秀资源进行创新与管理；同时也让华为拥有与竞争对手足够的竞争耐力和足够的筹码，使华为在各领域异军突起，实现“弯道超车”，跻身世界前列。

6.4 小前方，大后方，后方全力支援前方

任正非说：“华为早期留下的员工都是‘傻瓜’。为什么我们是傻瓜也成功了？因为我们向西方学习形成了一个大平台，它弥补了我们的笨拙。一两个人在前面作战，但后方有几百人、数千人在提供支持，让前面的‘傻瓜’看起来就不傻了。”任正非幽默地总结了“小前方，大后方”的战略，以及华为人艰苦奋斗的韧性。

6.4.1 组织由屯兵模式向精兵模式转化

在华为2015年市场工作会议上，任正非强调华为未来十年的变革，逐步从屯兵组织，转变为精兵组织。他解释说：“华为现在什么资源都先放在代表处。有人只管‘酱油’，有人只管‘醋’，听各自老板的指示，当没有攻山头时，就可能会出现一些闲人。将来公司逐渐走向机关专业化、一线综合化，即机关有一批‘酱油’专家、一批‘醋’专家，一线安排一个人既卖‘酱油’，又卖‘醋’，这样可以减少一个编制，逐渐走向精兵。将来区域是作战指挥中心，攻占山头时呼唤炮火，战略预备队协同作战，BG提供各类兵种资源。”任正非道出了屯兵模式和精兵模式的区别，以及未来的精兵战略。

屯兵的精要就是战备，平时将人员、物资屯于一处，遇兵事则迅速出击。华为在很长一段时期里都是采用屯兵策略，依靠各级机关单位输出各种资源。

【辅助阅读】班长的战争

任正非从一本有关美国军队变革的军事著作中得到启发："军队的作战单位已经开始从'师'变成'旅'，作战的能力却增强很厉害，而且美国还在变革，未来的方向是，作战单位有可能从'旅'直管'营'，去除'团'一级，还要缩小成'排''班'……班长可能真就是'少将'或'少校'，因为一个班的火力配置很强（巡航导弹、飞机、航母……），就没有必要大部队作战。'班长的战争'这个理念应该这么来看，大规模人员作战很笨重，缩小作战单位，更加灵活，综合作战能力提升了，机关要更综合，决策人不能更多。让组织更轻、更灵活，是适应未来社会发展的，也是我们未来组织改革的奋斗目标。将来华为的作战方式也应该是综合性的，我们讲'班长的战争'，强调授权以后，精化前方作战组织，缩小后方机构，加强战略机动部队的建设。划小作战单位，不是指分工很细，而是通过配备先进武器和提供重型火力支持，使小团队的作战实力大大增强。通过组织改革，华为要坚定不移地逐步实现让前方来呼唤炮火，多余的机构要关掉，这样机关逐渐不会那么官僚化。"

"班长的战争"为任正非指明了华为未来的组织形式和作战方式。万通董事长冯仑写过一篇文章，任正非读后深受启发。文章介绍了美国前国防部长主导的新军事变革，文章指出："现在所有的国家都在增加特种部队，减少常规的海陆空军。特种部队中又着重增加信息战部队和心理战部队。增加之后，它的成本和收益发生什么变化呢。简单地说就是大后台小前端。70% 的钱用来找目标，30% 的钱花在直接摧毁目标上。前端的组织变成全能的，后台变成系统的支持力量……"

冯仑总结说："军事组织的变革是商业组织变革的先导。今天从全世界范围来观察，军事组织在朝两个方面变革即正规组织、合法组织特种部队化和非法组织或非契约性组织基地化。”这篇文章被任正非在公司内部推荐，成为华为精兵变革的参照。无论是“班长的战争”，还是冯仑的文章都表明了“大后台小前端”的必然性和必要性。我们可以这样理解，对前端的不确定，使用能力出众的精兵组织；对确定的事情，由后方的组织提供重型火力支持，以增强精兵作战实力。华为还不断向外界学习“小前端，大后台”的管理模式。

2015年，阿里CEO张勇认为，商业竞争到最后会变成组织的竞争。也就是说，企业要建设适应新生产力的组织生产关系。他说：“组织架构应当形成小前端+大中台的架构；在人才上，放手让更多年轻人掌舵。”

基于此，阿里巴巴集团对组织进行了一次变革。按照“大中台、小前台”理念，设立了阿里巴巴中台事业群，同时授权给淘宝、天猫的各个业务单元，以让他们更自主、灵活和敏捷，并让一线人员组成“班委”负责快速反应前端业务需求。张勇指出：“敏捷的前端+强大的中台是阿里一直在思考，并已经开始实施的重要组织升级。”阿里巴巴已经挑选了一批在业务前线有突出能力的人，并授予他们充分的人事、财务、决策权力，给予充分的技术和数据支撑，同时设立目标，让他们独立领导一个小团队推进业务。可以说，这是阿里巴巴版本的精兵组织。张勇说：“一个几十人甚至十几个人的小团队，目标清晰，反应迅速，有自由决策的空间，在数据和技术的‘炮火支援’下，撬动的生产力往往可以抵上一个大型企业。”当然，这个精兵组织的背后是强大的中台系统。张勇说：“中台在企业内部提供共享的技术、数据、产品和标准，维护更新交易体系、营销体系、支付体系。针对必须长期投资的基础技术，比如搜索、算法、图像识别、语音、定位等，大中台又可以化身为企业内创新研究院，结合业务场景进行深入研发。”

阿里巴巴公司的中台最终是一个事业群，将负责管理和开发阿里巴巴公司最重要“数据”资产。在论述到一线团队和中台的地位时，张勇说：“只有依靠强大的中台这条‘航空母舰’赋能前台，数据化决策才可能实现，前线业务才能得到足够的产品、数据和技术支援。”

阿里巴巴与华为一样，认识到了“小前方，大后方”的价值。任正非在与埃森哲董事长谈话时指出：“将现在的屯兵运作模式，改为精兵运作模式，提高组织的有效性、及时性、准确性。让不确定性的事情，由精兵组织来应对。让确定性的事情，由平台或共享组织来。对不确定性的考核是风险的把握，对确定性的考核是效率与效益。”

需要指出的是，华为的精兵组织是在向精细化管理的转变，以提升整体运营效率。其精兵策略是要精兵不要人海，注重提高人员素质而非数量，核心岗位配置高能人力；同时强调减少不增值的环节，强调责任导向。

6.4.2　依靠重装旅优势资源，支援前方

为配合精兵组织在前方作战，华为以区域部为依托建立了重装旅。华为的精兵组织作为前沿单位，当发现战略机会点时，重装旅能够提供强大火力，帮助他们抢占“上甘岭”。

华为“重装旅”这个名词借用了美军的军队术语。任正非指出：“重装旅是指集中全球优质力量，快速机动响应战场呼唤。”

【辅助阅读】华为重装旅成立背景及作用

华为重装旅成立背景：2014年3月7日，任正非在关于重装旅组织汇报会议上讲话，标志着解决方案重装旅筹备成立。2014年3月25日，HRC会议通过重装旅组织预算。2014年4月11日，重装旅与区域举行研讨，明确其组织和运作机制。2014年5月9日，解决方案重装旅训战大纲通过片联审批。2014年6月30日，50门FBB课程、MBB课程开发成功。2014年7月17日，重装旅组织正式宣布成立，下设HRBP部和亚太、欧洲、美洲三个分部。

华为重装旅的作用：一是提供解决方案。前方精兵组织负责发现客户需求，满足客户需求。在此过程中，客户需要专业的解决方案，或需要处理重大

问题，重装旅就要派出解决方案人员或团队围绕客户需求提出解决方案或处理问题。任正非说："重装旅拥有重型装备，当然你们的重型装备不是坦克，其实是电子化的解决方案。重装旅有很多重要的解决方案，通过网络推送到前方服务器，客户是可以体验的。"二是为重要工程的技术交付、维护提供专家服务。华为遇到重大的交付项目时，会调配全球优秀专家至该地区，负责解决交付中的各种事项。

华为的重装旅重在提供解决方案，因此他们首先把有相关经验的专家集中起来，全球化使用。例如资金计划部在拉丁美洲设有重装旅，他们把各国项目中能解决回款困难的人才集中起来，指导如何在当地国家贷款和回收货款。

任正非强调华为的重装旅是作战单位、参战单位，而不是培训单位。他说："重装旅是个作战单位，不是培训单位，要在循环作战过程中把干部锻炼起来。如果重装旅只是两周培训，没有经过实践就回到原来的战壕，不知道能发挥什么作用，也不知道回去后进步有多大?"具体来说，重装旅是循环赋能、循环作战，也就是集中起来的人才按照全球市场项目的需要，确定最终到哪里服务，服务完成后又回到重装旅学习、待命。曾经华为在代表处配置了宝贵的专业人才，当代表处业务繁忙时一两个专家根本忙不过来，团队岗位配置又不允许有更多的专家；业务闲下来时，专家也闲了下来，而其他代表处又因专家少而急得团团转，造成了极大的资源浪费。重装旅的人才循环作战有效解决了这些问题。华为重装旅是如何运转的呢？我们为大家进行解读。

2 周 +6 个月，是解决方案重装旅训战的标准周期。入营阶段，学员需自带案例，签署任务作战书。集训营在华为的总部，主要进行为期 2 周的赋能，主要内容包括技能标准化训练、实战演练、业务流程循环。集训主要采取"案例式"教学方式，三分之二的时间用于实战案例进行研讨。主要围绕 Solution Topic 选择关键模块，不断地模拟一线场景，让学员身临其境反复强化训练，补齐短板，提升作战能力。

接下来是为期 6 个月的"实战赋能"。通过集训营的实战演练后的学员需要到前方作战营实际作战 6 个月，以完成对理论的具体化应用，巩固集训成果。其间，学员遵照集训营已制定好的作战计划实施。具体行动由作战营的营长负责指导；一线主管、项目主管必要时也进行辅导。每个学员都要在 6 个月内至少完成 1 到 2 个实战项目。经过 6 个月实战后，进行出营答辩。

需要指出的是，华为的重装旅是人才的资源池。出营意味着人才可以进行循环作战，而不是被调往一线担任固定的职位。

华为重装旅的所有作战岗位是根据项目难易度和未来战略进行配置的，而不是依据个人和资历来配置，也就是我们常说的因事设岗，这有利于人才的能力发挥，减少不必要的行政束缚。在重装旅的管理上，任正非强调把各地优秀员工循环起来充电。他说："特别是长期在艰苦地区工作的干部要循环出来，让他们去参加 400G 路由器、沙特石油等项目作战，然后派到其他地方，他的能力也提高了，这才能体现忠诚的价值。"此外，重装旅平时要做战略规划，对全球主要代表处进行研究，以找出战略机会点，并确定如何调配专家，提供何种程度的支援。任正非说："我们培养重装旅的目的，就是要攻下战略机会点。"重装旅也同样注重人员的培训，把业务部门当成培训对象，按需对其培训。

需要注意的是，华为的重装旅并没有指挥权，输出去的专家主要负责支撑。任正非说："当代表处遇到战略机会点时，需要重装旅来填补合适的战争组合，这个组合应该是前方说了算，而不是后方塞进去。作战指挥权应该还是在代表处，重装旅是个资源池，更多是在技术上助攻，根据代表处的需求提供作战资源。"他要求重装旅充分发挥"胜则举杯相庆，败则拼死相救"的精神，而不是与代表处争权夺利。华为重装旅管理还有一个鲜明特色就是，作为独立经营单位的代表处需要为呼叫重装旅的服务付费。

总之，华为的重装旅是一个人才循环基地，负责向前方输送解决问题的专家，并保持独立的运营。

6.4.3 前方、后方准确传输信息

2009年，任正非在销服体系奋斗颁奖大会上指出："前方要准确清晰地提出并输入需求，后方要能清楚准确地理解前方的需求，按需求提供支持。只要前方的需求没有发生变动，所有的协调工作，应由后方平台之间自行协调完成，而且必须在前方需求的时限内完成。前方的需求变化了，要及时准确提供给后方。"

小前方的精兵组织与大后方的平台组织建设完成后，并不意味着万事大吉。组织还应确保双方相互准确传递信息，避免漏斗效应，否则"小前方、大后方"的组织运转模式就失去了意义。

【辅助阅读】漏斗效应

沟通中存在着一种现象，就是管理学领域常常提及的漏斗效应，是指信息传递会呈现出一种像漏斗一样从上至下的衰减的趋势。对于信息传达者而言，心里盘算着100%的信息要表达，当表达出来的时候，由于语言、环境等影响，所要表达的信息已经漏掉20%，意味着传递出来的信息只剩下80%。而这80%的信息传到信息接受者那里时，由于认知水平、知识背景、理解能力或外部环境等影响，信息只剩下60%。信息接受者在听到信息后，经过加工理解，只剩下40%。等他们执行的时候，已经变成20%。这种漏斗效应存在于人际交往、职场管理的各个方面。

许多企业，尤其是那些大型企业，在全国甚至是全球市场都设有分支机构，打造一种便捷的信息传递体系就显得十分必要。很多时候，企业的市场人员发现了需求，却不得不将大量的时间用在频繁地与后方平台的沟通协调上，

这影响了前方市场人员快速响应客户需求的效率。这其中既有组织问题，也有沟通问题。任正非说：“后方协调困难有流程问题、有组织机构的设置问题、有思想意识问题，也有相互信任的问题，还有非主业干部对主业不理解的问题。”华为一直致力于提高双方的沟通效率。

华为不断优化末端的信息化管理，也就是我们提到过的 IT 系统、LTC 流程等，这是华为实现前后方信息精准传递的基础。任正非说：“将来区域是作战指挥中心，攻占山头时呼唤炮火，战略预备队协同作战，BG 提供各类兵种资源。如何准确、及时地调动资源，牵一发而动全身？整个组织的改革是系统工程，需要 IT 系统支持，否则不可能实现。”可见，IT 系统是每个企业内部组织间进行横向纵向联系的重要支撑。同时，还通过授权文件来打通前后方沟通渠道。例如 IBM 顾问给华为提供了项目管理的三个授权文件，即条款、签约和价格。这意味着精兵组织，在授权范围内直接指挥炮火。后方机关直接提供支援即可，无须问询和批准。调整后，内部沟通成本大为缩减。

事实上，信息化管理一方面是信息系统的建立，另一方面是管理上的优化。只要各方认真履行授权和各自责任，再利用信息系统，就会减少前后方的协调量，进而实现前方清晰提出需求，后方及时按需求提供支持的目的。

在华为内部，人们认为彼此间的相互信任是确保双方高效沟通的前提。任正非说：“现在是要建立后方和前方的信任体系，这个信任体系就是平台要改变过去的定位。”任正非所说的信任体系就是指：“后方的支持服务要联勤化、共享化，提高效率和效益。”

联勤化就是要求后方联合勤务，前方只需要一封电子邮件或一个电话就可以了，余下的即使再困难也由后方协调完成。通常企业的市场人员抱怨最多的就是协调难，客户要保障、交付很紧急、要配货等。经常给这个打电话，给那个打电话。任正非指出：“这就不是联勤，这样不仅效率很低，而且后方的官僚之风会越来越严重。”

共享化就是前方能够与后方平台共享资源，也就是后方在服务的同时也能够提供资源。例如 PPG 公司建立了数十个人力资源专家中心，支撑公司各个独立的经营单位，各经营单位的人力资源管理处能够随时获得来自后方人力资源专家中心的资源和服务。这种联勤化、共享化为华为的前后端信息传递提供了及时、有效的支持与服务，以及分析监控。

华为的精兵组织一旦发现战略性的机遇或需求，能够快速呼叫后方平台，而后方能够凭借联勤化、共享化体系快速满足他们的要求。

华为的组织变革目的在于建立一个不依赖于人财物的大平台，来支撑与服务前方一线作战组织，以提高他们快速响应和满足客户需求的业务能力。大平台化的优势是资源最大限度共享。要运作好，企业还必须有跨部门的业务流程支撑，这意味着要建设一个以客户为导向的流程化组织。

第7章　全流程贯通

华为公司的未来愿景是，华为公司必须做一个包括核心制造业在内的高技术企业，最主要的包括研发、销售和核心制造。围绕这三个领域，我们要实行全流程贯通，端到端的服务，即从客户端再到客户端。

——任正非

导语：打通以服务为导向的端到端流程

华为为什么要建设流程？任正非指出，一是正确及时交付，二是赚到钱，三是没有腐败。提高单位生产效率，永远是企业追求的目的之一。华为业务遍布全世界，若某个节点上不流畅，就可能导致大规模的交付延迟，甚至是交付失误。对企业来说这是致命的打击。此外，全流程打通意味着能够有效、清晰地对财务进行管控，避免浪费，降低成本；任何企业都面临的腐败的困扰，尤其是在"人"的环节上，流程化管理将所有的环节都摆在明面上，谁都不敢伸手。

在流程管理上，华为首要强调建设流程化组织，希望架构面向客户的端到端的流程，并让其成为华为固有的管理模式。流程建设上，华为主张先解决"通"的问题，即先打通流程环节，再优化。源于实践，用于实践是华为流程建设的主要方法，任正非认为，成功的流程是总结出来的。当然，流程的顺畅与否与业务数据的精确度和准确性有着密切的关联。

华为还积极用"美国砖"来架构自己的IT系统。IT系统是打通所有组织运营环节的关键性工具，大到上亿美金的采购，小到请假，都可以通过它来完成，对华为流程化组织建设有巨大的支撑作用。为了让流程能够扎实落地，华为进行了一系列的管理建设和培训。

带着问题阅读：

1. 华为的端到端流程具体是指什么？
2. 华为打通全流程使用了哪些方法？
3. 华为在流程落地与管理方面做了哪些努力？
4. 华为员工的流程执行能力是如何培养起来的？

7.1 全流程打通，建设流程化组织

华为是一个高技术企业，主要从事研发、销售和核心制造。任正非指出："这些领域的组织结构，只能依靠客户需求的拉动，实行全流程贯通，提供端到端的服务。为了满足这个需求，后面所有的组织建设都应该是流程化的组织建设，这样才可以快速响应，同时又保持低成本。"

7.1.1 架构以服务为导向的端到端流程

打通以服务为导向的端到端流程，一直是华为持续管理变革的目标。什么是端到端流程？

任正非说："端到端流程是指从客户需求端出发，到满足客户需求端去，提供端到端服务，端到端的输入端是市场，输出端也是市场。所有组织及工作的方向都是朝向客户需求的，它就永远不会迷航。"他还强调："只有成功构筑端到端的流程，才能真正实现职业化、国际化，才能达到业界最佳运作水平，同时实现运作低成本。"

【辅助阅读】华为的云、雨、沟

华为轮值 CEO 郭平在蓝血十杰表彰会上指出："我们要不断提炼和归纳华为过去二十多年的经营管理思想、变革的经验和教训，以及我们对经营管理规律的认识（云），指导公司未来的战略制定和经营管理工作，持续提升运营效率和盈利能力（雨），并通过持续渐进的管理变革，使华为的管理从目前的带有很强部门特色的'段到段'，逐步走向'端到端'的数字化管理体系（沟）。"郭平解读了华为将如何推动端到端的流程管理。

任正非认为华为虽然在管理上取得了惊人的成就，但还未认识到管理的真谛。他说："郭平、黄卫伟提出了'云、雨、沟'的概念，就是所有的水都要汇到沟里，才能发电。这条沟在 IPD、IFS、ISC、LTC……的序言中已描述，我们还没有深刻理解。没有挖出这么一条能汇合各种水流的沟，还没有实现流程的混流。我们现在就是要推动按西方的管理方法，回溯我们的变革，并使流程端到端地贯通。"

华为"云、雨、沟"目的在于实实在在地打通和落实"端到端的流程"。对此，任正非说："端到端使各部门、各岗位就其所承担的主要职责（业务管理、财务管理、人员管理）获得集成化的、高效的流程支持，而不是各类流程看似各自都实现了端到端打通，但到了真正使用流程的部门和岗位那里却是'九龙戏水'，无法配合，效率低下。"

从长远来看，真正的流程化组织应是贴近客户需求适应市场变化的，让组织更有弹性和活力。非流程化的组织建设是一段、一段的，业务流程有梗阻，体现出的是一种浪费。任正非在《我们向美国学习什么》一文中讲了一个故事：

伯兰是 IBM 企业联盟构想的倡导者，后来企业联盟成长为数百人的一个部门。企业联盟的业务运作模式是：在推销硬件前，先派一批研发人员去与客户沟通，了解客户的需求，然后按客户的要求在三个月内编写出客户需要的软件，客户普遍认同这种做法。

由于这种以客户需求为导向的开发，满足了客户的实际消费要求，客户都想找企业联盟，但伯兰的职位又不像政务委员一样有权力，他管不了数十个部门。IBM 的组织庞大，经理众多，推进又十分困难。他警告 IBM 如果企业想继续保持以往辉煌的成就，最好全面改革。

随后他病倒了，50 岁，脑袋中长了一个脑癌肿瘤。医生开刀后，发现已经扩散。但他在病房装了一台终端，每天躺在病床上花好几个小时追踪他的计划进度，发出几百封电子邮件。临死前，他说了一句：“我动弹不得，就像 IBM 一样。”

伯兰的 IBM 企业联盟贴近客户，建立以客户需求为导向的软件开发流程，提升了企业效率。但由于当时的 IBM 业务流程被切割为数十段，每一段由独立的部门负责，伯兰无法插手去打通这些各自的业务端，与客户端连接起来的构想无法实现，临终前发出了“我动弹不得，就像 IBM 一样”的感叹。一个高效、有效的组织应在“端到端”上实现全流程贯通，就如同 IBM 企业联盟，而不是 IBM 本身。

华为认为，构筑端到端的流程，最重要的就是减掉多余的组织，减少中间层。华为董事长孙亚芳指出：“继续推动以满足客户需求为导向的流程化组织结构改革。这个端到端必须非常快捷，非常有效，中间没有水库，没有三峡，流程很顺畅。需要什么就保留什么，多余的组织及人员都要裁掉。”

流程建设上，华为主张先解决“通”的问题，即先打通流程环节，再优化。如果一开始就抱定毕其功于一役的心态，那么流程建设必定会阻力重重。流程建设也不能在局部问题上纠缠。任正非指出：“以需求确定目的，以目的驱使保证，就会共同努力地控制有效流程点的设置。所有一切要符合未来的作战需要，组织是为了作战而存在的，而不是作战服从组织的。”

任正非还指出："要沿着客户价值创造链梳理，打通端到端的流程。"17世纪，瑞典建造了世界最大战舰，国王要求战舰航速快、火力强、装饰华丽。由于其处处追求细节，忽略了自身承载能力，结果在处女航中就沉没了。任正非对此评价说："战舰的目的就是作战，任何装饰都是多余的。我们在变革中，要避免画蛇添足，使流程烦琐。"这要求企业在确定组织结构时，先梳理主干流程，再根据主干流程确定组织结构。那些不符合此标准的部门、节点、人员，可视为冗余。

1997年，IBM对华为当时的研发管理做出诊断：无关注客户需求的前瞻性，反复做无用功；无跨部门结构流程，部门间衔接依靠人工完成；组织内部部门墙厚重，各自为政；作业不规范，依赖"英雄"研发产品；无有效项目计划，项目执行混乱，版本通过率低。华为在IBM的引导下，以客户需求为导向，历经八年构筑了IPD高效的流程化运作框架，实现端到端的优质交付。

意识到问题后，华为紧紧抓住主干流程，删繁就简，建立了客户需求导向的流程化研发组织。流程化组织的建设，华为还强调必须在公司具备充分条件下进行，要让所有人理解和认识到流程性组织的必要性，否则认知不统一将会导致推行过程的无效。

此外，华为在流程的建设上，实施主干流程标准化，具有简单、清晰、快捷、安全的特点，目的是用标准化实现快速传递与交换。对末端流程，任正非强调越往基层、越是使用者，要越灵活。为了突出因地制宜，华为会允许员工参与流程优化及总结。

总之，流程化组织的建设要始终围绕为客户创造价值。任正非指出："那些不能为客户直接和间接创造价值的部门为多余的部门、流程为多余的流程、人为多余的人。我们要紧紧围绕价值创造，来简化我们的组织与流程。"

7.1.2 在实战中完成流程梳理与集成

华为沿着主干流程梳理的过程中，既重视自上而下的推进，也重视自下而上的调节。他们依据业务运营的实际情况总结经验教训，调整、确立流程环节和执行规范等，最终集成可行的主流程、辅助流程。任正非说："成功的经验总结出来就是流程。"这意味着企业的流程建设不能为流程而流程，僵化地推行，要抱着流程是为提高解决问题的效率服务的心态去梳理和治理。

这里需要指出的是，总结经验教训集成流程，要做出必要的妥协，不要总想着一家之言。任正非就在财务变革问题上指出："英国和美国两国为什么作为世界大国崛起，最主要是几百年来，对内政治上的妥协，我认为财务、业务、IBM 顾问间一定要有合理的推进方案。"其实，就是任正非经常说的灰度管理。

【辅助阅读】灰度管理

华为资深顾问田涛老师曾指出："高则抑之，下则扬之。"它揭示出华为"灰度"管理的本质。这里归纳出 8 条任正非对灰度管理的看法和观点。

（1）"合理地掌握合适的灰度，是使各种影响发展的要素，在一段时间和谐，这种和谐的过程叫妥协，这种和谐的结果叫灰度。"

（2）"所谓宽容，本质就是容忍人与人之间的差异。不同性格、不同特长、不同偏好的人能否凝聚在组织目标和愿景的旗帜下，靠的就是管理者的宽容。"

（3）"只有宽容才会团结大多数人与你一齐认知方向，只有妥协才会使坚定不移的正确方向减少对抗，只有如此才能达到你的正确目的。"

（4）"坚持正确的方向，与妥协并不矛盾……'妥协'其实是非常务实、通权达变的丛林智慧，凡是人性丛林里的智者，都懂得恰当时机接受别人妥协，或向别人提出妥协，毕竟人要生存，靠的是理性，而不是意气。"

（5）"妥协并不意味着放弃原则，一味地让步。明智的妥协是一种适当的交换。为了达到主要的目标，可以在次要的目标上做适当的让步。"

（6）“我们不能因短期救急或短期受益，而做长期后悔的事。管理改革要继续坚持从实用的目的出发，达到适用目的的原则。”

（7）“一个企业活的灵魂，就是坚持因地制宜实事求是……流程的上、下游还没有有效‘拉通’，基于流程化工作对象的管理体系还不很完善，组织行为还不能达到可重复、可预期、可持续化的可值得信赖的程度。”

（8）“任何事物都有对立统一的两面，管理上的灰色，是我们的生命之树。我们要深刻理解开放、妥协、灰度。”

源于实践，用于实践，在妥协中集成流程是实现流程建设的不二法则。流程变革不是纸上谈兵，也不能指望依靠某个英雄就能完成。任正非指出：“哪个业务部门认为能够不需要支持就能完成变革，那我可以理解成能够不需要费用就创造利润。”企业关起门来搞流程建设犯了“教条主义”的错误，出来的流程是“段”与“段”而不是“端”与“端”。华为十分重视从“实战”中获取经验教训，他们从全流程视角审视流程建设或流程改善，确保其能够提升企业的整体业务效率。

2013 年 4 月，华为某客户经理陈栋与某客户签订了地铁通信项目合作协议。签单成功的背后。陈栋除了喜悦，更多的还是步步惊心。他指出，当时由于缺乏先例，合同签订流程也不懂。

例如合同中如何定义罚款时，他们发现地铁的产权和物权转移与运营商不一样，以往运营商合作中的罚款的经验就无法借鉴。项目组非常希望拿下这个项目，但同时也担心对新行业项目建设的理解不充分，会带来严重的后果。

为此，陈栋与项目组私下咨询懂行的人，获取他们的经验；还通过各种渠道获取类似项目的合同文本逐一比对，以弄明白行业的统一标准，必要时就争取与对方沟通。就是在这样的边找方法、边学习的实践中，他们完成了合同签订流程的梳理和集成。陈栋与项目组在项目交付中，很多时候都是从实际出发梳理交付中方方面面的事，以保证用最佳流程匹配交付业务。

在交付初期，由于对行业的理解不深入，问题逐渐浮出水面。例如采购，行业内一般都是项目经理采购制，而华为采用的是研发合作制，由没有参与项目的研发人员决定中标对象。在此次地铁通信包项目中的信息指示牌的采购上，中标的不是当地的供应商，这为后续的交付、维护都带来不便。陈栋与项目组成了第一个吃“螃蟹”的人，在锤炼和打磨中，不断自我摸索和完善业务流程。后来，他们集成了像运作运营商业务一样得心应手的流程。

陈栋与项目组没有简单套用原有业务流程，而是立足于事实，打磨出一套适合新行业通信业务建设的流程。这告诉我们在实践中梳理和集成流程有多么重要。实际上，华为在流程建设的具体过程中遵从一定的实战性原则。

第一，他人成功的经验也是实战经验。华为推行流程过程中倡导积极学习和引进已有的成功流程，减少走弯路。例如引进 IBM 的 IPD、IFS。

第二，在现有流程标准上适时做有序改动。流程只是提供了一个模板，但并不意味着要绝对地、机械地去执行。华为会依据业务实际情况对流程做有序的改动，既避免了教条化，也避免了重新花时间想一个新流程。任正非指出：“什么叫作流程化？就是标准化、程序化、表格化！但不是僵化！你还要灵活机动才行。就是说不同的东西一定有共同的部分，共同的部分我就保留下来，不共同的我就去修改，修改都是在一个模式上进行，既方便，又不会遗漏。”

第三，追求流程，不能完美主义。企业过于追求流程化将会把自己的基层业务单元困死，因为他们只能按条条框框执行，失去了活力。华为希望自己的组织是个生龙活虎的组织。任正非指出：“我们不要把流程搞得那么复杂，不能把一切设计得这么完美，最后使得基层的主观能动性都没有了。”

第四，依靠组织，而非个体。华为创立初期，市场、研发等很多方面都是依靠英雄来完成，缺少完善的流程机制。后来，任正非认为企业更需要组织管理，而不是依赖个人英雄行为。他指出：“我们需要组织创新，组织创新的最大特点在于不是一个个人英雄行为，而是要经过组织试验、评议、审查之后的规范化创新。任何一个只希望自己在流程中贡献最大、青史留名的人，他一定会成为黄河的壶口。这就是无为而治的必需。”

第五，具备驾驭流程与组织的管理能力。在实践中梳理和集成流程需要相关人员具有出色的专业能力和综合素质，如此才能抓住机会。任正非指出："各级干部在做实的基础上，努力提高自己的素质，增强驾驭流程与组织的管理能力。”同时他也看重干部的实践能力，他强调：“在实践中拥有不断优化自己、批判自己的能力。任何一个人在新事物面前都是无知的，要从必然王国走向自由王国，唯有学习、学习、再学习；实践、实践、再实践。”

7.1.3 数据通，流程通，认真治理数据

华为的流程变革之所以能够成功，是因为里面存在着一个隐性的因素，这就是数据管理。许多大型企业在推进流程变革的时候，十分重视方法论，忽略了“基于数据和事实”的管理和优化，结果企业各环节的数据失真，或根本没有，造成流程流于表面。任正非指出：“流程通最根本是数据要通。”他点出了流程管理的关键点和数据管理的主要目标。

企业经营者要重视企业信息化管理和数据的治理。

【辅助阅读】IBM 用数据整合服务链

IBM 积极致力于打通客户信息系统间的数据无障碍传送，以整合和提高人员、流程效率。

中国台湾 Sony 公司在台湾有数个部门，几百名员工，他们努力为客户提供“零时差”服务。随着中国台湾 Sony 公司业务的发展，不断增加各种专事系统。公司从 2003 年开始导入 ERP 系统，统筹财务、库存、物料、销售和资产管理，而且还引入销售点管理系统；2004 年，导入了针对主要经销商的 B2B 系统。数据系统为公司的流程化管理带来了极大便利。不过实际操作中，他们

发现 ERP 数据系统会发生数据遗失，不得不依赖人工进行数据核验。起初的流程变革效果大打折扣；此外数据传递耗时增加，使得 ERP 系统主要功能无法按时使用。结果是前端的店铺里销售人员无法及时查看或调配产品，影响了客户的购买体验。

最后，IBM 为中国台湾 Sony 公司部署了 IBM WebSphereSe 系统，建立了各数据系统间数据交换的处理机制。中国台湾 Sony 公司的信息系统通过这种交换机制打通了数据传输路径，保证了稳定、无缝隙实时的数据交换。

中国台湾 Sony 公司因数据管理出现问题，导致了客户界面不能提供一致而及时的服务，其零时差流程管理体系受到了挑战。在 IBM 的帮助下，他们最终实现了对客户的承诺。IBM 以及中国台湾 Sony 公司的行为恰好验证了华为“数据通流程通”的流程变革理念。

通常，华为的流程管理变革和企业信息化建设同步进行，他们将经过实践检验并能够稳定运行的流程固化到企业的信息系统中，也就是流程管理电子化。具体做法就是将运行的数据添加到数据库中，实现从客户需求端到客户供应端的简洁、规范有效的连通。这种连通在很大程度上也摆脱了对人的依赖。

华为在数据管理中使用了统一的编码体系，由于编码指明了事物的唯一性，使信息能够被快速、准确地传输，而不会出现人们对流程理解和执行上的理解偏差。华为的信息工作一般会首先考虑信息的输入和输出问题，这是最基础的方面。每一步他们做得都很细，例如每次客户到访、办事处与客户接触、合同签订都要有人录入。任正非说：“流程系统建设好后，每个环节、每个岗位都要高质量地录入信息，才能减少浪费。”在解决信息的输出上，华为会对信息进行详细分类，以保证这些信息能够随时共享。任正非也指出：“信息的输入、输出问题是最重要的。”尤其是那些极有价值的核心信息，例如合同信息，他要求“销售体系要将完整、正确的合同信息向下游环节传递”。数据是一个公司的核心资产，数据准确是有效掌控流程的基础。

华为曾针对项目交付发错货的原因进行过分析，例如我们在前文提到过的“马电事件”错发了 OPM 单板。任正非也做了分析：“首先是合同需求没有理解清楚，没有做出正确合同；合同做正确了，没有正确的录入；录入正确了，没有正确的生产……都会导致发错货。甚至正确的货到了一线仓库也会发错，为什么呢？发货的人读不懂合同，然后就发错货了。这样一算下来，公司浪费极其大。我们把这些做好，就能实现账实相符，就能挤出更多效益来，所以信息录入要严格、要准确。”错误的信息导致了错误的结果，这就是流程流于表面的根本原因。

以 BOM（bill of materials，物料清单）为例。华为的 BOM 清单在产品设计阶段就会生成，供计划、采购、订单管理、生产、发货、成本核算等部门使用。华为认为 BOM 的任何一个小问题，都可能导致重大的经济损失，生产流程被打乱、仓库物料流动停止。而且一错，纠正起来损耗非常大，必须追溯到问题的源头，相当于重新走一遍流程。任正非形象地比喻道：“这好比是长江，上游污染了，下游想清亮是不可能的。”

可见，华为十分注重 BOM 管理。在其他方面亦是如此。除了做好信息的录入工作外，还会对信息进行定期的维护和更新，以保证数据的有效性。任正非强调：“当设备整个结构发生变化，如扩容、新增合同、改变连接方式时，就要对信息档案进行升级整理，同时要与现场实际情况进行核对，保证信息档案完整与正确。”华为内部总结了一些数据治理的关键项，用于指导日常数据管理活动。

第一，真正被业务所使用的数据才有价值。华为认为，客户订单全流程打通的核心是内部履行的订单与客户维度的订单要保持一致。当二者的订单信息不符时，公司的信息化系统也不能自动化、集成化地处理订单，最终会误导整个业务流程。第二，数据真实。准确的数据是打通数据的关键要素。华为认为，数据的真实性依赖于前端流程规范和数据清洁。为此，华为把最优秀的员工派到前线、基层，以规范前端业务行为。第三，经营数据可追溯。华为在数据治理方面不断提升信息管理的成熟度，力求达到数出一孔，经营数据可追溯。第四，无用数据及时清除。有效地控制垃圾信息才能保证流程执行的准确性，华为会及时删除无用数据，以此减轻信息系统中无效信息包的数量。

任正非指出："数据是公司的核心资产，信息系统是公司生死攸关的系统。"实际上，这也是华为对流程化管理的一种深刻理解，挖出一条能汇合各种水流的沟，实现端到端的流程混流，最终形成一支最精干的队伍。

7.2 用互联网方式融合全流程，让数据畅通

华为利用互联网方式融合各个流程，提高了组织、个体的效率，并降低了内外部成本。任正非说："互联网的特性是对标准化、数字化的内容传输的便利性和规模化，其本质作用在于用信息化改造实体经济，增强其优质、低成本和快速响应客户需求的能力，提升实体经济的核心竞争力。"

7.2.1 广泛采用互联网方式优化流程

华为作为全球最大的通信设备供应商，可归因于其强大的组织管理效率。而这背后则是，华为能够运用互联网方式在全球范围内进行资源最优配置和整合。任正非说："要用互联网的方式把公司内部流程打通。要踏踏实实地用互联网的方式和技术优化我们的内部流程，使内部管理（包括供应链、研发、营销等）端到端简单、有效，过程透明。"

一个好的企业，必须在流程管理上具有自适性，才能处于行业的领先位置。华为积极用互联网方式再造流程，降低内外交易成本。

【辅助阅读】彭剑锋论“互联网时代”

华夏基石管理咨询集团首席合伙人兼董事长彭剑锋指出：“互联网是一个时代，因为互联网创造了全新的生活方式、交往方式和劳动价值创造方式。当互联网作为一个时代来讲，任何一个人或一个企业就不能逆势而动，而要顺势而为，否则你就被这个时代所淘汰。”他认为：“互联网作为一个时代，它有四个最典型的特征：第一，互联网是互通互联的商业民主时代；第二，互联网是一个基于大数据的知识经济时代；第三，互联网是一个客户价值观至上与人力资本价值优先的网络价值时代；第四，互联网是一个开放共享的有机平台生态圈时代。”

当今的时代是一个变化的时代，信息技术推陈出新，市场需求日新月异，网络化管理流行于各行各业，其优势已经被广泛证实。与华为亦敌亦友的思科公司，在供应链管理上，每做成的 100 笔生意中，有 93 笔是通过思科网站的在线交易完成。它用互联网打通了整个供应流程。当客户通过思科的网站按下订单按钮时，信息就会同时传送至其生产印刷电路板厂商，和提供通用部件的分销商那里。供应商也可以随时通过思科公司外部网，连接至其生产系统查询可能发生订单种类和数量。华为亦十分看重用互联网方式优化流程。其 ISC（集成供应链）采用网络化技术，使供应链订单可视、物流状态可视、供应能力可视；在代表处也能看到订单状态、交付单元状态。华为用互联网的方式把公司的供应链流程全打通，提高了供应效率，降低了供应成本。

互联网与蒸汽机、流水线生产等技术革命一样极大地推动了社会和生产的进步。任正非指出：“采用互联网方式打通流程，不仅可以支撑企业战略性发展，而且还可以加快资金周转率，节约重复劳动造成的运作成本。”他还特意强调：“穿互联网的鞋，走自己的路。”思科与华为一样都是网络化工作的倡导者、践行者，都通过互联网，连接端与端，促成工作方式的变革。

思科全球各地员工全部通过网络连接，不论何时何地，全部日常事务都可在思科的网站上处理。

新员工到思科上班的第一天，公司会配发一台笔记本电脑、一组账号和一个密码。因为新员工所需的全部信息都在思科内部的网络上，从新人培训、企业文化介绍到请假、发薪，都可以在网络上找到。在思科，每个员工都得"自力更生"，没有人花费时间不断解释一切。有何问题，自己上网找。对于一家拥有六万多名员工、几百个分公司的企业来说，互联网化的工作方式是工作史上的一次巨大变革。思科采用"标准化整合"的理念让所有人连到思科的网站上，打通了办公领域中所有的端口。通过网络连接，让处于不同地点、不同时差的人使用同一套工作流程。例如"思科员工在线查询网站"，是一个记录了全球员工信息的通讯簿，任何人都可以快速地从中找到不同职位的员工和该员工的主管以及其下属。此外，还可以直接在该网站上，通过在线简讯联络该员工，省去了以往通过总机关找人的时间，节约了沟通成本。

思科工作流程全都网络化，也为它的人力资源管理带来了便利。如果某个员工生病，他可以先上网查询相关规则，然后在网上填请假单，不必特意打电话请示上级，同样，上级也会在网上准假。诸如发薪、休假、福利等所有涉及人力资源相关事项，都可以上网处理。如今，思科北亚区的数个分公司里，总共有 3 名人员负责人力资源相关工作。思科的人力资源部门减少了处理行政琐事的时间，转而将更多的精力放在人才招募和人才建设等重要事项上。

思科拥有六万多名员工，若按传统的办公模式处理日常事务，恐怕很快就会成为"官僚主义"丛生的组织。互联网让其管理垂直落地，不需要借助任何资源、依赖任何人就可以实现高效运转。可见，互联网有很多值得企业学习的地方。这也是任正非和华为极力倡导和推行用互联网方式优化流程的最主要原因。这种方式不仅仅体现在办公领域，只要存在运作效率低、有浪费的地方都可以采用。

任正非在2013运营商网络BG战略务虚会上指出："将内部流程打通，要作为公司未来两年内的主要任务。我坚决支持用互联网的方式把公司内部流程打通。现在我们的内部电子交易系统极为不畅，在执行合同中，还有那么多损失，说明流程系统根本没有打通到最基层。"任正非看到内部电子交易系统不畅、交付还存在损失，认为还有改善空间，于是就定下了改善的目标和期限。华为就是利用这种不断改善的方式，逐步实现流程互联网化。

互联网改变了企业做事的方式，它让信息传送层级减少、速度加快。企业经营者应学习用互联网的精神，打通内外部端到端的流程，实现与内外部客户、供应商的互联互通。

7.2.2 建设IT系统，实现信息共享

"要想富，先修路"，任正非道出了IT建设与业务管理的关系。他说："先把路修远，延伸到最基层，把作战条件创造出来。"这个"作战条件"是指传送资源的流程能力。打通基层端与后方端，"前方呼叫炮火，后方源源不断地输送弹药"。这可以视作是华为IT变革的核心。

依任正非看来，华为最重要的是管理，而管理的重要工具是IT。IT建设好了，华为的管理水平提高了，华为的共享能力也就提升了。他解释道："大公司要靠自动化、信息化、数字化才能管理好。我们有希望领先世界，但首先公司内部的IT系统要适应未来信息社会，否则让我们去驾驭信息社会，那是天方夜谭。"

【辅助阅读】思科公司的IT战略

作为一家典型的跨国企业，思科一直采取非典型的总部集权式的组织管理模式。但其却兼具大公司的规模化优势和小公司的灵活性优势，这主要得益于其成熟的IT战略。公司项目由公司的IT中心统一运作和管理；IT部门直接向

公司总部客户联络副总裁报告；下属职能部门有IT构架投资决策权。

可以说思科有着十分成熟的IT系统，支撑全球运营和业务活动。它的IT构架是一个标准化的IT平台。在此基础上，思科建立了一个内部的全球化网络，集IT、组织管理和业务经营为一身。包括CEO在内的上千名中高层管理人员可以实时分享信息系统提供的关于市场动态、订单情况、未履行订单、库存、效益、客户信息、产品需求预测和各类计划等方面的信息，管理层和员工也可以通过“思科员工联络网”共享业务开展所需的信息内容和工作改善所需的信息及工具。

思科通过IT系统和组织管理体系的一体化，确保了公司能够在高速发展的市场中抓住机会，掌控战略目标。

思科良好的管理能力得益于管理体系和IT系统的集成，就连华为也在向其学习出色的IT战略。华为认为一个企业的IT系统，应该包含企业所有成熟的流程、制度，使任何业务处理都能够通过IT系统来实现。例如企业各级管理人员在任何时间和地点都能获取达成目标所需的信息，并对所处环境有着共同的理解。

在IT系统的建设上，任正非指出：“要以一线需求为导向，前瞻性地规划和建设全球性IT支持能力，包括组织、技术架构、基础设施、应用、运维、管理体系和信息安全体系等。”一个统一的平台也是IT系统建设的关键考量要素之一，平台的对接要让外部的人也能看懂。IT系统落地后，还要不断探索，进行优化。华为通过IT系统，有效支撑了公司业务在全球持续、高速地运行和服务。

如今，华为建成了公司级的IT共享中心，能够让所有员工都享受到IT系统的服务。在全球有华为机构的地方，华为的IT系统就支撑到那个地方，不受地理位置的限制。华为的业务运营基本流程实现了实时沟通、信息共享，网上业务审批和跨部门协调。在研发领域，华为分布在世界各地的上万名研发人员，可进行7×24小时全球同步研发；在财务管理上，建立了全球财务共享中心，能够在4天内完成财务信息收集和结账，且财务制度、流程、编码和表格也实现了“统一”；在学习管理上，华为的员工、客户、供应商、合作伙伴，能够24小时自由安排网上学习和培训；在人力资源方面，引入一卡通系统，连接了每一个办公区域。每天能够精确地对3万人进行考核管理，并具有把考核数据输出至每月薪酬计算的能力；在EPR系统，实现了端到端集成的供应链，供应链管理人员每天可完成两次供需与生产计划运算，能够更灵活快速地响应市场变化，同时，客户还可以网上全程跟踪订单状态；在会议管理上，建立了全球电视电话会议系统，增强了会议的时效性，也节省了大量的差旅费；在知识产权保护方面，华为通过BS7799信息安全国际认证，有效保护了华为的知识产权和机密信息；在客户维护方面，现场工程师可以随时通过华为内部网络查阅客户工程档案和相关的维护案例，并能够在网上获得来自后方平台及时的技术与服务协调……

我们在看到华为的IT系统发挥作用的同时，还应注意他们在IT建设和运用中的成功经验。IT系统在华为是重中之重，不过任正非并没有给予其过高的要求。他指出：“目的就是要做好，不一定是世界上最先进的，也不一定是世界上最好的，而一定是最实用的。”基于这一想法，华为坚持用“欧美砖”来建“万里长城”，也就是IT系统。华为的IT部门满世界购买业界先进IT软件包，希望能够买一个现代化的IT，而不是自己搞。任正非指出：“我认为要开放，能买来的系统就买，不要自己做。你们是一个系统集成，但是系统集成不是机械、教条的集成，而是充分地消化和吸收的集成。为了建设一个大管理体系，我们设计一个系统的格局，然后各处去买，在引进的基础上，我们以消化为主，而不要自主研究。”充分利用现有成果创新是华为一贯的态度。

华为能够建成世界顶级的IT系统，还有一个重要原因，就是在购买IT工具的时候，具有长远眼光及结构性思维，那就是确保所购IT软件能够满足未来业务结构的扩容和升级。

总之，IT建设只有一个标准：适用、会用、发挥好、能真正实现共享。

7.2.3 坚持科学管理与互联网方式同步

华为建立了优质的IT系统，不过任正非说："IT系统仅靠先进武器还不够，还要有科学化管理。"在大互联网时代，人们认为工业时代的科学管理思想和方法已经过时。面对这种观点，任正非在内部"蓝血十杰"表彰会上回应道："现在需要的是创新，是想象力，是颠覆，是超越。我认为互联网还没有改变事物的本质，现在汽车还必须首先是车子，豆腐必须是豆腐。当然不等于将来不会改变。"

任正非号召向"蓝血十杰"学习科学管理精神，他说："对数据、对事实要有宗教般的崇拜，根据数据和流程来综合管理。互联网主要是解决了信息传送的速度和广度的问题，它不能改变事物的本质。"企业在用互联网方式优化流程管理时，还要注重科学管理，二者不应有所偏废。

【辅助阅读】福特蓝血十杰

"蓝血十杰"是企业管理者们对十位天才的敬称，他们在第二次世界大战期间服务于美国空军后勤部门，利用数字化管理模式，为盟军节省了几十亿美元的损耗。

战后，他们加盟福特汽车公司，并引入了擅长的数字管理，开创了现代企业科学管理的先河。

"蓝血十杰"为福特公司建立了预算编列、生产进度、组织图表、财务控制、成本和定价研究、经济分析和竞争力调查等，构成现代企业管理体系的基本要素。任正非认为，尽管这些管理方法属于传统的科学管理范畴，但"汹涌澎湃的技术革命浪潮，还是离不开基础作实"。他将"蓝血十杰"对现代企业管理的主要贡献概括为："基于数据和事实的理性分析和科学管理，建立在计划和流程基础上的规范的管理控制系统，以及客户导向和力求简单的产品开发策略。"

"蓝血十杰"基于数据和事实来进行科学管理，使福特公司迅速成为世界汽车业的巨头。企业在面对新生事物时，不能总是强调颠覆，而是要花几年时间将内部关系理顺，踏踏实实地把管理落地。

许多企业及管理者好走捷径，不愿做实科学管理，是因为科学管理的过程是枯燥的、漫长的。美国航天飞机立项时，涉及大大小小 4 万多个工厂、40 多万研究人员。每个步骤、零件都需要严格的计算，并严格按程序表生产零部件；现场管理更是需要精细化的管理。最后花费数年时间、200 多亿美元才把航天飞机做出来了。试想如果哪个管理者、研究人员心浮气躁、缺少对数据的敏感，在某个环节疏忽了，那么航天飞机就不会成功；如果整个航天飞机项目管理急于求成，不以科学管理做基础，那么多半也不会成功。企业经营者应科学地掌握生产规律，遵守严格的数据、事实与理性的分析原则，做实基础。否则就谈不上科学，更不可能建立完善的科学管理体系。

为此，任正非指出："公司不要炒作互联网精神，应踏踏实实地夯实基础管理，深刻地分析合同场景，提高合同准确性，降低损耗，这也是贡献，为什么不做好呢？为什么要找用户的信息轨迹，而不去找供应链末端 5 000 多个点的供应规律？我们每年报废、退货、汇率损失将近 100 亿元，为什么不在这 100 亿元里找自己存在的问题，非要去外面挣两毛钱？"

他还说："弄个方案不叫科学管理。华为公司在从小公司到大公司发展的时候，每次膨胀都没有出现大的问题，我们那时拍脑袋牵引这个计划发展，这种不科学的方法不能长远延续下去。但是你们都不搞调查研究，坐在那儿玩计算机，也不叫科学管理，计划不能坐在电脑面前根据历史数据曲线来预测，我们的市场从来就没有稳定过，而是像游击队一样，抓住了机会，就多一块市场，没有抓住机会，就少一块市场，规律性不明确。”

可见，科学管理就是要有计划，各个指标数据都有据可依。华为坚持围绕计划进行经营管理，以代表处为例，就是始终围绕财务数据进行。

我们在追求科学管理的同时，也要清醒地认识到：科学管理的理性主义精神奠定了福特等美国巨型企业，但在 20 世纪 70 年代，福特等现代企业过度崇拜数字管理，处处强调控制的管理方式，开始暴露出弊端。最大的表现就是这些企业成了内敛的、封闭的集团，严重缺乏创新。局限于内部控制的数据和理性分析，并不能满足日新月异的市场变化。那个时期，它们的决策已经远离了客户和市场，遭遇困境是必然的。

华为认为任何事情都不可走极端，因而始终坚持“以客户为中心”的核心价值观。任正非说：“蓝血十杰是一批职业经理人，是将军，我们也需要一批各方面的统帅人物，需要在管理、研发等领域造就出一批战略家。战略家的目标永远是以为客户服务为中心。也要一批望星空的思想家，他们要能假设未来。唯有正确的假设，才有正确的思想；唯有正确的思想，才有正确的方向；唯有正确的方向，才有正确的理论；唯有正确的理论，才有正确的战略……”

战略家让华为的流程化管理始终朝着正确的方向前行；思想家让华为把握未来的脉搏，为一切战略和管理奠定正确的理论基础。

7.3　建立流程督导与保障机制

企业在建立流程后，应立即制定相应的督导和保障机制，以保证流程能够在企业中快速推行和贯彻。华为的业务活动千变万化，其运转却是秩序井然，这要归功于其规范的流程语言、明确的授权机制以及良好的执行习惯。

7.3.1　以规范的流程语言统一认识和行为

早在华为引进 IPD 的时候，任正非就提出先僵化、再固化、后优化。其中，固化就是制度化、程序化、模板化、标准化。我们可以将这些视为流程语言，因为任何人照着程序、标准等执行流程都会输出同一个结果，或处于同一个流程界面。

任正非指出："各流程管理部门、合理化管理部门，要善于引导各类已经优化的、已经证实行之有效的工作模板化。清晰流程，重复运行的流程，工作一定要模板化。一项工作达到同样绩效，少用工，又少用时间，这才说明管理进步了。我们认为，抓住主要的模板建设，又使相关的模板的流程连结起来，才会使 IT 成为现实。"

可见，规范的流程语言是统一员工认知和行为的前提。流程语言要简洁、效率，一句话能说清的事决不用两句话，一页纸能写下的事绝不用两页纸。

【辅助阅读】保洁公司一页纸管理

保洁公司曾提出过"一页纸管理"。查德·德普雷曾是全球500强企业宝洁公司的CEO，他一向以雷厉风行的作风而出名。

一天，公司的一名高管向查德·德普雷提交了一份厚厚的提案，详细介绍了他对公司某些问题的看法和建议。查德·德普雷接过提案后没看一眼，就拿起笔在封面批示道："请把它精简成我想要的东西。"写完后，当着那位高管的面狠狠地扔在桌子上，并把提案退给了他。本以为凭借一份厚厚的方案，能够得到领导的赞赏，谁知却碰了一鼻子灰。回去之后，这位高管进行了大幅删减，自认为新的提案非常完美，于是信心十足地递交给查德·德普雷。查德·德普雷随手翻了翻，客气地说："我不能理解复杂的东西，你写的东西最好不要超过一页纸。"说完，又把提案退回了那位高管。这位高管经过反复修改，将所要表达的内容压缩至一页纸之内，最后终于赢得了查德·德普雷的赞许。

之后，"一页纸管理"被广泛使用于企业各个领域，查德·德普雷也被称为"一页纸CEO"。"一页纸"成了宝洁公司专业、简洁的制度。正如查德·

德普雷所说："一页纸制度，是宝洁公司高效率工作的标准，也是高效益的秘密所在。"

保洁公司为众多企业树立了一个榜样，规范的流程语言应是简洁明了的，这是任何文件制作的基本要求。这也是华为所重视的。总之，管理的规范化是华为长期努力的目标和任务。任正非认为，规范化是所有员工做好事情的法宝。

对于规范化管理的要领，任正非说："就是工作模板化，就是我们把所有的标准工作做成标准的模板，就按模板来做。"企业中总有一些人懂得多、能力强，喜欢不停创新，对规范的东西很抵触。对此，华为内部曾发表过一篇《标准不是一纸空文》的文章，对那些不遵从流程的人提出了批评意见：

"作为个别用户，您也许体会不到标准有多么重要，但作为一个大型制造企业的内部IT热线中心，我们深深感到制定和推行标准的必要性和紧迫性。当今，信息技术迅猛发展，产品换代日益加快。像我们这样拥有一万多名员工的大公司，如果计算环境不实施标准化，各部门或个人的硬、软件平台全都根据自己的需要进行选择和配置，势必五花八门。那么一旦有人遇到故障，很难想象能够寻出一位'全能技术好手'来应对它，即使是整个IT热线中心倾城出动，也未必能够应付这些千奇百怪、毫无规律的各种软件、硬件故障，更谈不上经验积累。"

华为要管好17万人和全球几百个国家和地区的业务，没有规范化怎么能行。其实，任何一家企业都要将流程执行规范化，以保证流程发挥出应有的价值。如何确立统一的流程语言，华为首先是固化，把能确定的全部制度化、程序化，例如合同签订机制、财务管理制度等，将管理例行化；其次是模板化，也就是标准化，例如岗位操作标准化、合同文本规范等。

例行化就是不断把例外事项变为例行的事项。华为强调要将已经有规定，或者已成为惯例的事项，尽快在流程上通过去；让还没有规定的事项尽快成为规定和惯例。一个企业的例行事项越多，流程处理就越快；科学化的程序越多，个人的经验知识就越不需要。企业在例行化上应围绕“事”进行，而不是人。

丰田生产方式的创始人大野耐一，在一次现场巡视中发现工人们偏好手动打孔。于是他问道：“为什么不利用机器完成你的工作?”工人回答说：“这会更快一些，每天可以打 80 个孔。”当时确实是这样，机器打一个孔 40 秒，而人工为 30 秒。不过，大野耐一立即提出尖锐地质疑：“30 秒打 1 个孔，那么 1 分钟是 2 个，1 小时就是 120 个，对吗?”工人们都低下了头，无言以对。大野耐一指出：花费 8 小时打 80 个孔，是因为手工打孔是 30 秒 1 个，不过，每打 3 个孔之后锥子就会发热变得迟钝，需要打磨，打磨一个锥尖需要 30 秒，由于需要排队等待，所以往返一次要 10 分钟时间。这样一来，打 80 个孔就需要 8 小时。而机器打孔不用频繁更换锥尖，即使更换也发生在机器运转周期内。尽管手工打孔比机器打孔快 10 秒钟，但实际打孔的时间只有 40 分钟。

大野耐一坚持让员工用机器打孔就是一种固化，从制度上保证了工作的例行化。标准的制定华为则强调要通过案例总结，汇总成方法，确保所有人都能看懂、理解一致，而且能用。

规范的流程语言能够提升流程管理效率，但也要灵活应用模板。任正非说：“提供了一个样板，一个模板，并不是让你绝对地、教条地去执行这个模板。你可以在这个上面做些有序的改动，好过你什么都从头想一遍。什么叫作流程化？就是标准化、程序化、表格化！但不是僵化！你还要灵活机动才行。”

7.3.2 沿流程授权，确保流程持续运行

沿流程授权是指依据既定流程要求，赋予流程执行人员相应的权力，在整个流程中人们各司其职、各有专攻，避免了重复行权或责任不清等问题。华为倡导沿着流程授权、行权，以实现权力逐层下放，最终摆脱中央集权的效率低

下和部门墙的阻碍，实现客户需求驱动的流程化组织建设目标。

华为的沿流程授权强调对事负责的流程责任制，而不是对人负责。他们把权力下放给最明白、最有责任心的人，让他们对流程进行例行管理。因为只有“有为”才会“有位”。华为沿流程授权的另一个表现就是，不断地把高层例外管理的权力转变为例行管理，以减少人为干预，让确定的事情快速通过。企业一定要按流程来确定责任、权力以及角色，淡化功能组织固有的权威。

【辅助阅读】管理岗位 AB 角机制

企业的业务流程运转是一个不间断的活动，某个员工的离开可能导致流程中断。此时，管理岗位 AB 角机制就是业务流程持续运行的保障。

“AB 角机制”的定义：具体是指 A 员工对某业务负主要责任，B 员工为 A 员工的接替者，当 A 员工因故无法满足其负责的流程业务活动时，B 员工就立即担负起 A 员工原有的责任。A 员工与 B 员工不得同时离开。

“AB 角机制”的特点：B 员工的职位高于 A 员工。B 员工具有比 A 员工大或多的决策权，在替代过程中，可以自行决策相关事宜，而不必向上级请示。这能保证流程顺畅运行。

AB 角机制确保了流程的持续运行，排除了不确定因素的干扰。这只是华为选择被授权者的一个缩影。华为遵循人才成长规律，依据公正的考评结果，建立对流程负责的责任体系，让“有为”的人承担业务流程管理的责任。他们不拘泥于资历，依据制度性甄别程序，对有突出贡献者破格晋升。不过，任正非还是提倡循序渐进的办法，他说：“我们要求每个员工都努力工作，在努力工作中得到任职资格的提升。我们认为待遇不仅仅指钱，还包括职务的分配、责任的承担。”。

在授权上，华为认为责任、权力和权利是三位一体的。只有这三者完美统一，才能使流程持续运行成为可能。任正非认为流程化组织是一个基于流程来分配权力、资源和责任的组织。可见，三者的关系非同一般。授予权力的同时，华为还建立问责机制和分配机制，任正非说："我们将不断实行问责制，追溯责任者、主管者、领导者对事件应负的责任，以及适当的处罚。当然，他们同时也享有准确、及时、安全……我们要用制度来保证对流程结果负责这种精神的传承，要让为全流程做出贡献的人，按贡献分享到成果。"

2014 年，《华为人》发表了一篇《"波"澜老成：把"自治权"还给开发者》的文章指出：版本开发团队经常会抱怨 X 管理部门要求用 A 工具，Y 管理部门要求用 B 工具，两个工具有很多重迭，付出很多学习成本，但收益甚微；这个 Top 工作要求提升效率，那个项目又要求全面排查；试点项目中要求新的交付件，但流程审计又检查老的交付件，精力都用于转换文档了。面对种种改进要求，版本开发团队直呼伤不起。

开发团队主管向领导反映，要求上级领导协调不同"主管部门"的管控要求。领导认为开发团队与这些部门关联并不大，不用受制于人。这个主管抱怨说："公司的'庙'多，没准哪天就要去'拜佛烧香'，谁也不敢得罪啊！"

仔细分析不难发现，各路人马在版本开发过程中，纷纷提出改进意见，但他们只考虑某项改进对版本的收益，没有从系统的角度考虑改进是否会发生冲突等问题。一项改进还未落实，又投入到另一项改进中，最后哪个都没改成功。对此，开发团队的上级部门对版本业务进行了重新规划，即明确开发团队、各部门的权力和责任。各部门定位于支撑职能；授予开发团队更大和更多自主改进的权力。改进什么、何时改进、什么时候停止，甚至是设定改进目标、方案、评估效果都由开发团队负责，此外，也对最终结果负责。可以看出，此次规划完全沿流程授权、行权。在这之后，华为内部在测试领域建立了 3A（AnyTime，AnyWhere，AnyBody，指定时间支持、指定地点支持、指定人员支持）的责任制。

整体上，各部门要求改进的项目减少了，但测试经理在改进工作上的关注和投入明显增大，不同改进项目之间的协调也更加有序、充分，不再出现过去谁都提改进意见，但又没有人负责的状况。

华为内部这次版本开发团队改进，明确了权责利，保障了流程的顺畅运行。任正非指出："与流程运作无关的人员及组织都必须裁掉。"

流程运行不畅很大程度上是因为流程责任不清晰，例如处理问题的决策权的授权、行权、问责无法落实。企业经营者应明确在整个流程中谁是主要责任承担人，以及要担几分责任；谁是责任人的上级，他又担多少责任，他在管理团队时应担任什么责任。在华为，每个流程环节都有明确的责任人、主管人、分管领导，每一级都有各自明确的责任，快速处理事件，例如每级责任者在签署下级文件时，都要明确自己的处理意见，然后才能上报，禁止反授权行为。

7.3.3　严格督查，形成按流程执行习惯

华为在确定每一项流程后，都会进行监督，让公司上上下下都养成按流程做事的方式和习惯。任正非说："当年我们还很幼稚的时候，不会冲锋、不会管理，可能让业务主管只聚焦产粮食，把监管的责任交给了别人，但这是不正确的。"管理者在关注业务的同时也应做好流程监管，确保组织的稳定运转也是管理者的责任之一；再者团队有一个执行流程，可以促进业务的提升。对于企业而言，必须看重流程监督，因为公司的业务范围广，只能采用流程化管理。

企业应让每个环节的责任人履行好监管责任。华为为了让干部更好地担负流程监管责任，会让一些即将走向业务主管和重要管理岗位的人在重装旅学习监管，以确保将来知道如何管好队伍。

【辅助阅读】督查者的权力和制约

企业为避免督查流于形式，应规范流程督查者的权力和行为。

督查者权力：四个任何。建立一个最高的监督检查单位，确保其具有这样四个权力，能够在任何时间、地点、对任何人的任何工作进行检查。

督查者制约：三可一不可。“三可”指可看、可听、可问，“一不可”指不可以发表意见。督查者在监督时，不可干预正常的业务活动。当然，业务主管本身就是监督者时，是可以要求下属立即改正的。

在华为，业务主管人员是流程监督的直接责任人，而不是把所有监督职能都推给审计部或其他相关部门。此外，任正非认为想要监管好流程就必须树立流程权威，首先要让所有人认识到高于一切，这样进行流程监管才有人听、有人重视。他坚决让那些阻碍流程的干部下岗。这也是优秀企业所坚守的管理理念。

1998 年，万科集团上海分公司的一名销售主任到深圳总部，投诉上海分公司违反人事流程解雇他。万科调查发现，这名销售主任与总部刚派到上海的销售经理在工作上存在分歧，于是经理解雇了这名主任。事情似乎也没什么，但人事流程管理规定：基层管理者若在工作上犯了错误，首先要降职，如果仍犯错，才可辞退。万科公司的调查结论是这名经理违反了解聘流程。但销售经理说要么总部撤销这个调查结论，要么他就辞职。万科撤销了解雇销售主任的决定，降级留用；同时接受销售经理辞职。

万科的企业文化是“忠实于制度”“忠实于流程”，而不是“忠实于某个人”，做出这样的决定也在情理之中。

像万科一样，华为也在内部坚持贯彻流程化管理。任正非指出：“关于流程的监管问题，我认为流程本身就是监管，在流程里再建一个监管部门我认为不一定是非常合适的。只要坚持流程化，就能解决很多问题。如果流程里面再搞监管，就更复杂了，流程越复杂越管不了，不知道问题出在哪里了。”流程本身就是监管体现在流程的例行管理。任正非以长江水为比喻说：“当水大到一定程度，成了洪水时，就要去特别管理，即是一种例外管理。例行管理就要坚决贯彻流程化管理。”出现例外管理时，华为会增设例外管理机构进行监督管理。华为会允许这种例外管理发生一两次，然后对其进行规范化，转为例行流程。这种按流程例行执行的方式，是一种自然而然的运转模式，不需要特别管理。当然流程也存在流量变大、变小的问题，这时任正非说：“流程管理也如河道管理，要疏浚，要修堤，使得没有瓶颈，可以匀速流动。让它按例行方式自然流。”

胡毅（化名）是乌鲁木齐办事处一名客户经理，2011年加入华为。刚进办事处，老客户经理就依据经验告诉他做事的流程，怎么评审、怎么签合同。就这样，他的第一次业务开展得还算顺利，也形成了对“流程”的认识。但后来发现，他坚守的这套流程只要一换系统部就需要调整。

不久华为内部围绕“一点两面三三制”原则开展流程学习活动，在学习过程中胡毅对“两面”体会较深：一是建立流程体系，二是建立责任体系。他感受到没有最完美的流程，只有在现有流程下及时的问责制度。他指出，以往销售人员都背负着高目标，也想着高绩效指标，因而好多人都抱着一种想法：“订货越多，指标越好，先把客户搞定，不能按时回款也可以先签合同。指标上去了，奖金也上去了。”销售人员流动大，一交接，合同就与他们没关系了，俗称“前人挖坑后人填”，甚至有人调侃道：“不填坑怎么能成长！”胡毅越来越意识到LTC流程的重要性。他指出，经过半年来的LTC流程优化，内控管理，办事处有了新的变化，从原来的抵触，到如今的不断磨合，再到规范。胡毅和办事处正在养成良好的按流程执行的习惯。日常工作中，违规操作和界面外业务行为也受到了严格的监督，办事处工作效率也随之提升。

这是华为一位客户经理眼中的流程遵从，从例外到例行，经历了流程意识的种种转变历程。我们可以看出，华为经过LTC流程优化，让业务领域的人员都遵从流程执行，加上完善的监督和责任体系，一旦有人违规就会受罚，最终，形成自我约束意识。华为的流程监管是多种多样的，但最终目的是让员工、干部从内心遵从。外部监管是一方面，自身反省也是养成按流程执行的一种手段。

例如，华为的每个季度进行考核，都会要求员工依据考核结果自查自省，而员工会针对与自身岗位的相关度进行反省。在这样的不断反省中，将按流程执行变成自己的习惯，成为固定的心理程序。

华为在监管流程方面不仅重视“推”，而且还强调“牵引”，也就是用前端客户要求牵引后端服务。例如华为市场部要对研发部问责；产品线必须制造符合代表处需要的产品；解决方案必须同时满足研发、行销、服务要求。任正非指出：“我们强调，代表处要以利润为中心，产品线要以销售收入为中心，代表处有产品选择权、客户选择权、合同决策权。产品线必须穿透行销、生产、服务。这样就把研发逼近向‘以客户为中心’转移。”这种牵引能够很好地向后面的流程传递压力，迫使后端遵照流程执行。

在任正非看来，规范化也是一种监督。他说：“规范化是一把筛子，在服务的过程中也完成了监督。要把服务与监控融进全流程。”例如华为的财务以会计的规范化服务与管理，自动、实时地在服务中审视业务流程的规范性、合理性以及风险性，在服务的同时也完成了监督。

7.4 全面培训，强化流程执行力

培训是华为提升干部、员工流程执行力的重要手段。华为首先注重对新人进行培训，一开始就打上华为高效执行的烙印；其次通过训战结合的方式，让员工快速提升实战技能；最后通过循环学习，培养员工的综合技能。

7.4.1 新人培训伊始，就注入华为基因

华为培训新人伊始，就给刚走出校园的学生们注入华为的灵魂与基因，这与任正非一心要建设一个流程化的组织有莫大的关系。我们说流程的执行归根

结底还是要靠人实现，一个能完全遵从流程的干部或员工是贯彻流程的必要条件。华为一开始就将企业优秀的特质灌输给新员工，让它们成为新员工的内在特质。

被誉为华为圣经的《致新员工书》，最早发表于 1994 年 12 月 25 日第 11 期《华为人》，多年来任正非亲自修订了数次。2015 年，任正非对该文做出最新修订。这篇《致新员工书》的内容充分体现了华为的一种内在的文化基因。

【辅助阅读】华为的文化基因

我们对《致新员工书》进行了摘录和提炼，以飨读者。

（1）尊重并重视实践。“实践是您水平提高的基础，它充分地检验了您的不足，只有暴露出来，您才会有进步。实践再实践，尤其对青年学生十分重要。只有实践后善于用理论去归纳总结，才会有飞跃的提高。要摆正自己的位置。”

（2）呼唤雷锋精神与英雄行为。“我们呼唤英雄，不让雷锋吃亏，本身就是创造让各路英雄脱颖而出的条件。雷锋精神与英雄行为的核心本质就是奋斗和奉献。在华为，一丝不苟地做好本职工作就是奉献，就是英雄行为，就是雷锋精神。”

（3）接受挑战，不屈不挠。“在华为，您给公司添上一块砖，公司给您提供走向成功的阶梯。希望您接受命运的挑战，不屈不挠地前进，您也许会碰得头破血流，但不经磨难，何以成才！”

（4）要有社会责任。“公司要求每一个员工，要热爱自己的祖国……不要做对不起家人、对不起同事、对不起您奋斗的事业的人。要严格遵守公司的各项制度与管理规范。不贪污、不盗窃、不腐化。严于律己，帮助别人。”

（5）“烧不死的鸟就是凤凰”。“真正绝对的公平是没有的，您不能对这方面期望太高。但在努力者面前，机会总是均等的，要承受得起做好事反受委屈。‘烧不死的鸟就是凤凰’，这是华为人对待委屈和挫折的态度和挑选干部的准则。”

(6) 干一行，爱一行。“希望您丢掉速成的幻想，学习日本人踏踏实实、德国人一丝不苟的敬业精神。干一行，爱一行，行行出状元。您想提高效益、待遇，只有把精力集中在一个有限的工作面上，不然就很难熟能生巧。您什么都想会、什么都想做，就意味着什么都不精通。”

(7) 遵循循序渐进的工作原则。“公司永远不会提拔一个没有基层经验的人做高层管理者。遵循循序渐进的原则，每一个环节对您的人生都有巨大的意义，您要十分认真地去对待现在手中的任何一件工作，走好职业生涯的每一个台阶。”

(8) 努力学习。“培训很重要，它是贯彻公司战略意图、推动管理进步和培训干部的重要手段，是华为公司通向未来的重要阶梯。你们要努力学习先进的科学技术、管理技能、科学的思维方法和工作方法，培训也是你们走向成功的阶梯。”

(9) 自律。“业余时间可安排一些休闲，但还是要有计划地读些书，不要搞不正当的娱乐活动，为了您成为一个高尚的人，望您自律。”

(10) 拥有自己的竞争力。“我们不赞成您去指点江山，激扬文字。一个企业要长期保持在国际竞争中的优势，唯一的办法便是拥有自己的竞争力。如何提高企业的竞争力，文章就等你们来做了。希望您加速磨炼，茁壮成长。”

新员工有着良好的可塑性和求知欲，这也是华为和众多企业广泛开展校园招聘的重要原因。华为在新员工刚进园（华为大学）就注入了军魂。经过一个月华为特有的军训，让这些高知型员工认识到何为责任、何为组织纪律、何为执行、何为荣誉；让他们深刻理解华为“胜负无定数，狭路相逢勇者胜”

的胜利精神、“胜则举杯相庆、败则拼死相救”的集体奋斗感、“上甘岭”呼唤英雄的奉献和牺牲精神。2015年11月29日，任正非为金一南将军的文章《胜利的刀锋——论军人的灵魂与血性》专门撰写编者按：“军人的责任就是胜利，牺牲只是一种精神。华为的员工不只是拥有奋斗精神，更要把这种奉献，落实到脚踏实地的学习与技能提升上，在实际工作中体现出效率和效益来。”他号召广大员工将军人的特质转化到工作上来。

华为从不相信“空降兵”能拯救华为，带领华为人取得胜利。这是华为在发展的道路上总结出来的。

当年华为为了满足快速发展的需要，曾对干部队伍进行大力整顿，并让不打粮食的干部下台。当时，专门聘请了一位来自IBM的采购总监，担任华为副总裁一职。刚开始，很多华为人都对这位“空降兵”很是敬仰。但是，这位“洋”副总裁始终无法适应华为的工作环境，也不能跟上华为人惯有的工作节奏，很多华为人变得不耐烦，甚至出现为工作争议而公开顶撞的情况。结果，这位华为有史以来的第一位“洋”副总裁，不仅没有帮助华为做出预期的贡献，而且还因无法适应工作环境而离开。

每个企业都有自己独特的基因，华为也不例外。通过上面的案例可以看出，两种文化基因是不能互融的。在华为内部成长起来的员工有着华为深深的烙印，也就是基因沉淀，这让他们有着强大的执行力。

张兵（化名）在30岁时以应届毕业生的身份加入华为销售部，他刚出华为大队训练营，就被派到国内某代表处。领导要求他10天内必须拿回通签合同原件，用他的话说：“别人刚出营还有导师带，我这一来就冲刺。”玩笑归玩笑，他下到地市，天天蹲守在客户总经理门口。第一天，见到客户，对方根本没有理睬，进屋关门，保安来赶；第二天，硬跟进办公室去，赔礼道歉，被客户批好几个小时后，撵出来；第三天，他依旧在门口等着，见面就赔礼道歉，2个小时后，又被撵出来。张兵一直不明白为何客户如此生气。直到第四天才明白，原来是前任销售代表把客户得罪了。客户还给代表处发了正式信函，要求前任销售代表不能出现在省内。经过三天蹲点和挨骂总算是弄清了“客户需求”，那就是赔礼道歉。张兵刚到任不满10天，就挨个部门赔礼道歉，合同的事，客户一直没提。签合同的最后期限是中午12点，客户一点消息都没有，代表处已经放弃了。但很快，客户致电说总经理下午6点签字。

客户到哪里，张兵就在那里，锲而不舍。他的这种特质与他在华为大队训练营的培训是密不可分的，在那里他获得了自信，以及华为特有的文化基因。在这种基因的驱动下，让他完成了看似不可能的任务。后来，张兵被调到新加坡代表处，第二年就拿到个人销售金牌。

任正非十分重视新员工，把他们视作华为的未来。任正非表示，华为的文化是开放的、包容的，是不断吸纳世界上好的优良文化和管理的，并告诫新员工，没有责任心，不善于合作，不能群体奋斗、缺乏自我批判精神的人，等于丧失了在华为进步的机会，是在空耗宝贵的光阴。任正非积极帮助新员工迅速融入华为，并发挥出他们的最大价值。

7.4.2 训战结合，快速提升执行素养

华为通过训战结合的模式培养了大批能够迅速解决问题的实战性员工和干部。古语有云：“纸上得来终觉浅，绝知此事要躬行。”企业培训员工不能只教授原理，还应该教如何做，以及如何做到最好。

华为经过几十年的摸索，采取了循环作战的方式，把一部分员工从前线抽调回来赋能，再派往战场，其能力获得了很大提升。任正非指出：“钢铁战士不经过培训，如何能当将军？赋能不是关起门来学习，要训战结合。”华为训战结合的主要基地是华为大学。培训和训练所使用的素材，包括表格、代码、流程、标识符、格式等都与一线业务所使用的完全一致。任正非前往德国企业考察后说：“德国的技工培训，先手工锉一个零件，零件要拿去实用，再来学理论，所以德国机械工业无敌于天下。”其意在强调通过实践操作的训练能够

提升执行素养。华为每年输送2 000个高中级干部、专家上前线，这些人无一不是先到战略预备队接受训战。

【辅助阅读】华为战略预备队

任正非认为，战略预备队聚焦未来公司新的结构和运作方式，主要目的是结构改革。战略预备队指导委员会由任正非亲自担任指导员，三个轮值CEO做委员。

战略预备队的主要责任：战略预备队是能力交付平台，负责向代表处、研发、财务等部门输送人才。任正非说："战略预备队整个体系不只是市场，也包括市场研发、财经等所有体系。我们要转换，把优秀的干部组织输送出来，进行面向未来的训战结合，建立适应作战方法的能力，把他们再送到一线，要重新参加作战。"

战略预备队的特点：战略预备队是训战赋能机构。任正非说："这里不是干部任用的权力机构，但要对人员鉴定推荐。我们不能确保升官发财，但提供升官发财的机会。在战略预备队没有职位分配的权力，只是重要人才供给培训的基地。"

战略预备队的作用：战略预备队的作用是让组织保持新鲜的血液。任正非指出："要让组织换血，加强血液循环流动，这就延缓我们公司垮台的过程。我们的队伍永远要有新生的血液往前冲，新生血液包括我们这些愿意接受新事物、新观点、能保持持续学习能力和意愿的各级高级主管与专家。"

战略预备队的人员来源：一是，选拔每年排名靠前的优秀人员进入战略预备队；二是，风险国家裁员后的人员，全部转到战略预备队里。三是，因结构性改革，例如关闭一些产品项目，这些人也是人才，也被送入战略预备队重新找机会。

华为的战略预备队是典型的训战结合模式，为华为培养了一批又一批的人才。

有些时候，企业苦口婆心地教育学员如何如何，但收效甚微。这是因为课堂宣讲，大家觉得无关痛痒。华为就坚决不搞培养制，更多的是选拔制，选拔更优秀的人上来。把人才放到一个池子里孵化，合格了就上任，不行就淘汰。任正非指出："我们不搞培养制，我们没有责任培养你，我们是选拔制，选拔更优秀的人上来，在全公司和全世界范围内选拔优秀者，落后者我们就淘汰。我们不会派一批老专家苦口婆心地与落后者沟通，迁就落后者。"在华为，用训战来确定一个人的去留，而不是爱不爱学习。我们来看一下华为训战结合的日常推动情况：

华为训战结合不流于形式，"吵架"是常态。连任正非也说："这里没有老师上课，只有'吵架'，吵完一个月就各奔前程。"当然，训与战还是有一定区分的：作战要以结果为导向，训练以学习理解为导向。这就要求赋能简单化，保证受训人员快速掌握方法和策略。华为的赋能和考试以沙盘为中心，凡是准备参加训战培训的人员都要将本业务单位的沙盘带来。例如华为某国代表处进行训战培训，本代表处要出人参加，准备沙盘；其他准备变革的代表处来学习，也要携带沙盘。华为的训战培训会增加考试一个环节，以检验学员的理解程度。任正非就此指出："在现实工作中，我们不主张多考试，因为浪费实战时间。但是培训，主张多考试，一个星期至少考三次。培训结束之前，先把你自己的沙盘讲清楚，毕业后带着沙盘回去，一边实践，一边修改，最后看结果。"在培训实战中获得解决问题的能力是华为人才培训的主要目标。对于讲得十分"精彩"的学员，任正非强调不要给高分，能解决实际问题的才给高分。

可以看到，华为的训战结合，不受地域、空间限制，且具有很强的实用性。此外，华为也经常采用导师制的方式，在实际流程操作中用言传身教的方式培养员工。早在19世纪，英国牛津大学就开始实行导师制，通过导师的指导使学生获得专业知识和技能，它的最大特点是师生关系密切。如今，导师制已广泛被IBM、通用、德国西门子、松下等世界顶级企业所运用，并深受管理层和员工认可。导师制广泛运用在企业员工业务能力成长等方面。导师因材施教，循序渐进指导员工的工作技能，并启迪他们的心灵与思想，使他们迅速成长为企业的中坚力量。任正非说："优秀的导师是我们的干部预备队。我们以前是关起门来培训，回去以后还是走到老路上，所以我们要将封闭式培训转变到实际操作中，一步步改变工作中的不良习气和恶劣方法。"

华为还建立了"金种子计划"，具体指公司推行的实践变革项目，例如LTC、IFS、交付 ERP 等，在华为各国市场推行成功后，挑选一半人补充到其他国家去开展业务。成功后又产生一批优秀干部，这就是任正非所说的"干部螺旋式洗澡，把优秀的人洗上来了，培养金种子"。凡是有成功实践经验的，华为都会派往代表处，不论资排辈。

总之，华为通过训战结合是为了让主管人员学会去正确地做事、做正确的事。

7.4.3 循环学习，随时适应变化中的流程

循环学习，即为适应新的流程变革，当事人从一个新岗位入手，完成闭环，然后进入另一个岗位学习，周而复始不断提升自己的流程管理能力。

华为为员工设置了"之"字形的个人成长路径。它的好处在于，一个员工如果在研发、财务、供应等部门从事过管理，又在一线市场做过项目，工作经历丰富，那么他在解决问题时，就会从全流程、端到端地考虑问题。任正非一直强调干部的流动要形成例行的轮岗制度。任正非说："我们要推动队伍循环流动，进一步使基层作战队伍的各种优秀人员在循环过程中，能够流水不腐，形成整个公司各个层面都朝向一个胜利的目标，努力前进和奋斗。"轮岗制对我们来说并不陌生，在众多的企业中随处可见，但能把它用到极致的并不多。

【辅助阅读】丰田两小时轮岗制

丰田公司很早就采用了员工两小时岗位轮换制度，一般每隔两个小时工人

就会被轮换到其他岗位上工作。这样做的好处：

首先是减少了重复劳动带来的疲劳感，有易于提高生产力和员工的精神状态。丰田生产线节拍时间约为一分钟，重复一个动作会让工人丧失活力和思考力。

其次是让员工养成主动思考的习惯。在新岗位上，员工常被要求思考“我们为什么每两个小时轮岗一次”“我怎样才能防止错误”“我怎样才能使这项工作更安全”？这种做法也被称为“丰田思考生产系统”。丰田非常重视思考价值，认为这是改善的关键组成部分。轮岗后，丰田能够从更多的角度得到有创意的提案。

再次，两小时轮岗会让员工熟练掌握不同流程环节的工作技能，可以随时到需要地方。这对流水线生产意义重大，意味着公司可以保持灵活性，使企业生产可以在客户需求不断变化中随意切换。

最后，工作时切换到另一道工序中，能够身体力行地感受到自己原有工序工作对当下工序的影响，帮助他们更好地树立下一道工序就是客户的理念。

丰田为什么要进行轮岗呢？这实际上是体现学习能力的一个很好的方式。因为员工一旦在同一岗位待的时间长了，难免会麻木。经过适当的轮换岗位，不仅让员工汲取了方方面面的新知识，也拓宽了他们的视野。对于岗位轮换，任正非还强调：“华为人需要选择做奋斗者，不能太舒服，太舒服了就没有了追求。”任正非希望通过这种易职、易岗、易地的措施，激励每一位华为人不断学习，适应流程变革的调整能力。

2011 年，随着华为由屯兵组织向精兵组织模式的转变，对综合型人才的需求也越来越多。在华为内部，以一线团队为主，在交付中交叉工作，不断提升员工的综合技能。胡鑫（化名）是内蒙古某地代表处一名核心网主管，他上任后重新梳理团队成员的工作方向，加快固网产品维护人员向移动核心网业务的融合转型进程，实现一专多能。

新建项目交付 TD 的工作中，固网维护工程师需亲自参与核心网络设计和脚本制作，这要求他们接触新的工作，包括设备调测等工作，以提升核心网产品技能储备。交付完成后，他们要承担局点维护的本职工作。核心网主管胡鑫在交付中充分利用现有人员，取得了很好的结果。在 2015 年，产品线推动完成 20 多人次培训，极大地支撑了交付资源。核心网团队经过交叉工作、学习，提高了现有人员的综合能力，使核心网产品线运作取得良好的结果，2015 年圆满完成了某次大型赛事的通信保障；通过团队现场服务，实现维保收入排名全国前列；输送多名骨干从事 TMO leader、和客户维护 TD 关键岗位，团队先后有 4 人荣获华为公司网络安全卫士，一人荣获地区部个人金牌。

胡鑫带领的核心网团队积极进行变革，对不同的成员进行新的赋能，提升了他们的综合能力，适应了新的业务发展要求。这种发生在业务中的轮岗是一种走向成熟的轮岗管理方式。随着华为的发展，这种岗位轮换制让华为员工和干部在内的所有华为人，掌握了更多的技能。无独有偶，联想在培养人才方面也采用了轮岗方式。联想的管理人员晋升到一定位置以后，要进行岗位轮换。柳传志通过岗位轮换为公司培养了五六个高素质的年轻管理者。这些人不仅有丰富的实践经验，而且能把实践经验上升到一定的战略高度，在每个方面都能独当一面。

华为为了保证内部循环学习的动力，还大力推行内部人力市场，通过内部竞聘的方式，到新岗位任职。2011 年，任正非在华为大学干部高级管理研讨班上说："我们将要推行内部人力市场，员工不愿意在这个部门干了，不愿意干这个工作了，可以自愿停薪，来华为大学。"通过内部人力市场，让员工流入华为大学受训，通过评估后重新到新的岗位上去。任正非通过此举意在防止组织形成绝对的权力中心，避免僵化的管理影响流程变革。

"流水不腐，户枢不蠹，动也。"

第 8 章　以客户满意度为依据

让客户满意，我们才有明天。只要我们时时、处处坚持把客户利益作为最高的准则，我们又善于改正自己存在的问题，那么客户满意度就会大大地提高。没有自我批判，认识不到自己的不足，何来客户满意度的提高？

——**任正非**

导语：围绕客户满意度评价工作

客户满意度是企业、干部、员工的业务水平和业务能力的重要评价指标，尤其是华为将“以客户为中心”定为企业的价值观后，更加强化了这一点。

华为在客户满意度管理工作上，与许多企业有着很大的不同。在客户服务工作上，华为已经建立了全生命周期的服务，并且服务、接待水平也达到了国际领先水平。许多参观过华为的国际客户和国内客户对其环境设施、服务水平都感到惊讶。

这只是客户可感知的领域。实际上，华为的客户满意度管理，更多体现在内部管理上，并落实到绩效考核中。华为以客户满意度作为工作评价的依据。任正非指出，“我们要以提高客户满意度为目标，建立以责任结果为导向的价值评价体系，而不再以能力为导向。”这是华为人力资源政策的重大调整。最近，任正非又提出人力资源政策要朝着“熵减”的方向发展，前后方要继续为客户创造价值。

与传统的绩效评价体系相比，华为以客户满意度为依据的价值和绩效评价体系更加直接、简单、准确、有效。一方面，它能够为华为高层、中基层人员，指明正确的工作方向；另一方面，绩效指标设计、评价和改善只需确认是否围绕“客户满意”展开就可以了，减少了绩效管理上的偏差。

带着问题阅读：

1. 华为是如何看待客户满意度的，又是如何贯彻的？
2. 华为的客户服务有哪些特色，对我们有哪些启发？
3. 华为是怎样以客户满意度为依据评价内部工作的？
4. 华为的价值评价体系与我们常见的评价体系有何区别？

8.1　客户的利益就是我们的利益

客户的利益就是企业的利益。常规的理解就是企业持续提升客户满意，进而获得客户的青睐和尊敬，最终赢得长久的合作。华为追求客户满意度在于：别的公司追求产品的性能价格比，而他们追求产品的终生效能费用比。

8.1.1　成就客户，才能成就自己

老子曰，“将欲取之，必先予之”，意思是成就他人，才可成就自己。华为坚持以客户为中心，快速响应客户需求，持续不断为客户创造长期价值、帮助客户商业成功进而成就客户。为客户提供高质量的服务，是华为工作的方向和价值标尺，华为坚信成就客户就是成就自己。

任正非指出：“客户的利益所在，就是我们生存发展最根本的利益所在，我们要以客户的价值观为导向，强化客户服务，追求客户满意度。”他的这种观点是老子“将欲取之，必先予之”思想的根本体现。

【辅助阅读】麦肯锡公司铭记为谁服务

麦肯锡公司在全球范围内的咨询业务的客户包括世界最知名的企业及机构，占据《财富》杂志全球500强企业的80%，这些公司分布于汽车、银行、能源、公共事业、保险、零售、电信、保健制造和交通等各行各业。世界排名前100家公司中70%左右是麦肯锡的客户，其中包括花旗银行、柯达公司、壳牌公司、西门子公司、雀巢公司、奔驰汽车公司等。在客户构成分布上，主要是30%的国有企业，20%的私营企业，40%的跨国企业，10%的政府及非盈利组织机构。

麦肯锡公司在接受咨询项目时会问自己三个问题："我们公司的业务是什么？我们的客户是谁？客户心目中的价值是什么？"最后，麦肯锡公司给出了答案——从规定企业的宗旨和企业的使命来讲，这样的中心论题只有一个，即客户。

麦肯锡公司的合伙人都认为，在企业界，成就客户，才能取得最后的胜利。

麦肯锡公司铭记成就客户才能成就自己的服务宗旨，从而壮大了客户群。与麦肯锡一样，制造代工行业的龙头富士康集团，一直以来都在为全球IT巨头提供代工服务。他们在与客户合作时，不仅为客户提供产品，而且还为客户设计、改良产品。其实，富士康的很多加工技术都远远超过了客户。富士康总裁郭台铭说："我们没有推出自己的品牌，而是为全球客户提供低成本、高质量、高性能的制造品牌，这是由我们与客户的参与设计以及高效率的精密制造所铸就的。"富士康的这种行为，成就了客户的成功，也成就了自己的成功。华为与麦肯锡、富士康在此方面的认识上是一致的。

华为经历风风雨雨后，明确了以提升客户满意度为工作方向，以各种服务充分满足客户低成本、高增值的服务要求。

华为员工方林（化名），于 2006 年加入 GTS 管理服务部，在东南非从事管理服务业务，2013 年调到刚果代表处担任交付与服务副代表。

他从代表处到地区部，经历了众多的项目建设和交付，也历经了管理服务的变化。给他的体会就是：成就客户才能成就自己。他回忆起一个项目：非洲的海底光缆打通后，华为的光缆项目日渐增多。但刚开始都是一些小项目，只有几十公里。不过由于海底电缆的特殊性，对抢修要求极高，需要配置的资源也特别多；且这些小项目利润不高，合作厂家积极性不够，影响了华为与客户的长期合作关系。方林与代表处从客户的角度重新设计了产品的销售方案。他们考虑到原来的设计方案对资源要求太高，导致成本高昂、客户不感兴趣。他们从整体投资角度引导客户，统一考虑设备投资和维护成本。结果获得了客户的理解，在之后的项目交付中积极配合华为的行动。

在项目交付中，客户十分担心自身的人力资源管理，担心人员转移困难、成本管理高昂。方林就与代表处利用华为的全球最佳实践经验帮助客户，充分发挥代表处和 HR 专家及法务人员的优势，做好福利计算、企业宣传和人员转移等释疑工作，把客户的风险减小到最低。这有效说服了客户的高层，增加了对华为的信任度。此外，方林和代表处还通过降成本、挖掘潜力提升网络质量来保持客户的黏性。再就是方林和代表处主动变通，不断优化工作。

方林和代表处通过各种方式持续改进，不断提升客户满意度，保证了华为在当地的市场地位。任正非指出："企业唯一可以做到的，就是不断提高客户满意度。"华为针对不同的客户群需求，提供实现其业务需要的解决方案，并开发优质产品和提供良好的服务，这让客户源源不断地购买华为的产品。与华为一样，日本的本田公司也很注重"成就别人，以成就自己"的经营理念。在创立之日，他们就确定了"使员工喜欢、经销商喜欢、消费者喜欢"的经营原则。

本田公司在开拓美国市场时，很多人并不看好。当时本田宗一郎前往美国，与经销商开见面会。会上他说本田公司能够在美国登陆成功，因为在创业时，就制定了三个经营原则。但这招来美国经销商的嘲笑，要求他用产品说话，不要讲大道理。本田宗一郎不为所动，诚恳地请求："虽然我们现在还没有一款出色产品，但是我保证，我们所做的一切，会让'美国员工喜欢、美国经销商喜欢、美国消费者喜欢'，希望给我们一次机会，让我们践行这些承诺。"本田宗一郎的这番话，打动了一位经销商，就是西尔斯公司。后来，本田公司践行了自己的诺言，其汽车和摩托车总销量也超过了100万台。

本田公司成就客户的理念，打动了经销商，赢得了消费者的信赖，是其成功的主要原因。华为无论是在经营层面，还是具体的业务活动都贯彻着"成就客户"理念。在中国偏远的农村地区，华为的维护人员发现老鼠经常咬断电信线路，导致客户的网络连接中断。负责提供服务的友商都认为这不是他们的问题，而是客户的问题，但华为人认为这是华为需要想办法解决的问题。他们就此进行研发，开发出了防啃咬的电信线路，为客户解决了难题。

办企业一定要使客户满意，只有成就客户，才能成就自己。

8.1.2 建立全生命服务周期管理

全生命周期管理就是从客户购买产品那一刻起，到交付、维护，再到优化合作等一系列的服务活动。这是一种新的服务模式，在现实中得到客户广泛认同。这也是华为全球化竞争的一个重要手段，是提升客户满意度的最高体现。

任正非就此指出："我们赚了客户的钱，无论多辛苦，也要把客户的事情做好，客户是永远存在的，让客户满意，我们才有明天。我们建立全生命周期管理，把服务做好，客户怎么会抛弃我们呢？"

【辅助阅读】海尔“全生命周期”服务理念

海尔“全生命周期”服务模式，是集“产品全生命周期、服务全生命周期、用户全生命周期”三位一体的模式。海尔的这种服务模式已经超越了传统的售后服务的模式，搭建了一个不断优化和再生的生态系统。例如海尔的“产品全生命周期”是指从客户终端交互、调研入手，整合产品企划、产品研发、产品性能优化、成本设计等多个领域，最终为客户提供个性化定制解决方案，满足客户多样化的需求，帮助客户加快业务发展。

海尔的“全生命周期”理念，驱动了商业模式的革新。企业客户借助海尔的终端体系和力量，提升了品牌认知度，同时增强了市场竞争力。基于此，“全生命周期”服务模式与产业链上下游的企业客户构建了一个共同发展的生态圈。

与海尔一样，华为也在不断地搭建自己的“全生命服务周期”平台，这让华为在遇到市场不好，或是小市场的时候也能够做到快速响应客户需求。在任正非看来，越来越多的客户在购买上考虑综合投资效益。他曾以收割庄稼作比喻，他说：“那种在大规模收割庄稼的时候，我们的思想里面，不管是在工作方法上、营销手段上还是对客户需求的细分上，都没有创造性思维，就是简单地把收割机哗哗哗开过去，一大堆割下来。”华为创立后正赶上通信市场蓬勃发展的时期，通信产品供不应求，形势好，庄稼割了一茬，又长一茬。2002年爆发互联网危机，客户数量锐减，需求也不像从前那样旺盛。到了“庄稼一年只长一茬，割了就没有了”的地步。这个时候，任正非一方面在华为内部传递危机意识，另一方面敏锐地意识到“客户选择供应商时，会更加趋于理智”，也就是综合投资效益，简单地说，就是谁的服务好、谁能提供持久的服务。

当下，通信市场已经进入一个相对平稳和理性的状态。客户的购买需求趋于理性，也更注重服务体验，以前大买大卖的情形、单纯赚产品差价的经营模式已然一去不返。对于华为这样的大企业来说，更注重向客户提供一揽子服务解决方案。从2011年进服务解决方案市场，凭借“诚心、用心、贴心”的服务理念，用心体察合作伙伴和客户的痛点，提供针对性服务，已逐步发展至高端咨询、深化设计等领域。近年华为又开始基于网络服务生命周期原则，以客户为中心，构建各种服务解决方案，满足不同场景、不同层次客户需求。华为的这种全方位的服务符合客户的预期，是令他们满意和放心的公司。

任正非曾前往拉丁美洲考察市场。他发现当时拉美IT泡沫十分严重，对该地区运营商的打击巨大。上百家通信设备公司拼抢市场，用的还都是美国新兴设备制造商供应的设备。大公司围剿小公司，小公司降价。结果小公司垮掉了，大公司也输了。任正非分析说：“因为网上设备要全部撤掉，因为新兴设备制造商也死了，无法维护。”这使得各国运营商在招标时，不再选择价格，而是看这个公司的持续发展能力和服务能力。任正非在考察中遇到的电信运营商都告诉他：华为不能放弃对窄带系统的开发；他们不会再与小公司合作。为什么呢？任正非说：“美国IT泡沫时候，许多小公司开发了新产品装在网上，可现在倒闭了，没有维护了，不可避免地被撤下来，这时候，运营商选什么，是选公司。”后来，华为在巴西电信赢得了一份从ATM交换系统到接入服务器的合同，他们的副总裁亲自到中国把合同交给任正非。

巴西电信之所以亲自递交合同，是因为他们看到了华为的“全生命服务周期”的能力。运营商如此之谨慎，一是因为竞争激烈，二是用户的要求越来越高。运营商的竞争能力和服务能力很大程度上都依赖于像华为这样的通信设备运营商。

华为的全生命服务周期管理是有一定策略的。华为注重选择战略伙伴，区别对待，并结成特殊关系，通过个性化的解决方案等促使其成长。任正非说：“紧紧围绕在电子信息技术领域发展，不受其他投资机会所诱惑。”专注于客户才能全生命周期地为客户服务。他还指出："未来的世界是知识的世界，不可能是泡沫的世界，所以我们不为所动，全方位为客户服务。"

这给企业经营者的启示是：高利润是短暂的，企业要专注主业务，为客户提供持续的服务，让其也得到持续为其客户服务的能力。

8.1.3　在细节上展现华为的用心

事事以客户满意为标准，华为人认为客户服务无小事，力求在细节上展现华为的用心与周到。任正非在华为初创时期就要求华为人要有大爱，让客户满意才是最重要的。他要求华为人对客户要有耐心，从小处为客户着想。

华为人用他们的耐心与细心，打动了一个又一个客户。

【辅助阅读】天下大事必作于细

图难于其易，为大于其细。天下难事必作于易，天下大事必作于细。是以圣人终不为大，故能成其大。夫轻诺必寡信，多易必多难。是以圣人犹难之，故终无难矣。(来源：老子《道德经》第六十三章)

译文：想要完成一项事业，必须从容易的地方做起，也必须觉得眼下的事容易；要想实现一个伟大的目标，就应从细小处开始，也必须觉得这不过是小菜一碟；天下的难事必然从容易开始，也必须觉得眼下的事容易；天下的大事必然从细小处开始，也必须觉得眼下较简单。所以圣人始终不认为自己已完成了伟业，因而能成就其伟业。轻易夸海口必然少诚信，把事情看得轻而易举的人，必然遭遇重重困难。(南怀瑾译)

惠普创始人戴维·帕卡德指出："小事成就大事，细节成就完美。"华为人用行动完美地印证了这句话。在华为生产部交换机配线过程中，有很多条条框框的规定。例如，必须将彩色线扎在外面，而且不能交叉。很多人疑惑道：

“线扎得再好看、再整齐，机门一关，不是什么都看不到了吗，有必要吗?”华为人却认为，如果客户打开机门，看到满箱零乱的电线与看到整齐漂亮的电线时的感觉哪个好？这些细节会影响他们对公司产品质量与服务态度的评价。

很多企业倡导以客户满意度开展工作，但却不知如何具体执行。华为给了我们很好的启示：关注细节，在小事、琐事中体现出每个人的专业和敬业。我们要在日常工作中体现出“天下大事，必作于细”的工作态度。

华为的一位员工前往泰国支持项目。初到泰国时，住了一段时间酒店。每天下班回到酒店，房间干净整洁，感觉与国内酒店别无二致。但到了周末，这位员工在酒店休息，他才见识了这家酒店的服务“内涵”。清洁工进房间前，先脱鞋，然后有条不紊地整理。所有地方都仔细擦拭一遍，包括厨房餐具。让他印象深刻的是，她们足足打扫了半个小时卫生间。他很奇怪，在第二天，专门过去看清洁工打扫卫生间，发现她一点一点地在抹洗地板，每个细节都不放过，十分用心。

这令他十分感动。回国后，他特别留意家人打扫卫生间，差不多也要用半个小时。他不由感慨，泰国的这家酒店让人感觉温暖和放心，把工作当成自己的家务一样，把每一个细节都做到位，这是一种发自内心地为顾客服务的精神。

通过这则案例，可以得出“在细节上展现用心，才是最好的服务，才能让客户难以忘怀”的结论。前些年，一汽丰田启动了“QM60”快速保养服务项目，规定了严格的相关服务细节。例如，在每次检修中，维修人员要将铁屑等杂物一一地从轮胎胎纹中抠出来。可见一汽丰田在细节上的用心，这也为其赢得了良好的口碑。“魔鬼在细节中”，华为人对这句话有着深切的体会和感慨。

2013 年做 Mate7 的时候，开发团队采用了窄边框点胶技术，以消除之前的手机周围的大黑边。这项技术需要把胶水精细地涂抹到手机壳周边，然后把屏幕粘上去。这意味着点胶面宽度越窄，整机的尺寸就越窄。虽然没有技术含量，但华为最初使用人工点胶，批量做起来十分艰难。后来，使用机械手点胶，每次都要让胶水精准地落在 1 毫米的宽度内，由于间距太小，点胶时不是往左偏，就是往右偏。这让生产线的工人们抓狂。他们向研发人员抱怨道："零点几毫米的误差，肉眼根本分别不出来，为什么要如此较劲？"旁边一筐筐报废的器件，也让人看着心疼。但研发项目组认为还是要坚持，这些细节看似影响不大，但关乎客户体验，必须要用心做好。

正是这种关注细节、用心做到最好的精神，让华为造出了一件又一件精益求精、让客户满意的产品。当初，有人嘲笑华为没有核心竞争力，是用三流的产品卖出了一流的市场。任正非反驳道："华为的产品也许不是最好的，但那又怎么样呢？什么是核心竞争力？选择我而没有选择你就是核心竞争力！"

任正非认为，客户看重产品的品质，更看重服务，只要华为人将"在细节上用心"的工作准则传递给客户，就会获得他们的信任，从而选择华为的产品。

8.2　强化客户服务，追求客户满意度

任正非深知客户的重要性，他曾多次在不同场合向华为人说："为客户服务是华为存在的唯一理由。客户需求是华为发展的原动力。我们必须以客户价值观为导向，以客户满意度为标准，公司一些行为都以客户的满意程度作为评价依据。"

8.2.1　打造国际化的服务环境

华为一直致力于打造国际化的服务环境。华为现在的办公环境，是国内其他众多企业难以企及的，就是在国际上也十分出名，很多前来参观、谈判的国内外客户都赞不绝口。

任正非说："对外的必要投入使客户对我们寄予一种安全感，把他们震撼

住，把合同给我们。”顶尖的环境是吸引客户的重要手段。

【辅助阅读】雷尼尔效应

美国的西雅图华盛顿大学曾选好了一处地点，打算修建一座体育馆，没想到消息刚传出就遭到了诸位教授的反对，因为学校将体育馆的位置选择在了华盛顿湖畔，一旦建成，就会影响员工们在用餐时透过窗户欣赏美丽的湖光。

尽管华盛顿大学教授的工资比在其他大学低了20%左右，但是他们仍然喜欢留在这里，美丽的华盛顿湖及周围的雷尼尔山峰就是留住他们的原因。因此，当学校想要以破坏美景为代价修建图书馆时，自然会遭到反对。

后来，华盛顿大学的教授们将这种为了美好景色而放弃高收入的现象，称为“雷尼尔效应”。华盛顿大学教授的工资虽然比其他大学低了20%，但是美景带给他们的回报和享受却远不止这20%，而这，恰恰是能够留住他们的原因。

雷尼尔效应告诉我们，办公环境对吸引客户、服务客户具有重要而积极的意义。国外一家家具公司，十分注重员工工作环境的优化。公司利用先进的灯光技术制造了虚拟加州海滩氛围的工作环境，并为员工提供100%的新鲜空气和自然光。公司在年度审核时发现，公司的生产率比往年平均水平提高了15%。同时，有8位跳槽的员工在离职两星期后又回到了公司，原因是他们“无法忍受其他单位晦暗的工作环境”。

可见，华为积极打造一流的国际化服务环境是一项正确的决策。华为曾经为市场部建了一栋十分漂亮的办公楼，有些人埋怨太浪费了，任正非说：“客户来了一看，说这个公司很漂亮，不像垮的样子，把合同给他吧！所以说这个房子也是客户掏钱建的，不是我们掏钱建的，这一点一定要明白。我们是为客户服务嘛，客户看了舒服，我们就为他建。因此，在这个阶段，我们的思路就是使客户对我们寄予一种安全感。”企业办公环境的好坏，让客户产生一种微妙的心理感受，这种感受表现出来，就是信心。客户觉得如此规模的办公或研发环境，做出来的产品一定是一流的，服务能力更不用说。

全球最大的商业杂志《商业周刊》独家受邀来到华为总部访谈，他们被一个个的场景震撼住了。他们描述道：“车子一开进华为园区，就见绿意盎然如同一个森林公园，办公区的绿化程度高达 40% 以上，负责接待的人说，华为去年刚把所有的树木、篱笆都修剪了一遍。园区中心竟然还有一个湖，我们知道这就是松山湖。”待他们走进建筑物里，更他们感到令人惊讶：“内部的环境设计犹如 Villa（别墅）般的员工培训中心，博物馆般的办公室，美术馆般的展示厅，以及三大洋、五大国料理的餐厅。”这令参观人员一瞬间好似来到了美国的硅谷。“路上的员工都是边走边讨论，整个园区充满了欣欣向荣，充满了活力。”

《商业周刊》为人们描述了一个环境一流、生机盎然的华为。这样一个华为，有哪一个客户参观完不动心呢？任正非认为，“员工关系、客户关系”是华为成功的关键选项。通过打造国际化的服务环境以做好这两种关系，是华为的重要战略。

8.2.2　用标准化的服务流程接待客户

流程化、标准化是华为服务的一大特色。有华为人曾到德国参观，接待人员用一口流利的中文问好，而且会按照中国传统的尊卑长幼排好座位。或许在别人的眼中，这只是一个很容易被忽视的细节，但这也从侧面反映了德国人关注客户需求的工作态度。

华为认为，提升客户满意度，拥有竭诚为客户服务的态度还远远不够，还需要有专业的服务水准，这是保证客户服务到位的基础。在客户服务方面，华为和海尔值得国内其他企业学习。

【辅助阅读】海尔的标准化服务

海尔作为世界大型家用电器的第一品牌以及中国最具价值的品牌，走着一条“全心全意为客户服务”的道路。海尔公司有一条著名的法则，即“一、二、三、四”法则，具体内容是：

一个结果：服务圆满。二个理念：带走用户的烦恼——烦恼为零；留下海尔的真诚——真诚到永远。三个控制：服务投诉率小于10PPM（十万分之一）；服务不满意率小于10PPM；服务遗漏率小于10PPM。四个不漏：一个不漏地记录用户反映的问题；一个不漏地处理用户反映的问题；一个不漏地复审处理结果；一个不漏地将结果反馈到设计、生产、经营部门并追究责任。

这一法则中，“服务圆满”是海尔公司最核心的法则，因为海尔人认为，服务圆满才是执行中最重要的东西。因此，海尔人多年来都将“服务圆满”作为自己的工作准则，这也使得海尔成为国内企业中将“客户满意”执行最圆满、最到位的企业之一。

同海尔一样，华为也事事、时时都以“客户满意”为标准。只要有客户投诉或反映华为产品有故障的时候，任正非要求华为人一定要抱着“比客户还要着急”的态度，一定要让客户清楚知道华为采取的措施和计划，一定要让客户知道华为正在努力地做很多工作来解决问题，并且会做到“服务圆满”。以华为客户接待服务为例，可以说堪称世界一流，其速度、流畅度和精确度令人赞叹。华为人将其客户接待总结为“一五一工程”，即：一支队伍、五个手段、一个资料库。他们将客户服务当作一个完整的系统，很多部门和人员都会参与进来。在团队精神的带动下，华为每次都能够打动客户，获得订单。比如，宁波电信局的副局长要带领4个人到华为深圳基地参观，那么华为的接待团队将是这样工作的：

地点——宁波。员工甲：办事处秘书，负责帮助销售人员填写客户接待的电子流；员工乙：办事处会计，负责帮助申请出差备用金。

地点——深圳。员工丙：客户工程部接待人员，负责打电话核实和修改电子流中行程安排；员工丁：司机接待人员，负责机场接机、安排住宿；员工戊：系统部职员，负责打电话和销售人员确认高层接待事宜，并且负责安排高层领导；员工己：公司总监，负责设宴接风；员工庚：公司总台，负责打出电子屏幕：欢迎某某局长一行；员工辛：公司总监，负责统一介绍华为的产品战略。

其他地点：产品展示厅。展厅人员 A：负责讲解移动产品；展厅人员 B：负责讲解传输产品；展厅人员 C：负责讲解宽带产品。

一个简单的接待，华为迅速组建了多人的团队直接为客户服务。其间将客户接待流程织成一张大网，各项工作，环环相扣，任务连着任务，牵一发而动全身。在高效的背后，其实是一整套的服务流程和标准。

华为围绕客户满意度，建立和遵从服务标准化，让各部门及员工树立明确的目标和方向，持续为客户提供一流的服务。华为管理专家黄卫伟指出，华为的核心竞争力就是有着比竞争对手更多的服务客户的能力。在华为内部，贯彻着“三统一”标准服务体系：统一服务规范、统一服务接入和统一服务监控。

第一，统一服务规范。在服务方面，华为制定了严格的“电信级”服务标准，这极大地规范了服务的每一个过程。参与客户服务的工程师无论是谁、在哪里都可以按照标准进行工作，保证服务的质量以及服务水准的一致性。

第二，统一服务接入。为了快速解决客户遇到的问题，华为还统一了服务接入。华为和合作伙伴们共同建立特殊服务团队——800 服务热线团队。客户一旦发现问题，通过 800 服务热线就能立即获得华为的快速服务。服务项目包括售后技术咨询、故障申报、设备硬件更换/维修、培训需求、服务政策咨询、服务产品咨询、服务建议和服务投诉等。华为将这些客户服务项目纳入统一的客户管理系统（CMS），当客户有服务需求的时候，华为人就会快速响应。

第三，统一服务监控。华为不仅制定了服务的实施标准和建立了专业服务团队，还成立了专门的质量监控部门，负责对所有服务活动的服务过程和服务质量进行统一监控，然后逐一回访客户，确认服务效果和满意度，使客户需求得到长期、有效的保证。

华为实行的“三统一”服务体系，是围绕客户满意度提升工作价值的。总之，企业只有不断强化客户服务，才能持续提高客户满意度。

8.2.3 不断自我批判和优化服务工作

任正非一直强调自我批判，在他看来，自我批判的能力，实际上是一个人、一个企业自我领导、自我管理的理智力、自律力和内在控制力，它能够让华为人从思想和观念上吐故纳新并不断提升服务质量。

为什么要强调在客户服务领域进行自我批判？用任正非的话来说就是，人很容易骄傲自满，对客户就滋生懈怠之心。为此，任正非要求华为人发现自己的不足，要学会自我批判，在自我批判的同时也要用鸡毛掸子掸掉思想上的灰尘，让自己的服务意识和服务能力进步。

【辅助阅读】华为自我批判思想产生的背景

华为的自我批判思想是在自身发展过程中出现，并不断演化的。起初任正非在《一江春水向东流》中指出华为的组织黑洞：山头林立，主义盛行。稍有一点成就、财富就被欲望、野心和贪婪淹没了。任正非认为这些东西撕裂了组织，扭曲了组织的精神和凝聚力。在一定程度上，他的这种危机意识催生了华为自我批判思想的产生。

自我批判的原则：华为的自我批判建立在灰度管理基础上。在内部有几条不成文的规定：一是不搞人人过关，不发动群众；二是倾向于自我批判，尽量不批判他人；三是强调要实事求是；四是把握适度原则，不上纲上线；五是以解决问题为目的，提供建设性意见。

自我批判的方向：华为的自我批判方向清晰，就是一切围绕着核心价值观来践行，即以客户为中心，以奋斗者为本，长期坚持艰苦奋斗。

自我批判的方式：自我批判的最主要方式就是民主生活，一直沿用至今。无论是总部，还是前方的代表处都可以看到。在中高层每三个月或半年举行一次，任何人，包括任正非都必须参加。其他部门则按需随时召开。

华为内部曾刊登出客户对华为员工拜访过程中的种种不满声音，客户反映："我对你们的工作很不满意。以后见到你们公司领导我也会和他们说，你们对待产品的态度不好。""10号开通业务之后，服务质量进一步下降，我们提出来，你们为什么直到20号才过来人解决？总是我们先向用服人员要原因，用服人员找你们，你们不来，再通过办事处、市场部施加压力，你们再推两次，才过来。"

面对客户的指责，华为内部并没有辩解或息事宁人，而是将客户的意见一字不差地刊登在内部的报刊上。这种自揭伤疤的行为让当事人和其他员工如锋芒在背、内心隐隐作痛，也让他们痛下决心要改造自己的思想，提升客户服务能力。

任正非认为痛点就是要优化、改进。视而不见只会让服务越来越差，客户满意度越来越低，企业离灭亡也就不远了。任何人或组织只有在不断地自我批判中才能走向卓越。

2009年5月，华为沙特代表处成立了合同管理及履行支持组织（CSO），人员来自各代表处的不同部门，共十人，其中李明（化名）被任命为CSO主管。

一位客户经理向他反映，他以前每次去客户那里，客户都要问他华为是不是很富裕，为什么这么多货款不来收回？其实是客户对华为开不出合格的发票而感到无奈和生气，因为客户方实行的是预算制，如果当年的预算完不成，来年的预算就会受到影响，从而影响来年的市场拓展。

李明意识到发票开具问题严重影响了客户满意度。在这里，华为开具的发票被拒率高达20%，审批周期长达48天。客户对华为开票问题非常不满。一次，客户经理为解决开票问题，去拜访客户的合同部主管。这位主管很恼火，要求华为在一周内开出1亿美元的发票。拜访人员来不及解释就被轰出了办公室。

代表处开展了自我批判，认为一个季度最多能开出三四千万美元的发票，但这些问题必须解决，否则会影响华为在当地的发展。于是团队顶着巨大压力，每天都工作到凌晨一两点，优化开票业务。一周后，华为开出了1亿美元的发票，客户的合同部主管感到很惊讶，连声赞叹。原来这位主管当时并不是真的要求华为在一周内开出1亿美元的发票，而是借此给华为施压，希望华为能尽可能多地开出一些可以支撑付款的发票。到2009年年底，CSO为代表处开出可支撑回款的票据超过5亿美元，开票准确率从原来的40%提高到90%，开票周期从140天缩短到40天。

华为驻沙特代表处CSO面对开票业务上的痛点开展自我批判，并针对痛点进行优化和改进，提升了开票的准确率，缩短了开票的周期，提高了客户的满意度。

我们说华为的自我批判是一种思想上的升华，更是一种改善面对外部环境所表现出来的态度和行为。任正非说："开展自我批判的目的不是要大家去专心致志地修身养性，或是大搞灵魂深处的革命，而是要求大家不断地去寻找外在的更广阔的服务对象，或是更有意义的奋斗目标。"也就是说，开展自我批判最终要见到成效，不能因进行了自我批判而沾沾自喜，说自己多么高尚。这样一来就本末倒置了。任正非强调，要在自我批判中不断走出内心世界向外去寻找更为广阔的服务对象，自我批判只有在有利于提高客户满意度的前提下才有价值和意义。

罗曼·罗兰说："自我批评，这是一所严酷的培养良心的学校。人类正在狂风暴雨中改变面目，整个世界都在改造中，不能允许任何人到过去时代的美好事物中找一个藏身洞。"

8.3　以客户满意度作为工作评价依据

华为的一切行为都是以客户的满意程度作为评价依据。任正非说："我们要以提高客户满意度为目标，建立以责任结果为导向的价值评价体系，而不再以能力为导向。企业是功利性组织，我们必须拿出让客户满意的商品。因此整个华为公司的价值评价体系，包括对中、高级干部的评价都要倒回来重新描述。"

8.3.1　以客户为中心，利益向奋斗者倾斜

众所周知，华为的价值分配强调向奋斗者倾斜，也就是不让雷锋吃亏，奉献者定当得到回报。如今华为公司正在迈向新的管理高度，奋斗者也被赋予了新的内涵，那就是"以客户为中心"。华为认为，快速响应客户需求，为客户提供有效服务，为客户创造价值，是评价奋斗者工作成绩的标尺。

任正非强调华为今后的考核要注重结果，逐渐淡化过程的影响，就是要强化以客户为中心的导向冲锋，让员工能够在市场开发、合同签订、产品研发等工作领域时时刻刻不忘满足客户需求。

【辅助阅读】华为决不让雷锋吃亏

《华为公司基本法》第 5 条规定：华为主张在顾客、员工与合作者之间结成利益共同体。努力探索按生产要素分配的内部动力机制。我们决不让雷锋吃亏，奉献者定当得到合理的回报。合理的分配是平衡各方利益的关键，通过这

种方式，可以将矛盾的对立关系，转化为合作协调关系，使各种矛盾关系结成利益共同体，变矛盾为动力。

华为“EMT 纪要〔2008〕021 号”文件指出：要实现团队的奋斗，协同的奋斗，就必须要从考核激励上将以客户为中心的“胜则举杯相庆，败则拼死相救”的光荣传统制度化地巩固下来。要从虚拟统计、虚拟考核入手，从激励机制上保证后方支持队伍与前方作战队伍、主攻队伍和协同作战的友军一起分享胜利果实。

华为从初创时期就定下了“利益向奋斗者倾斜”的基调，无论之后怎么样调整都没有离开这个根本性的规定，它让华为不断涌现着一批又一批的英雄。在华为创立的早期十年，完全可以说是一个英雄辈出的年代。华为的发展至今是靠着一批批艰苦奋斗的华为人。如果没有这些人，华为就无法发展、壮大起来。任正非在《不能忘记英雄》一文中写道：“历时八年的市场游击队，锻炼了多少英豪。没有他们含辛茹苦地艰难奋战，没有他们的一把炒面，一把雪；没有他们远离家人在祖国各地，在欧洲、非洲的艰苦奋斗；没有他们在灯红酒绿的大城市，面对花花世界而苦心钻研，出淤泥而不染，就不会有今天的华为。”

“吃水不忘挖井人”，当华为在创造辉煌的时候，奋斗者也得到了应有的回报。华为几次实行持股计划，让那些与公司一起艰苦奋斗的华为人得到了丰厚的回报。在早期的华为，20 出头的“娃娃专家”，一边尝试错误，一边快速成长，有内部高管说：今天坐在第一排的那些人，哪个没犯过无数的错误？是挫折与错误、不断地学习与不断地纠错，为华为奠基了一大批的优秀管理者，一大批的世界级专家。

不难看出，华为早期依靠英雄打拼出了一片天地。不过，一个由无数英雄组成的团队企业，也面临着巨大的管理危机。华为也曾为此付出了惨痛的代价，一个又一个创新产品推向市场，又被无情地遗忘；市场人员为了签单可以彻夜不眠，却在拿到合同后疏远了客户；交付中各自为政，使客户陷入绝境；合同拿了不少，但赚没赚钱，任正非都不知道……不能说这些奋斗者不努力、不出色，相反他们的艰苦奋斗精神和孜孜不倦的钻研精神是业界所无法比拟的。但用任正非的话来说，任何不以满足客户需求为导向的行为，再苦再累也不叫奋斗。南辕北辙的寓言告诉我们，背离了方向，赶路越快，离目标越远；不以客户需求为导向工作，越努力，错误越严重，给企业造成的损失也越大。随着华为的发展，其早已开始走向向管理要效益的阶段，开始淡化个人英雄主义，建立不依赖个人的、以客户需求为导向的业务流程体系。

奋斗者按贡献拿报酬，贡献的标准已经成了在满足客户需求的同时，让公司获利或降低成本。也即是说华为通过为客户提供综合服务来获取长期利润。实际上奋斗的本质没有发生变化，只是在方向更加明确的基础上冲锋陷阵，刻苦钻研。

2015 年，华为尼日尔办事处获得 A 客户的信任，成功与其签署项目第一单。代表处客户经理张明辉（化名）说："这是以客户为先，及时高效地帮客户解决问题打动客户，是一点一点建立起来的信任。"

2013 年 10 月某日凌晨，A 客户核心机房空调爆炸，火势蔓延，网络瞬时瘫痪。尼日尔交付主管接到电话第一时间赶到现场，进入冒着浓烟的机房进行抢修，当天下午成功帮助 A 客户恢复业务。A 客户被华为人的精神所感动，便下了应急保障 PO。华为也就此与 A 客户建立关系。

当时 A 客户的核心网是华为的设备，但其他设备，例如传输无线是友商的。张明辉和同事并没有就此满足，他们要成为 A 客户的核心供应商。经过一番分析，他们认为要找机会改善客户关系。恰巧，开斋节前 A 客户网络出现故障。还未等 A 客户致电，张明辉便带着两名工程师赶到了客户的中心机房定位问题，并连线华为机关技术平台人员，而此时国内才凌晨 5 点。经过 6 个小时的奋战，排除了故障，而故障出在友商的设备上。张明辉和技术人员的高效响应获得了客户的信任，客户最终决定采用华为的数通产品。2015 年的这次采购，有4家供应商入围，最终华为占中标份额的80%。张明辉和代表处人员获得了总部的嘉奖。

华为这群年轻的“娃娃兵”凭着执着、勇气和拼搏，心系客户，拿下了项目。可以说，张明辉和同事是在“以客户为中心”的服务理念牵引下，不断追求高目标、高绩效，获得了越来越多为客户创造价值的机会。

以客户为中心的奋斗者文化如今在华为已得到了充分发扬。华为尊重为客户创造价值的任何微小活动，在劳动的准备过程中为充实提高自己而做的任何努力都是奋斗行为。

我们说只有正确的价值分配机制，才能激发出全体员工创造价值的热情。有外部观察团队指出，近两三年华为员工积极性和组织活力有明显提升，这是华为的激励机制改革发挥作用的结果。华为轮值CEO郭平说：“我们要让全体员工及时分享到公司的成果，鼓励大家去冲锋。2016年我们会持续优化激励制度，继续推行明日之星、蓝血十杰等非物质激励的评选，让华为的奋斗者和家属过上物质充裕、精神充实的生活。”

8.3.2 组织、流程好不好，客户说了算

华为的组织管理、流程管理等众多领域的变革或建设，都围绕“客户需求导向”进行。从IBM等成功企业的身上，任正非总结出一个宝贵经验，即：成功企业的目标都是为客户生产价值，客户受益了，才会心甘情愿地从口袋里拿出钱来。为此，他说：“我们一定要把所有的改进对准为客户服务，哪个部门报告说他们哪里做得怎么好，我就要问粮食有没有增产，如果粮食没有增产，怎么能说做得好呢?”

【辅助阅读】思科将客户满意度摆在首位

思科总裁钱伯斯要求员工将客户满意度摆在工作首位，并将他们的收入同

客户的满意度挂钩。思科公司每年都会针对客户进行大规模的满意度调查。调查内容从公司的产品质量到服务质量，一共 60 多个评价指标。其中，服务质量的指标是专门针对贴近客户的一线市场人员。考核方式为 5 分制，如果客户完全满意，则各项平均分为 5 分，那么这个市场人员就会得到一笔丰厚的奖励。但如果他的分值低，那么钱伯斯就会从他应该得到的资金里扣掉一笔。就是这么一个简单的制度，却极大地提升了思科的客户服务质量。1996 年，完全满意的客户比例由 1995 年的 81% 提升到 85%，到现在已经上升至 90% 以上。此外，思科每一个员工的胸牌上，都有一个下年度客户满意度指标，以此鞭策员工紧紧围绕满足客户需求来展开业务工作。

思科的案例提醒企业在梳理业务，或是优化管理时应着重从客户的角度去考虑，如此产生的变革成果才能适应时代和市场的潮流，在竞争中存活下来。像华为，在“以客户为中心”的管理变革上就做到了极致。任正非对华为人讲：“公司机关不要轻言总部，机关不代表总部，更不代表公司，机关是后方，必须对前方支持与服务，不能颐指气使。机关干部和员工更不能以总部自称，发号施令，更不能要求前方的每一个小动作都必须向机关报告或经机关批准，否则，机关就会越做越大，越来越官僚。”有几个公司的总部不处处体现着权力的傲慢，在华为内部，总部就是给一线作战单元提供服务的。

任正非曾提出简化流程、精简机关的变革意见，当时遭遇一部分 EMT 成员的反对。他们认为机关干部和员工压到一起，这些机关干部下去后会摆架子，不仅帮不了什么忙，反而干预了基层的正常业务工作。任正非于是没有贸然行动。后来他听取一些中层干部的反映：组织流程变革要倒着来，从一线往回梳理，平台要减少，减轻协调量，效率自然就会提高。任正非在流程优化上两次听取内部客户的意见，并最终采纳。这是以客户满意度作为工作评价依据的典型体现。华为内部上上下下无不以此为标尺开展工作。

2011 年 9 月，华为正式启动 Single 多频天线的开发项目，孙园被任命为负责人。与单频天线相比，其开发难度十分大。最初设计团队提出两个架构方案，但客户普遍要求 Single 多频天线性能不下降、部署难度不增加。最后设计团队达成共识：决不做苟且方案，让客户说了算。设计团队重新梳理思路，最后提出一个 SBS（肩并肩）的方案。2011 年 11 月，他们开始论证 SBS 方案的可行性。由于多频天线没有经验可借鉴，设计团队必须先做网络仿真再做样机。于是设计团队的成员们奔赴各地采集仿真数据，工作量非常大。他们每一个人都非常有耐心，力求参透每一个细节。奋斗三个月之后，最终验证 SBS 架构完全可行。

2011 年，孙园是华为核心网平台首席架构师。当时云计算已经风起云涌，孙园和他的团队意识到这将对电信 CT 产生革命性的影响。但公司内部传来了质疑声：原有平台依然极具竞争力，再开启新一代平台不仅需要大量投入，还面临失败的风险。孙园深感责任重大。下一跳在哪里？他思忖着。

他和团队最终决定，一面瞄准云化关键技术进行研究，一面就云化平台架构与内外部客户探索论证。2012 年年初，派出了一批专家，远赴公司瑞典研究所，进行研究。2012 年 5 月，与 V 运营商就云化进行沟通，得到客户的认可，并表示，希望与华为联合创新。2012 年 10 月，欧洲相关标准组织提出 NFV（网络功能虚拟化），与华为的云化平台架构思路不谋而合。

2013 年 3 月，华为和 V 运营商共同完成了世界第一个云化 PoC（概念验证）。2014 年 10 月，全世界第一个基于 NFV 架构商用。之后，华为连续与北美、德国、中东等地多个大型运营商达成合作。

孙园和他的团队在开启云化平台架构上，充分征求内外部客户和业内专家的意见，并最终实现基于 NFV 架构商用。

华为在组织和业务管理中始终牢牢抓住客户需求。在终端消费市场上，以消费者满意度第一为目标持续提升产品体验，完善售后服务体系。余承东指出："华为消费者业务的起点和终点，都是源自最终消费者。"在一线，以铁三角为作战单位，深入各地区倾听客户声音，收集、闭环客户问题，不断提升客户满意度。

任正非说："我们必须以客户满意度为标准，公司的一切行为都是以客户的满意程度作为评价依据。"

8.3.3　以客户需求导向思维考核干部

企业是功利性组织，企业经营者必须拿出让客户满意的商品和服务。因此企业的价值评价体系，包括对中高层管理者的评价都要以责任结果为导向。任正非强调："客户满意度是从总裁到各级干部的重要考核指标之一。"

这在华为内部被称为基于客户需求导向的人力资源及干部管理。华为的客户需求导向和为客户服务体现在其干部招聘、选拔、培训和考核评价上。任正非认为要强化干部对客户服务贡献的关注度，干部干得好不好，由客户和下属（内部客户）说了算，而不是看他的报告。

【辅助阅读】麦肯锡的客户需求导向管理

作为全球最知名的管理咨询公司，麦肯锡在全球 44 个国家和地区开设了 84 间分公司或办事处，所服务的客户包括多家财富 500 强企业、哈佛等世界名校，甚至包括美国政府。事实上，麦肯锡之所以能够吸引这么多地位超然的大客户，与其服务理念有着重要的关系。

麦肯锡之父马文・鲍尔认为，对一家咨询服务公司而言，最重要的就是遵从客户的目标引导，为客户发现并解决问题。任何麦肯锡项目小组必须在解决客户最核心咨询目标的基础上尽可能地为客户提供附加价值，而倘若脱离了客户需求去提供咨询建议，则被视作"最失败的咨询服务"。正是这样的服务理念，帮助麦肯锡吸引了众多客户。

以客户需求为导向评价管理者的工作，是麦肯锡成功的原因，它促使管理者们不断贴近客户，挖掘客户潜在价值，以帮助获得丰硕的成果。在华为看来，不以客户需求为导向的干部不是合格的干部。对那些高认知、低产出甚至无产出的干部，任正非将其比喻为茶壶里的饺子。他说："这种人不能得到承认，要通过奋斗让他形成看得见的结果。如果长期倒不出饺子，占据的茶壶就是公司的高成本。"显然，华为在考核上已经不再唯才是论。

干部作为华为的中坚力量，具有举足轻重的地位。华为坚持以客户需求为导向决定绩效。对于有领导能力、能打粮食的干部，华为会给予更多的工作机会，例如深入一线做"少将连长"或到共享中心、重装旅等地方。客户需求导向的绩效始终是干部评价和选拔的必要条件。一般在华为只有在实际工作中取得了新的绩效，且考核横向排名前 25% 的人才能进入干部的选拔流程。任正非强调以责任结果为导向的组织与干部考核机制，这也是以客户为中心。2010 年，任正非在人力资源管理纲要第一次研讨会上说：

"我们的待遇体系，是基于贡献为准绳的。我们说的贡献和目标结果，并不完全是可视的，它有长期的、短期的，有直接的、间接的，也包括战略、虚的、无形的结果。因为只有以责任结果为导向才是公平的，关键过程行为考核机制，与此没有任何矛盾。关键过程行为与成功的实践经验，有价值的结果，是一致的。不能为客户输出任何有益结果的能力，我们是不承认的，这就是我们多年来不承认茶壶中饺子的缘由。无论你人格如何高大，品德如何高尚，学问如何渊博……你得到人们承认的，一定是通过一定形式表现出来的。我们强调以责任结果为导向来选拔干部，如何避免偏见和短视，确实是一件非常难的事情，它考验着各级干部。善于处理这些事情的人，就更有可能成长为高级干部。如何包容那些迟发的天才，是一件更难的事情，不然你怎么会是领袖人物呢？那些一次就将事情做好，表面上工作很轻松的员工，是潜能很大的苗子，组织要帮助他们成长。我们要去除不能为客户创造价值的多余动作。"

此外，华为将下属的培养也列入干部的考核指标，意味着华为的干部要对内部客户，也就是下属的成长负责。与华为一样，阿里巴巴公司要求每位主管都要给下属打分，并根据 361 原则对员工素质进行排序。阿里巴巴公司强调的是管理者的责任，这个方法，能够让主管对下属的关注度提高 60% 以上。

面向内部客户公开绩效考核结果，用“公开”监督干部。任正非说：“我们要贯彻这样一种制度，就是更多地加强公开性，不要怕公开。从今年开始，考核要公开。公开才会使各级主管权力受到制约。”例如华为在后备干部的培训中，将干部的学习论文全部放到网上去，目的是让下属都能看到上级的学习表现，让他们给上级打分。面向内部客户公开绩效考核结果可以保持团队成员的积极性，让干部公平对待下属，下属敢于批评公司及上级，且能够有效抑制干部明哲保身的行为。

实际上，以客户需求为导向考核干部的一个最大的贡献就是能够有效推进“以奋斗者为本，以客户为中心”的管理机制。华为的业务流程就是客户需求导向，干部做的事只要能提升客户满意度，任何人，包括高层都无法干预。余承东就任华为终端后总是口无遮拦，例如在华为笔记本的新闻发布会上他说“我们华为不做就不做，要做就做老大”，一下把行业老大都得罪了。在海外开拓市场的时候，他负责的项目也遇到过颗粒无收的情况。但就是这样一个人，无论是在拓展欧洲 3G 业务，还是在打造华为终端时，始终坚持“以客户为中心”。

以客户需求导向思维考核干部给企业经营者的启示是：使管理者聚焦主要工作，致力于提升客户满意度，并保证他们做正确事情。

8.4　建立以责任结果为导向的价值评价体系

强调以责任结果为导向的组织与干部考核机制，这也是以客户为中心。任正非认为，只有以责任结果为导向才是公平的。他说：“不能为客户输出任何有益结果的能力，我们是不承认的，这就是我们多年来不承认茶壶中饺子的原由。无论你人格如何高大，品德如何高尚，学问如何渊博……你得到人们承认的，一定是通过一定形式表现出来的。”企业以责任结果为导向来考核人员是十分有必要的。

8.4.1 以绩效为中心，以结果为导向

在20多年的发展过程中，任正非始终坚定地认为，绩效是实现华为效益最大化的第一有力工具。任正非在《以绩效为中心，以结果为导向，努力提高人均效益》一文中说：“怎么体现？就是以绩效为中心，关键行为的目的是要产生结果，因此关键行为要以结果为导向。我们一定要在考核中坚持有绩效，有结果。”也就是说华为的考核以绩效为牵引，以结果为导向，而不是以能力为导向。

企业为什么存在，怎样才能发展得更好，最简单的做法就是提高组织和员工的产出能力。华为不主张裁员，主要通过以结果为导向的绩效考核的方式，充分发掘组织和个体的潜力。

【辅助阅读】德鲁克的绩效引导理念

彼得·德鲁克认为，绩效的作用不在于管理而在于引导，其最佳效果是引导每个人都能在顾全企业大局的前提下充分发挥自己的长处。德鲁克指出：“健康组织的第一要务就是对绩效提出高标准，并以此标准来引导员工行为。”

在通用公司，德鲁克在发挥绩效引导力的过程中主要是从三个方面切入的：

第一，引导员工树立正确的企业价值观和考核观。德鲁克要求通用公司的所有绩效考核必须是环绕公司的价值观而展开的，绩效考核的目的之一就是引导员工向公司的企业价值观和使命靠拢。

第二，引导员工寻求提高绩效的正确方法。德鲁克规定，通用公司员工在

接受绩效考核时，不允许连续两次犯同一个错误。倘若一个问题被发现后不能在有效的周期内予以解决，员工就要面临被换岗，甚至淘汰的命运。

第三，引导员工妥善规划自己的职业生涯。在德鲁克的要求下，通用汽车公司的绩效考核与员工任职资格认证紧密结合，员工在提高了工作绩效的同时，也就同步完成了对职业技能的升级，为其职业发展铺平了道路。

在华为，任正非也反复强调必须通过绩效牵引来实现组织和个人效益提升。事实上，在华为以外的众多国际领先的企业中，绩效管理是最为基本的价值主张之一。包括埃克森美孚、丰田汽车公司、三星电子、安盛、日本邮政控股公司等在内的世界 500 强企业，无一不以绩效管理作为人力资源管理的第一工具。

1993 年 4 月 1 日，郭士纳由全美最大的食品烟草公司老板转变成为 IBM 董事长兼 CEO，当时的 IBM 可谓千疮百孔，前任 CEO 给郭士纳留下的只有一串空前的亏损记录。郭士纳上任后，采取的最重要举措就是把沃森父子的“家庭文化”改造为“高绩效文化”，以务实的态度，在不到 6 个月的时间里果断裁撤了 4.5 万名绩效考核不达标的员工，彻底摧毁了过去陈腐的生产模式，以高标准的绩效考核重新激发了 IBM 员工的热情和创新精神，重拾了团队的创造活力。随后，在 1994 年年底，也就是郭士纳上任后的第 21 个月，IBM 获得了自 90 年代以来的第一次赢利，而且赢利值高达 30 亿美元。

正是绩效主义拯救了曾经一度濒临破产的 IBM。华为的三大管理核心之一就是高绩效的企业文化导向。任正非认为，绩效管理就相当于一个推拉机制，它的作用是拉动员工创造成果，而衡量员工创造了多少成果的一个重要标准就是产出。华为“以产出为基准的组织绩效导向”所强调的“产出”与传统意义上的“产出”有所不同，传统意义上的“产出”是指生产过程中创造的有用的物品或劳务，而华为所指的“产出”意义更加宏观，涵盖了员工所有创造价值的行为和结果。

在任正非的引导下，华为建立了三个绩效标准。第一，关键行为过程要以结果为导向；第二，最终对客户产生贡献才是真正的绩效；第三，素质能力不等于绩效。正是在这样的几个标准之上，华为才得以建立起以产出为基准的组织绩效导向。通过任正非等华为高层的积极灌输和传导，华为的普通员工们也都普遍建立起了“以成果定贡献”“用结果说话”等价值理念。华为员工这样总结自己：

首先，绩效不仅仅是销售额，也是员工在本岗位担负责任的有效产出和结果，只有把潜在的能力转化为结果，产生绩效，做出贡献，才能得到公司承认，公司是根据客观事实来定义绩效、定义干部队伍选拔的。

其次，（关于人力资源管理变革的指导意见）让我们明确了“素质”不等于“绩效”，“潜能”不等于“贡献”的道理。一个人具有的潜能，只有当它起作用时，才是一种现实的能力；只有将人的潜能充分发挥出来，在实际工作中做出成绩与贡献，才能得到公司的认可。否则，就是茶壶里的饺子，如果倒不出来，饺子再好也没有用。

在这样的价值理念下，华为人在工作时率先想到的往往是客户和公司的利益，在进行团队配合时也往往能够忘记小我而完成大我，原因就在于，华为人无比明确一点：只有充分保证了客户的企业的利益，员工个体才能从中获益。

被美国《时代》杂志誉为“20 世纪伟大的管理思想家”的菲利浦·克劳士比曾经说过，如果一个企业中，所有组织和部门的绩效都能够按照一定的逻辑关系被层层分解到每一个员工以及岗位上的时候，只要每一个人都能做好组织对于自己的那点微末要求，企业的整体绩效就可以实现了。这话说着简单，执行起来却要面临重重困难。而事实上，想要做到让每个员工都能正确执行，从而保证组织整体效能的激活，最核心的要素就是，企业必须构建起一个精准的价值评价体系驱动组织，这个体系就是以结果为导向的价值评价体系。

8.4.2　环绕核心流程建立 KPI 指标

以结果为导向的机制评价体系的核心是 KPI。KPI 指标的建立必须以业务流程为基准，也就说先梳理组织的业务流程，然后提取关键指标。在华为，业务流程一般是逆梳理，因而其 KPI 指标也是自前端向后端的一个整理过程。

企业在建立 KPI 指标时，勿要采取自上而下的手段，这样的指标通常不具有实用性和指导性。华为通常所说的围绕公司战略目标，而不能各部门孤立地建立 KPI 指标，这个战略目标其实是从企业的核心流程梳理而来的。我们应看到华为制定 KPI 指标背后的奥秘。

【辅助阅读】华为 KPI 指标特征及原则

1998 年，任正非在《不做昙花一现的英雄》中说："我们制定的 KPI 指标要围绕公司的总目标来分解和贯彻，不能各部门孤立地去建立 KPI 指标。每个部门与产品的覆盖率、占有率、增长率都有一定的关系。在总目标引导下的管理与服务目标分解，才会起到综合治理的作用。就如长江防洪，不能沿江七省各搞各的一样。"

任正非阐明了华为 KPI 指标设计的特征。

在设计 KPI 指标的时候，华为还遵守 SMART 原则：

（1）关键绩效指标必须是具体的（specific），以保证其具备的牵引作用；

（2）关键绩效指标必须是可衡量的（measurable），要有明确的衡量指标；

（3）关键绩效指标必须是可以实现的（attainable），要具备一定的挑战性，但也不能因指标的无法达成而挫伤员工；

（4）关键绩效指标必须是相关的（relevant），必须与公司的战略目标、部门目标及职位职责相联系，以此保证绩效指标的设计能够作用于公司目标；

（5）关键绩效指标必须有明确的截止日期（time-based），给员工一个准确的时间约束，督促其完成。

核心流程可以把投入转变为满足客户需求的产品和服务，因此，围绕核心流程来定位 KPI，是华为建立机制评价体系的重要手段。这种定位可以把 KPI 指标设计的重点从以内部为中心，转向以外部客户为中心。华为的核心流程有 IPD、ISC、LTC 等，意味着“每日或每周开票数量”就是一个重要的 KPI 指标。

任何一个企业都有自己的核心流程，我们提到过它是以客户为中心建立起来的。例如很多企业都有这些流程：产品创新商品化流程、订单履行流程、采购流程、服务流程等。当然，也有以内部客户为中心的流程，主要针对职能部门。一般来说，这些流程是支持流程，是维持组织运行所必需的。

核心流程对于 KPI 指标的设计十分重要。设计 KPI 指标的权威专家戴维·帕门特曾列举了一个例子。

英国的一家医院，管理层十分关注患者在急症室治疗的时间，他们决定把从患者挂号到医生开始给患者治疗之间的时间作为评价指标。但是员工发现许多受轻微伤害的患者也来挂号，这就导致患者等待时间加长。为了缩短等待时间，他们推迟救护车内病人的挂号时间，护士们要求救护车里的护理人员让病人暂时待在救护车内，直到医生完成上一个患者的治疗再来挂号。这样一来，就改善了“为患者开始治疗的平均时间”。结果停车场内每天停满救护车，还有一些绕着医院行驶。这背离了高效率的紧急救护服务的初衷。

戴维·帕门特指出：“管理层应该关注需要紧急救治患者的急救时间。”可以看出，这家医院没有看到核心流程——为客户提供高效服务。这也告诉我们，要评价 KPI 指标是否符合核心流程，最好是依据客户的衡量标准。例如，当一家通讯设备商将“设备准时离开仓库”作为 KPI 指标，仓库和运输人员考核时获得了很好的好评，但销售人员却开始埋怨自己的绩效。因为货物仍在途中，不断遭到客户的投诉。一个以客户为中心的核心流程指标诞生了——客户准时收到货物。华为在交付中还强调准确，即“客户收到符合其订单的设备”。

华为强调，企业若想要制定出类似的衡量标准，应转向客户，从他们的评价中获取相关的指标。在判断核心流程时，我们不妨考虑一下：谁是我们的关键客户？从投入到产出，能为他们创造价值的流程有哪些？客户期望我们提供的产品和服务有哪些？要提供这些，需要哪些关键步骤？

任正非指出：“考核的维度和要素不能太多，主题要突出。”也就是说，KPI 指标不能太多，保留关键少数即可。如果发现所设计的 KPI 指标过多，那么意味着没有抓住核心的业务流程。

8.4.3　坚持责任结果导向的考评制度

任正非说：“我们坚持责任结果导向的考评制度，对达不到任职目标的，要实行降职、免职，以及辞退的处分。市场的竞争会更加激烈，公司不可能是常胜将军，我们无力袒护臃肿的机构，以及不称职的干部。”如何坚持责任结果导向的考评制度，对任正非和华为来说是一个重要事件。

我们说任何管理都离不开责任的落实，绩效管理同样如此。华为将以结果为导向的绩效责任落实视作一项重要的工作，并且从员工绩效目标、绩效承诺、干部、末位淘汰等方面为绩效责任的落地和执行提供了坚实的保障。

【辅助阅读】华为公司各层级绩效关注重心

华为对不同层级的员工，以岗位为基础，以客户需求为牵引，强化绩效考核的关注点。

高层领导：关注长期综合绩效目标的达成和对公司长期利益的贡献；重视团队和后备干部的培养；不断提升领导力，确保公司的可持续发展。

中高层主管：兼顾中长期绩效目标的达成和业务的有效落实；关注团队管

理、员工培养和业务运作，提高业务的成功率，带领的团队持续提高绩效。

中基层员工：关注本岗位的短期绩效目标达成和过程行为的规范；注重具体任务的完成和绩效改进。

华为以个人绩效承诺的方式落实 KPI 始于 2003 年。当时，任正非在“关于 2003 年经营及预算目标完成情况向董事会的述职”文件中指出，华为要通过全面签订高层领导个人绩效承诺书，层层落实各级主管的 KPI 指标，贯彻责任结果导向，传递市场压力。而在华为 EMT 决议〔2005〕010 号文件中，又进一步指出：“每一层团队共同承担该层的指标，而不是个人指标，体现到个人就是贯彻总责任的具体措施。既责任清晰又要加强协同。”在确保实现个人目标承诺的同时，也强调了整体绩效目标的实现。

为了督促领导干部在绩效考核中的履责意识，任正非自己更是以身作则地遵循着华为绩效考核的规则，以华为高层干部通用的考核标准评价自身。

2002 年，任正非在考评中给自己在劳动态度上的评价是 C，原因是他觉得自己出了两个问题，一是责任心出了问题，二是奉献精神出了问题。让他产生这种自我判断的原因同样有两个。一次，他答应要见一个客户，结果因为事太多，给忘记了，通过这件事，他觉得自己的责任心有问题。还有一次，也是关于接见客户的，他答应接见一个外国赶来的客户，结果因为家里临时有事，没能陪客户吃饭，这让他觉得自己缺乏为企业奉献的精神。任正非认为，无论是自己也好，其他华为干部也罢，要是缺少了责任心和奉献精神，便难以肩负起推动企业向前发展的职责，就不能在绩效考评中得高分。

任正非在一次华为干部工作会议上指出：“华为干部要肩负起保证绩效评价顺利执行的职责，不能根据个人喜好和偏见评价员工，而是要以科学的绩效评价指标作为标准，保证员工的绩效与内外部客户的价值相连接，保证员工能够持续地为客户创造价值。”

可见，华为对于绩效责任的追究是十分严格的。对于绩效责任主要承担者和发起者，华为坚持执行“完不成任务的干部要免职”的机制。具体来说，在华为著名的“干部八条”中，第一条“不断自我超越，这是不被淘汰的唯一保障”、第二条“执行工作和执行任务要能够圆满地完成”以及第三条“自己为提升组织绩效要贡献心力”，都是关于绩效责任的。华为早在创业之初，就已经意识到了强化干部绩效责任的重要性。

在落实绩效责任的过程中，任正非发现，“奋斗者”往往承担了更多的绩效责任。那些不奋斗者浑水摸鱼，却又在分享利益时站出来享受胜利的果实，这是十分不公平的。于是，任正非指出：“由于市场和产品已经发生了结构上的大变化，现在有一些人已经不能适应这种变化了，我们要把一些人裁掉，换一批人。因此每个员工都要调整自己，尽快适应公司的发展，自己跟上公司的步伐，不被淘汰。虽然从华为公司总的形势看还是好的，但入关的钟声已经敲响，再把公司当成天堂，我们根本就不可能活下去。”随后，华为经过细致的规划，正式推出了末位淘汰制度。关于末位淘汰制度，华为俄罗斯地区总裁万飚曾经评价说：“末位淘汰向员工传递着压力，督促其承担岗位责任，并自觉适应公司文化、节奏，不断提升个人业绩，对于员工是一件有益的事。华为员工每年要保持 5% 的自然淘汰率，连续在绩效考评中排名在后 5% 的员工和干部都要被淘汰掉。这在华为内部被称作‘末位淘汰制’。华为的末位淘汰制，不分新、老员工及干部。”

第 9 章　追求可持续发展

一个企业必须要有自己的发展潜力，一定要在保持一定效益的基础上，全力扩张速度，只有一系列内部问题得到解决后，我们对外的扩张才是科学的。

——任正非

导语：聚焦主航道，保障组织持续发展

发展是硬道理。一个企业不发展，或止步不前，必将面临各种挑战，甚至是企业的生存。华为始终聚焦通信领域这一主航道，不在非战略机会点上消耗战略竞争力量。在业务突破上，通过针点战略，聚集优势资源集中轰开城墙缺口。

与华为不同的是，很多企业采取了多元化经营的策略，这在一定程度上分散了有限的资源，也离开了自己原本所熟悉的领域。这种战略导致了许多企业的溃败。任正非认为，华为不会在所有领域都做到世界领先，非主航道的领域要缩减。在我们看来，就是有所为，有所不为。这就是华为永续经营之道。

世界上唯一不变的就是变化，华为作为一家技术性公司，创新是永远的主题。管理学大师彼得·德鲁克曾说："不创新，就死亡。"华为鼓励在主航道内进行创新，并宽容那些创新失败的人。

在技术日新月异的今天，华为人时刻保持警醒。在短期内似乎不存在生存压力，但从长远看，谁也无法预料。因而他们必须保持合理的增长速度，以维持市场占有率；同时关注利润增长。只有二者平衡增长才是可持续的。

聚焦主航道战略、追求技术创新以及追求有效增长，归根结底是要通过管理来实现。任正非采用了一种"耗散结构"的治理模式，即通过"熵减"维系动态平衡，进而保持组织活力。

带着问题阅读：

1. 华为聚焦主航道的经营哲学是什么，取得了哪些成果？
2. 华为的创新理念与其他企业的区别，以及创新文化如何落地？
3. 如何看待追求合理增长与追求利润二者的关系？
4. 什么是热力学第二定律，它给任正非带来了怎样的启发？

9.1 坚持压强原则，聚焦主航道

《华为公司基本法》第29条规定：华为的市场定位是业界最佳设备供应商。这说明，聚焦主航道成为华为发展的一条铁律，任何人都不能违反。华为能够成为业界第一，就是因为多年来一直遵守这条铁律从事经营活动。聚焦主航道，用任正非的话来说就是："用乌龟精神，追上龙飞船。"

9.1.1 在主航道，集中力量打歼灭战

左手画圆，右手画方，则两不成。任正非说："要成为领导者，一定要加强战略集中度，在主航道、主战场上，集中力量打歼灭战，我们要避免多条战线作战，才能减轻疲于奔命的问题。我们就将重点放在主要客户的方向上，主要客户的方向变了，我们要跟着进行调整。"

什么叫主航道？任正非也给出了答案："世界上每个东西都有正态分布，我们只做正态分布中间那一段，别的不做了，说那个地方很赚钱我们也不做，也卖不了几个。我们就在主航道、主潮流上走，有流量就有胜利的机会。"

【辅助阅读】华为聚焦主航道的经营哲学

对于华为聚焦主航道，集中力量打歼灭战的战略，任正非有着深入的见解："我认为企业业务不需要追求立刻做大做强，还是要做扎实，赚到钱，谁活到最后，谁活得最好。华为在这个世界上并不是什么了不起的公司，其实就是我们坚持活下来。所以现在我还是认为不要盲目做大，盲目铺开，要聚焦在少量有价值的客户上，少量有竞争力的产品上，在这几个点上形成突破。好比战争中我这个师是担任主攻任务，就是要炸开城墙，那么我打进城也就是前进四百米左右，这个师已经消耗得差不多了，接着后面还有两个师，然后就突进去了，从四百米突破到一公里、两公里左右，接着下来再进去三个师，攻城就是这么攻的。所以我们在作战面上不需要展开得那么宽，还是要聚焦，取得突破。当你们取得一个点的突破的时候，这个胜利产生的榜样作用和示范作用是巨大的，这个点在同一个行业复制，你可能会有数倍的利润。所以说我们要踏踏实实沿着有价值的点撕开口子，而不要刚撕开两个口子，就赶快把这些兵调去另外一个口子，你们分兵多路，最后就必然是死亡。"

很多企业管理者都与任正非"集中突破"的经营理念背道而驰：不能集中优势资源在主业务上，而是进行多元化经营，偏离了原有的专业领域、扬短弃长，最终因盲目扩张而陷入经营困境。例如日本著名的山叶公司在乐器，尤其是钢琴制造方面，享有世界级声誉。日本山叶公司业务初期，品牌扩展都围绕着自己特有的专长。它的吉他、小提琴和电子琴来自工人的精湛技艺。不过，随着山叶公司的扩大，开始涉足众多领域，例如体育用品、家电、音响设备、摩托车，甚至是游艇等。由于偏离本业的多元化经营和快速扩张，其管理、技术、销售都无法跟上，公司陷入了泥潭。1990 年以后，山叶公司的利润大幅下滑，并陷入债务危机。幸好公司及时悬崖勒马，在新社长的带领下，重新调整经营策略，重新聚焦核心业务——乐器生产，从而使山叶公司走出困境。

在华为创业初期，除了智慧、热情、干劲，几乎一无所有。任正非在华为发展壮大后，面对外界各种赚钱的项目不为所动，拒绝多元化。他认为市场竞争中最有利的武器是集中所有的精力在一个点上，即聚焦主航道，这样往往能够取得更大的成就。从创建到现在华为只做了一件事，就是专注于通信核心网络技术的研究与开发，始终不被其他机会诱惑。任正非说："华为敢于将鸡蛋放在一个篮子里，把活下去的希望全部集中到一点上。"

1998 年，任正非发表了《华为的红旗到底能打多久》的讲话，任正非决心把华为的目标定位成一个设备供应商，认认真真搞技术，将自己的主业务定格在通信行业。虽然任正非设定的这个目标在开始遭到了很多人的反对，但是最终还是被确定下来。随后，华为采取了"调整业务体系，剥离非核心业务，建立核心竞争能力"的竞争战略，将大部分精力、资源从非核心的业务中抽离出来。以电源业务为主的安圣电气（原华为电气）就是在这样的背景下，以 7.5 亿美元卖给了艾默生电气。

再比如，1999 年年底华为仅有一家合作单位，虽然至 2003 年已经发展到 200 多家，但基本上都是通信工程公司。华为将非核心业务交给合作单位，自己将更多的精力聚焦在主业务上，这使华为最终在通信行业取得巨大成就。

华为聚焦主航道的战略，使其在 2002 年利润总额突破 26 亿元，盈利名列电子信息百强企业榜首；在国际市场也取得了重大的突破，连续在俄罗斯、土耳其、新加坡、巴西等市场签订重要合同。曼施泰因的《失去的胜利》讲道："不要在非战略机会点上消耗了战略竞争力量。"任正非十分认可这个论断，他说："将来我们不会在所有领域都做到世界领先，可能会收缩在一块领域，所以非主航道的领域，就要缩减。"

华为对聚焦主航道有着独特的理解。外界曾有人批评华为，有线也做，无线也做，怎么是聚焦主航道呢？任正非认为有线、无线都是传输信息的东西，也就是铁皮管道。

他形容说："有线、无线这两条河就合拢了；继续往前走，还会有一个河口……这个世界就是不断把下一个河口告诉你，实际上还是这条河流。不认识到这一点，大家以为公司的战略总在变，长江流到宜昌了，大家喊我们到宜昌啦，三峡多美啊！到武汉了，大家喊我们到武汉啦，江汉平原多富饶！到南京了，说长江中下游鱼米之乡！到上海了，说我们终于走向大海了……我们看整个过程，其实还是长江，这个主航道并没有变化。"

聚焦主航道，从实践出发，辩证地看问题，是华为经营哲学思想的体现。任正非指出："大家不要把主航道理解成唯一航道，多路径是朝着一个目标和方向，这不叫背离主航道。"这也是华为将终端业务纳入整个集团的主航道的原因所在。企业像长江水一样聚焦在主航道，才能带来巨大的水能。

任正非说："大地是我们的母亲，管道是我们生存的基点。我们要紧紧抓住管道这个大地，坚持做大做强管道业务不动摇，踏踏实实地把万里长城修好，使我们的生存质量更好一些。"

9.1.2　坚持"有所为，有所不为"的路线

有所不为才能有所为。德鲁克认为："任何一家企业在任何时期都需要一种有计划地放弃策略，尤其是在动荡时期。"对于每一种产品、服务、流程或活动，管理者都需要每隔几年自问一个问题："如果我们没有身在企业中，我们是否仍然会制造这种产品、提供这类服务或参与这项活动？"由此，及时准确地判断出它是否能跟得上时代的步伐。如果答案是否定的，那么管理者就应该果断地作出放弃的决策。

华为作为一家国际大公司业务有很多，但不强调所有的业务都做。面对众多业务华为会有所选择，通过规划、管理、开放、监控、验收等环节来确定哪些业务必须要做。任正非认为："坚持在少数业务上保持'两个海军陆战队'的实力，投入大、人力精，就行了。"

【辅助阅读】彼得·德鲁克“有计划地放弃战略”

GE公司CEO杰克·韦尔奇刚进入GE时，公司有100多个事业部，每个事业部的市值约为1亿美元，整个公司的市值约为100亿美元。但是杰克·韦尔奇离开GE的时候，公司市值是4 800亿美元，是当时全美市值最高的企业。这归功于杰克·韦尔奇对彼得·德鲁克的“有计划地放弃战略”的执行。彼得·德鲁克指出：“作为管理者，要经常问自己，如果你现在做的事情，在几年前没有开始做过，依照现在的形势，你是否还要做？如果答案是否定的，这件事就该考虑放弃了。”杰克·韦尔奇将它理解为“数一数二战略”，他认为GE公司的100多个事业部，如果哪个不能做到行业的第一、第二，就裁掉、卖掉。在这种“有计划地放弃战略”下，GE公司只保留了12个事业部，且这12个事业部是行业数一数二的。

海尔公司的总裁张瑞敏也十分推崇彼得·德鲁克的这种战略理论，悬挂于他办公室的德鲁克肖像下有德鲁克的三句话：第一，我们的业务是什么；第二，我们的顾客是谁；第三，顾客的认知价值是什么。以此来提醒自己要聚焦，不被其他机会诱惑。

华为在业务上“有所为，有所不为”实质上是“收缩核心，放开周边”，这也是管理成熟的标志。在有所为方面，华为坚持自主研发手机芯片，也就是麒麟芯片。华为的高端手机全部使用自产芯片，哪怕是当小白鼠，哪怕影响了竞争力，也在一直坚持使用。经过十年打磨，华为的麒麟芯片的综合表现已力压对手。在有所不为方面，华为认为从事不熟悉的和不拥有资源的领域，公司是非常危险的。例如华为的基础网络建设讲究“抓大放小”。基础支撑的系统华为自己做，并加大投入；但对于能够满足客户需求的内容、不影响核心支撑网的事项，华为则放弃不做，交给别的公司做。“有所为，有所不为”也就是这个意思。

企业想靠自己全面满足客户需求，负担太重，且完全不现实。在科研立项的过程中，有商业价值的项目一定要大量投入，或与别人合作；暂时看不到商业价值，但十分有新意的项目，也会投入力量，但重点投入资金，而不是人力。这同样是一种有所为有所不为。任正非说："产品战略上一定要清晰，不能什么东西都要自己搞，要敢于放弃，只有懂得放弃，才能说明你有明确的战略。市场需求大，成长性好，技术成熟的可以重点自研；市场需求小，成长性差，技术准备不成熟的可以考虑以合作方式共同研究。"

企业可选择的机会很多，但只有有所不为，才能有所为，才会聚焦，才会有竞争力。如今华为坚持"有所为，有所不为"的竞争策略，更多的是出于可持续发展的考量。

2014 年，任正非在日本研究所工作汇报会上指出："为什么公司现在收窄作业面，要纵向进攻，不横向进攻？因为所谓大流量的制高点，人很少，或没有人，不会与人形成利益冲突，而且将来价值链大。横向进攻抢了许多山脚，形不成制高能力。还要踩别人的脚，带来了一种冲突，解决这个冲突要消耗一部分能量，对抢占制高点不利。我们纵向进攻，抢占的领域是'无人区'，没有竞争对手。"

2014 年中子公司董事赋能研讨会上，任正非又指出："公司部分领域我们已进入'无人区'了，但我们不要低价，如果使用低价，西方公司就进不来，华为公司就是独家垄断，我们就很危险，所以我们的价格就卖得比较高，盈利能力就提升了。这种方式使我们摆脱了很多利益集团的纠缠，我们不影响别人的利益范围。这就是公司未来的发展形势和管理思路。"

可见华为的"有所为，有所不为"，一是为了进入"无人区"，这样就没有了竞争对手，利润也更丰厚；二是不踩别人的脚，就没有利益矛盾，改善了华为的商业生态环境。企业只要敢于放弃，就会有更好的回报。华为在业务上，收窄产品面和客户面，就是一种战略放弃。如果企业把战线摆得太开，全面兼顾，肯定打不好仗。

1943 年的太平洋战争初期，美军一个岛一个岛与日军争夺，使美军伤亡惨重。当时的指挥官麦克阿瑟提出了新的作战方式：放弃“逐岛作战”的传统做法，凭借强大的海、空的优势，越岛攻击，跳跃前进。这就是二战中著名的“蛙跳战术”。很快，蛙跳战术就显示出其优势。太平洋小岛拉包尔是日军在南太平洋最重要的军事基地，屯兵数十万。美军如果直接攻打，势必付出惨重的人员伤亡。麦克阿瑟把目光投向与它相邻的、日军守备相对薄弱的布干维尔岛。1943 年 11 月 1 日，美军成功登陆布干维尔岛。1943 年 12 月 9 日，在岛上修建好机场。由于日军海、空军已无法支援拉包尔守军，拉包尔成了一座孤岛。加之在美军海、空军的打击下，拉包尔已经丧失了其作为军事基地的功能。麦克阿瑟认为对拉包尔围而不打即可，他将下一个目标放在了菲律宾群岛。

麦克阿瑟在南太平洋岛争夺战中，有选择地放弃岛屿，既减少了伤亡，也加快了战事进程，为南太平洋战争的胜利奠定了基础。由此可见，企业在业务上不能太贪婪，该放弃就要放弃。

任正非说：“公司要坚持‘有所为，有所不为’的路线。我们已经通过了公司战略路标图，未来就要紧紧围绕战略路标来做。”

9.1.3　践行压强原则和力出一孔的战术原则

《华为公司基本法》是这样解释压强原则的：我们坚持压强原则，在成功关键因素和选定的战略生长点上，以超过主要竞争对手的强度配置资源，要么不做，要做，就极大地集中人力、物力和财力，实现重点突破。为什么华为要坚持“压强原则”？任正非认为，这是由客户心理和竞争对手都存在的压强效应决定的。

对于力出一孔，任正非也做了解释：“水和空气是世界上最温柔的东西。但大家又都知道，同样是温柔的东西，火箭是空气推动的，火箭燃烧后的高速气体，通过一个叫拉法尔喷管的小孔，扩散出来的气流，产生巨大的推力，可以把人类推向宇宙。像美人一样的水，一旦在高压下从一个小孔中喷出来，就可以用于切割钢板。可见力出一孔，其威力之大。十五万人的能量如果在一个单孔里去努力，大家的利益都在这个单孔里去获取。如果华为能坚持‘力出一孔，利出一孔’，下一个倒下的就不会是华为。”

【辅助阅读】压强效应

压强是一个物理学概念，是指物体表面受到的压力与受力面积的比；同等压力下，受力面积越小压强越大，或相同面积下，压力越大，则压强越大。后来华为把这个概念引入企业管理领域。通常一个公司，在一个领域，只有一个或少数几个强项，其力量不可能在每个方面都是均衡的。任正非指出：“充分扬长避短，集中精力于自己的强项上，会产生成倍增长的规模效应。AT&T（美国电话电报公司）具备生产PC（个人电脑）机的能力，但如果他们的PC机产品推出来，肯定得不到用户的青睐。华为传输产品刚推向市场，大家也许普遍会认为华为的不如武邮的好，即使我们的产品能得到承认，也需要公司投入大量的人力、物力、财力和经历很长一段时期，这就是人们信任程度方面的压强效应。”

华为面对巨大的通信市场，如果全方位投入竞争，那么必定无法承受压力。因而他们强调集中力量打歼灭战，也就是“压强原则和力出一孔”的战术。选准一个突破口，把人力、物力、资金全集中在这个点上。任正非说：“这样就可撕开一个口，撕开一个口就有市场，有市场赚了钱再加大投资，加大投资又会有更大的突破，有突破又会有更多的市场，这样就会形成一个良性循环。”华为从创业一开始就把代理销售取得的利润全部集中到小型交换机的研发上，利用压强原则，力出一孔形成局部的突破，逐渐获得了技术领先。抓

住机会窗后，又将积累的利润投入到下一代产品的开发中。就这样周而复始。到了今天华为依然坚持这个战术，集中力量开发核心网络。

当年楼市股市一片繁荣，互联网也呈喷薄态势。华为的业务仍聚焦主航道，把精力集中到一点上突破，遭到了外界的挖苦与嘲笑。任正非却说："大家知道，坦克在稀泥沼泽上可以通行无阻，但是针落到强硬的地板上，地板却经不起压强。就是说，我没钱，我就把它集中在一点上来投，压得死死的，我可能在这里面就有突破。"有人将华为的这种战术比喻为针尖战术，任正非认为这道出了真理，在针尖大的点上形成优势，进而突破。被称为"沙漠之狐"的隆美尔在北非战场上经常采用这种战术。

1941 年 11 月 20 日，隆美尔的军队在英军的右翼方面施加压力，当天的战斗中隆美尔的两个师都获得了胜利，并进入一个良好的基地，足以进攻英军中央纵队的后方。由于隆美尔的兵力处于劣势，所以他决定把全部机动兵力集中在一起，采用各个击破的战术，逐一消灭英军部队，直到打垮对方整支队伍。

此时，英军却把装甲旅分成独立的单位，分别应敌，这让隆美尔在每次战斗中都能获得局部优势。

实际上隆美尔采取了"闪击战"的战术，他说："闪击战的意义在于集中兵力于一点，强行突破对方阵地，向两边卷动以确保侧翼的安全，再像闪电一样透入，不让对方有反击的时间。"无论是战场，还是商场，这个战术都同样适用。华为的精兵组织其实就是用来贯彻这一战术的，通常他们用精兵强将来做畅销产品。当其他的产品卖不动时，华为就会迅速征召这些兵力，去抓、去抢市场畅销的产品的销售机会。这造就了华为强悍的市场能力，令各大电信巨头头疼不已。

华为的"压强原则和力出一孔"的战术十分看重人力资源的规模。《华为公司基本法》第 9 条规定：我们强调人力资本不断增值的目标优先于财务资本增值的目标。第 13 条规定：机会、人才、技术和产品是公司成长的主要牵引力。这四种力量之间存在着相互作用。机会牵引人才，人才牵引技术，技术牵引产品，产品牵引更多更大的机会。加大这四种力量的牵引力度，促进它们之间的良性循环，就会加快公司的成长。华为自1995年取得程控交换机的入网许可证后，便开始大规模引进人才，人数从当年的1 200余人，一直增长到2016年的17万人。2015年，华为实现销售收入3 900亿元，是国内互联网三巨头BAT收入的3倍以上。

华为轮值CEO郭平在新年致辞中写道："28年来，我们从几百人对准一个城墙口冲锋，到后来，几千人、几万人、十几万人对准同一个城墙口持续冲锋，从不畏惧，决不屈服，英勇奋斗。我们现在每年投入1 000多亿元人民币，研发约500亿、市场服务约600亿，仍然对准同一个城墙口：大数据传送，终于取得了突破，处在世界领先位置。"

对于企业经营者而言，应发挥资源优势，收窄业务宽度，集中兵力突破，后发制人，抢占市场。

9.2 以技术创新为企业构建发展优势

华为积极推动技术创新，为企业的未来发展奠定优势。任正非和众多的华为人都认为，如果不拼命发展技术，那么最终会丧失领先优势或丢失全部市场。企业或个人沉醉于当下，为自己所拥有的技术沾沾自喜，注定会被淘汰。

9.2.1 世界上唯一不变的就是变化

世界上唯一不变的就是变化，只有不断创新才能在竞争激烈的市场中存活下来。世界管理学大师彼得·德鲁克曾说："不创新，就死亡。"

任正非很推崇创新精神，他要求华为人站在一定高度去学习、思考和分析。他说："回顾华为10年的发展历程，我们体会到，没有创新，要在高科技行业中生存下去几乎是不可能的。在这个领域，没有喘息的机会，哪怕只落后一点点，就意味着逐渐死亡。"他认为，不创新是华为最大的风险。

【辅助阅读】英特公司“达维多定律”

“达维多定律”来源于英特尔公司的副总裁达维多。它是指，一家企业要在市场上占据主导地位，就要永远做到第一个开发出新一代的产品，第一个淘汰掉原有产品。企业在市场竞争中时刻都在抢占先机，因为只有率先进入市场，才更易赢得市场份额并获得利润。英特尔公司在新产品的开发和推广上始终遵循这一定律。1995 年，英特尔公司为了避开 IBM 公司的 PowerPCRISC 系列产品的竞争，特意缩短了 486 处理器的技术生命，以支撑 586。这反映了英特尔公司的战略，即比竞争对手抢先一步制造出更快、更小的微处理器。英特尔公司依靠创新带来短期优势，得以抓住机会窗利润。

“达维多定律”给我们的启示是：企业要在技术上永远保持领先，并使用新技术不断制造新产品，以及时淘汰老产品，最终让新产品在市场上形成新的市场和产品标准，从而掌握主导权。

德国凯驰公司有一个特点：当竞争对手模仿他们的产品时，他们早已酝酿出了有关新产品、新技术和新运用的理念。每当他们的产品不再是市场上独一无二的产品时，他们就会推出一款新产品。凯驰公司的创始人阿尔弗雷德·凯驰甚至说：“如果某一天我提供的只是‘便宜的庸货’，那我宁愿永远离开这个市场。”可以看出，凯驰公司在不断地创新，因为一停下来，就会陷入与模仿者的竞争漩涡中，创新让他们始终处于市场的领先位置。与凯驰公司一样，华为作为高科技公司，技术创新是永恒的主题。

华为在世界范围内的竞争者都在不断进步，稍有松懈，就会与对方拉开差距。对此，任正非说：“有创新就有风险，但绝不能因为有风险，就不敢创新。回想起来，若不冒险，跟在别人后面，长期处于二流、三流，我们将无法与跨国公司竞争，也无法获得活下去的权利。若因循守旧，也不会取得这么快的发展速度。”麦肯锡欧洲区主席赫伯特·亨茨勒则一针见血地指出创新的要旨：“差异化的理念的确是一种成功的策略，但只有具备创新能力的人才能获得成功，而不是仅仅当个依样画葫芦的模仿者。”

从华为成立之初，任正非就一贯主张创新，发展自己的核心技术，并把它看成了华为的生命。就像安利事业创始人之一理查·狄维士描述的那样：“我们永远不能自立，我们将永远不能摆脱贫困。只有自立，才能拯救自己。”

与大多数技术公司一样，华为在初创时没有任何现成的技术，仅仅是一个代理香港的 HAX 交换机的小公司。同时，外国竞争对手对国内企业优势明显，让华为很难立足。任正非说：“外国人到中国是为赚钱来的，他们不会把核心技术教给中国人，而指望我们引进、引进、再引进，企业始终没有独立。以市场换技术，市场丢光了，却没有哪样技术被真正掌握。我国引进了很多工业，为什么没有形成自己的产业呢？关键核心技术不在自己手里。掌握核心，开放周边，使企业既能快速成长，又不受制于人。”就这样，任正非认识到核心技术的重要性，并更加坚定了他对技术自立的信念。

在这种困难的情况下，任正非要求华为人发扬自助精神，开发自己的核心产品。可以说，当时华为是孤注一掷。华为不惜在技术研发上投入大笔资金，甚至将“按销售额的 10% 拨付研发经费”写进了 1988 年出台的《华为公司基本法》中，其目的就是拥有自己的核心技术。1992 年，任正非先后将 1 亿元人民币投入到研制数字交换机上。在动员大会上，任正非还特意站在 5 楼的会议室对全体干部和研发人员说：“这次研发如果失败了，我只有从楼上跳下去，你们还可以另谋出路。”

对华为来说，技术创新是一条漫长的道路。每当香港 HAX 公司的工程师到现场维护，华为就会派工程师到现场学习；同时，华为从全国各大高校高薪聘请技术人才。当华为有了一定的技术积累后，就将全部的资金和人力投入到 JK1000 交换机的研发工作中。此后，华为又马不停蹄地研制万门级程控交换机，1994 年，华为终于推出了 C&C08 交换机，奠定了自己在国内通信市场的技术领先地位。

华为即使面临再大的挑战，也要进行技术创新，因为华为深刻体会到“不创新，就灭亡”的残酷性。在创新的道路上，华为硬是用自己的双手“刨开”了一条血淋淋的道路。

华为始终围绕“实现客户的价值”的经营管理理念，不懈地进行技术创新，提升企业核心竞争力。任正非的《用乌龟精神，追上龙飞船》一文指出：“满足客户需求的技术创新和积极响应世界科学进步的不懈探索，以这两个车轮子，来推动公司进步。华为要通过自我否定、使用自我批判的工具，勇敢地去拥抱颠覆性创新，不要怕颠覆性创新砸了金饭碗。”

9.2.2　鼓励创新，反对盲目创新

华为内部积极鼓励创新，任正非指出：“要打破自己的优势，形成新的优势。”

他倡导华为人能够继续使用自我批判的武器，评判今天、明天，以鼓励他们能够勇敢地去拥抱颠覆性创新。任正非用“一杯咖啡吸收宇宙能量”的理论鼓励华为的 fellow（科学家）、技术专家以开放的心态去创新，他说：“华为公司的圈子还太小，你们这些 fellow 都不出去喝咖啡，只守在土围子里面，守碉堡最终也守不住的。”这是任正非和华为在创新观点上的转变。以往华为有着浓厚的工卡文化情结，就是所有的 fellow 都受打卡的影响，被“锁”在研究院（所），很少与外界进行交流。现在任正非要以开放模式去“迎接挑战，拥抱颠覆”。华为还建立了“蓝军”，专门研究怎么打败“华为”，以此来激发华为进行颠覆性创新。

现在任正非认为，“咖啡杯”里不仅要有科学家，还要有一些“歪瓜裂枣”。在创新的道路上，华为主张多路径，不压制不同见解的人。任正非甚至还期望“黑天鹅”也要飞到“咖啡杯”中。

【辅助阅读】华为的“蓝军”

“蓝军”，原是军事术语，相对于红军而言，是指在军事演习中专门扮演假想敌的部队。华为的“蓝军”也与之类似。对于蓝军的作用，任正非解释说：“蓝军想尽办法来否定红军（聚焦主航道的部队）。”“蓝军”最早由郑宝用负责。华为顾问田涛和吴春波在《下一个倒下的会不会是华为》一书中说明了“蓝军参谋部”的关键职责：“从不同视角观察公司的战略与技术发展，进行逆向思维，审视、论证‘红军’产品、解决方案的漏洞或问题；模拟对手的策略，指出‘红军’的漏洞或问题等。”可见，华为的蓝军是研究怎么打败华为的，是专门挑刺的。例如华为红军设计了一个平台架构，这时蓝军的专家会跳出来，说这个产品架构有缺陷，专门写文章论证。红军就开始反击，召集专家，不断优化架构和设计，来证明自己的方案正确。可见，蓝军的“攻击”激发了红军团队的研发和创新斗志。这就是蓝军的作用，不断激发华为红军的潜力，“迫使”他们在产品和技术上不断创新。在华为内部有一种保护蓝军的机制，保证了蓝军的地位。因而蓝军有各式各样的人才，敢想敢说，思维极具颠覆性。任正非说：允许异见，就是战略储备。

从“蓝军”管理方面，我们可窥视到华为在创新管理上可谓不遗余力。在其他方面，华为极力淡化工卡文化，强调团结世界所有同方向的科学家，并吸收他们的思想。例如去世界各个大学里，邀请教授喝杯咖啡，听他们的讲话，理解他们文章的意义，以得到创新上的启发，或感知他们学问的价值用途。在高科技阵地，华为要像美国、西欧那样容纳世界创新的动力。华为的轮值 CEO 徐直军说：“作为科学家和各个领域专家，应该去追求科学真理，不能有‘屁股’。”这也是在鼓励华为人积极创新，不要有思想包袱。

华为在鼓励创新的同时，反对盲目创新。任正非指出：“不仅要研究适应颠覆性技术创新的道路，也要研究今天技术的延续性创新。”也就是实用主义创新。

华为的高端 DWDM（密集型光波复用）技术现处于世界领先水平，在光传输上，4 600 多公里长光纤的中间不需要电中继。这项技术事实上并不是华为研发出来的，而是从美国花了 400 万美元买的。美国泡沫经济破灭后，很多公司破产，但舍不得丢掉新技术，希望有人能够接着研究。就这样华为通过拍卖会获得了此项技术，花费金额只占原始研发金额比例的 1%。

华为的这种拿来主义创新，不仅节约了研发资金，更重要的是获得了自己无法掌握的重要的技术资源。任正非很清醒，在技术创新上他认为“领先一步是先进，领先三步是先烈”，那种为了创新而创新的行为是幼稚病的表现。

为鼓励“颠覆性创新和延续性创新”，同时也为了让华为人理解创新，任正非提出了聚焦在主航道上创新的理论。他说：“我们只允许在主航道上发挥主观能动性与创造性，不能盲目创新，否则发散了公司的投资与力量……在主航道外，争做鸡头的方法是不好的。”华为的技术创新的聚焦路线，让他们的竞争力显著提升。

贝尔实验室在与任正非进行交流的时候，问华为为什么能成功，任正非借用了中国古时候的一句话“新三年，旧三年，缝缝补补又三年”来说明华为的技术创新。任正非认为，客户都希望在已安装的设备上改善功能，而不会因新技术的出现抛弃现网重建。任正非点出了华为技术创新的主航道：把握客户需求。

当年 IT 行业火热的时候，世界的主要通信设备制造商全面转入下一代 NGN 交换机研究，放弃了传统交换机的开发。而华为依然聚焦于传统交换机研究开发的主航道。结果，IT 泡沫破灭后，全球各大运营商都陷入危机，不再盲目追求新技术，更多地考虑现有网络的优化，以降低建设成本。由于这个契机，让华为的传统交换机销量在全世界排名第一。随着 IT 危机爆发后，国外的主要通信设备制造商动摇了下一代 NGN 交换机研发的信心，一时间对未来 IT 业的发展感到迷茫。加之，危机使得这些公司的财务状况转坏，裁员、缩减市场等行为纷沓而来，研发之路变缓。此时华为却坚信 NGN 将会取代传统的交换机，只是过程更漫长。他们不断加大在 NGN 交换机的研发投入，终于新一代的交换机的技术赶上了竞争对手。华为聚焦主航道的技术创新战略让他们占尽市场优势。传统交换机占世界总量的 16%，为新一代交换机的更替打下了良好的市场基础。

这就是华为聚焦主航道进行技术创新，然后在世界市场上得到回报的结果。我们也看到，华为在主航道上创新是非常难的。任正非用央视纪录片《神秘的刚果河》上的渔夫来形容："像渔夫奋力在波涛汹涌的刚果河上，历尽九死一生，才捕到鱼那样，突破的困难是人们难以理解的。瓦格尼亚人编制巨大的木篮，放在每秒流量 2. 8 万立方米的刚果河中，湍急的河水会把鱼推到木篮里。瓦格尼亚人捕鱼时必须非常专注，否则就会被河水卷走。这种古老的捕鱼方式已经持续了数百年。"他告诉我们聚焦主航道既要勇敢面对困难，也要保持专注，否则就会失去机会，难以继续生存。

聚焦主航道上创新，让华为走在世界前列。我们说在创新上，聚焦还不一定能成功，把宝贵的资源分散了就更不行。因而，我们要像华为那样在主航道上前进，不要盲目创新。

9. 2. 3　宽容从泥坑中爬起来的人

华为在研发上既坚持开放与创新，也宽容失败。任正非说："在研发上，相当大的内容是创新，但创新最大的可能是错误，而不是成功。如果不宽容错误，不宽容从泥坑中爬起来的人，那就是假创新，不是真创新。"

创新总是伴随着失败，任何新技术都不是一蹴而就的。人们只有在不断的试错中，才能发现"真理"。爱迪生发明电灯泡时，用过竹丝、碳条、钉、铬等材料做照明灯丝，但都无法满足长时间照明的要求，在经过数千次试验后，终于找到了最合适的材料——钨丝。没有一次次的试错，就没有电灯泡的发明。这也是华为在创新问题上一贯坚持的信念。在创新上，华为总是宽容每一个人，给予他们机会和空间，允许他们失败，甚至是那些“歪瓜裂枣”。

【辅助阅读】华为的“歪瓜裂枣”论

华为 2012 实验室座谈会纪要记载了任正非和华为对待创新者的态度。纪要指出：“在看待历史问题的时候，特别是做基础科学的人，更多要看到你对未来产生的历史价值和贡献。我们公司要宽容‘歪瓜裂枣’的奇思异想，以前一说歪瓜裂枣，他们把‘裂’写成劣等的‘劣’。我说你们搞错了，枣是裂的最甜，瓜是歪的最甜。他们虽然不被大家看好，但我们从战略眼光上看好这些人。今天我们重新看王国维、李鸿章，实际上他们就是历史的歪瓜裂枣。从事基础研究的人，有时候不需要急功近利，所以我们从来不让你们去比论文数量这些东西，就是想让你们能够踏踏实实地做学问。但做得也不够好，为什么说不够好呢，就是我们的价值观也不能完全做到统一，统一的价值观是经过多少代人的磨合才有可能的，现在我们也不能肯定，但是我们尽力去做。”

许多企业在创新问题上很苛刻，对那些“歪瓜裂枣”们甚至连机会都不给。对于研发人员则实施科研项目“终身负责”制，一旦创新失败，当事人或团队往往会遭到严厉的处罚。企业如果这么做，那是不可能有真正的创新成果的。连试错的勇气都没有，哪里来的成功。对创新失败的人来说，被贴上失败的标签，试问谁还敢创新。知“错”能改才是创新应有的态度。

华为的团队在创新失败后，会回溯错误，吸取经验教训，发现不足或问题所在，然后不断优化和改正。2002 年，华为生产的一个产品在竞标时全面溃败，当时有 5 个供应商中标，没有华为。经过分析，华为发现自己的产品根本无法满足客户需求。这在当时是一次十分严重的创新失败事件。不过公司并没有责备这支开发团队，而是鼓励他们展开自我批判，找问题，重新来过。后来，他们重新调整方向，做出了全球销量第一的核心网产品。杰克·韦尔奇也像任正非一样宽容创新失败，他曾说：“企业领导者过于关注员工的错误，就不会有人勇于尝试。而没有人勇于尝试比犯错误还可怕，它会使员工故步自封，甚至拘泥于现有的一切，不敢有丝毫的突破。”我们再举个例子，就拿3M公司来说：

3M公司有一个很著名的做法：鼓励“Honest Mistake”（美丽的错误）。也就是说，领导者对于创新失败的员工表示理解，并允许他们犯错误。就像外界评论家所说：“3M公司从来没有过员工因为希望多做点事情，结果没有做好而被惩罚的例子。”

3M公司的总裁曾回忆说：“3M公司很多伟大的发明都源于这些美丽的错误。例如Post it（报事贴）就源自于一个技术错误。”据3M公司的一名基层员工回忆：“当初，3M公司的一位工程师在新产品实验中弄出了一种胶带，但这种胶带粘什么都粘不牢，随便一撕就会掉。3M公司以胶带制造技术闻名于世，该工程师却弄出了这样一种粘不牢的胶带，其尴尬可想而知。但3M公司后来成功地将此技术运用到了办公室贴纸上，结果大受市场欢迎。”

后来，3M公司确立了一个重要规定：“只有容忍错误才能够进行革新。”出于这个原因，3M公司的员工的创新能力有了质的提高，他们不断刷新着行业的技术纪录。3M公司总是给员工最大的自由空间，鼓励他们去试验新点子，并告诉他们，把“失败当作是学习的过程”。华为在创新上同样给了研发人员最大限度的自由空间。任正非对AT&T的贝尔实验室印象深刻，实验人员有充分的自由空间去思考、去从事研究活动。他将这种精神视为华为创新的驱动力。当然，无论是贝尔实验室，还是华为，都建立了宽容失败的制度和机制。任正非说：“宽容失败也要有具体的评价机制，不是所有的领域都允许大规模的宽容失败，因为你们是高端研究领域，我认为模糊区域更多。”华为有这样一项容忍创新失败的政策：当基础科学研究的投入为30%时，可以接受50%的失败率。这项决策鼓励了华为员工积极创新，并敢于承担风险。

对于创新，任正非总结道："允许创新，还要提倡功过相抵。允许犯错误，允许在资源配置上有一定的灵活性。不允许功过相抵，就没人敢犯错误，就没人敢去冒险，创新就成了句空话。无论过去、现在还是将来，创新机制都不能停，创新精神和意识在华为永远不能泯灭。一旦磨灭，我们很快就会消失。因此一定要给创新以空间。"

9.3　追求长期有效的增长

面对整个商业生态环境的改变，从话音时代到宽带时代，再从宽带时代到信息时代，华为一直在考虑适应。在这个环境下如何保证长期有效的增长是任正非和华为面临的重大挑战。

9.3.1　不做昙花一现的英雄

没有危机感是最大的危机。华为历经数载艰难创业，获得了巨大的成功。然而，任正非对成功视而不见。他总是充满危机感地说："繁荣的背后充满危机，失败这一天是一定会到来，大家要准备迎接，这是我从不动摇的看法，这是历史规律。"

世界上没有永远的成功，只要你满足当下，失败的一天就会到来，这是历史规律。任正非警告华为人要有危机感，对未来要随时做好准备，不要做昙花一现的英雄，被时代所吞没。

【辅助阅读】任正非、柳传志"吾日三省吾身"

1997 年，任正非在一次内部讲话中就强调：要不断地检讨今天，规划明天。他坚持认真总结自己的成功经验和失败教训。英国哲学家培根说："没有经验，任何新的东西都不能深知。"作为古典经验论的始祖，培根认为经验是最好的论证方法。联想董事长柳传志在这个观点上和任正非不谋而合，他专门用“复盘”这个术语来形容。“复盘”是围棋的术语，意思是把原来情况重新演练一遍。说到为何引用这个术语，柳传志是这样解释的：做企业要想提高“谋定而后动”的能力，复盘很重要，这个事做成了好好想想，这里面有哪些是偶然的基因、偶然的原因，不然的话都以为是自己的本事，下次照样再做就有可能做不成。所以通过复盘总结经验教训，尤其是失败的事情要认真，不给自己留任何情面地把这个事想清楚，如果你和你的同事关系非常融洽，能够血淋淋地解剖自己的不足，把这个事反反复复去复盘就是能力的提高，到后来的时候就会有能力把事情想明白，然后就可以谋定而后动了。

哲学家洛克总结道：“拥有丰富经验的我们的知识无不以经验为基础，一言以蔽之，知识全由经验而来。”

居安思危，查看自身不足，是任何一家企业经营者都要认真面对和思考的。在华为，任正非为了让华为人居安思危，特意发表了一篇《华为的冬天》的文章，打破了华为内部的“太平”局面，让很多华为人感到一丝“寒意”。文章说：

“公司的所有员工是否考虑过，如果有一天，公司的销售额下滑、利润下滑甚至会破产，我们怎么办？我们公司的太平时间太长了，在和平时期升的官太多了，这也许就是我们的灾难。泰坦尼克号也是在一片欢呼声中出的海。而且我相信，这一天一定会来。面对这样的未来，我们怎样来处理，我们是不是思考过。我们好多员工盲目自豪，盲目乐观，如果想过的人太少，也许就快来临了。居安思危，不是危言耸听。”

危机并不遥远。任正非告诉华为人：“虽然现在是春天，但冬天已经不远了，在春天与夏天要念着冬天的问题，要抽一些时间，研讨一下如何迎接危机。”任正非指出，华为的危机并非空穴来风。20 世纪 90 年代，中国电信市场经过了一次洗礼，华为在 1999 年的增长率低于 50%。2000 年以后，互联网危机爆发，纳斯达克指数一年下跌 56%，电信业进入寒冬。如今华为已成为业界第一，让任正非觉得更是如履薄冰。如何做好行业的领路人成了华为急需寻找的答案。

任正非说："华为被历史摆在了一个不进则退的地位，科海无边，回头无岸，错过了发展的机遇，将会全军覆没。"麦肯锡欧洲区主席赫伯特·亨茨勒认为，企业的一个项目若能够连续 5 年甚至 10 年一直获取报酬，就必须对其能力不断地进行提升，并不断地对市场的新需求做出客观的判断。尽管管理者认为要考虑到所有可能出现的问题是不可能的，但开创能够持久发展的项目是一种积极且负责任的做法。

任正非和赫伯特·亨茨勒都不约而同地认为，无论你今天取得多么伟大的成就，你都要迎接冬天，否则就要付出代价。事实也不止一次地证明，那些在不断变化的市场中保持现状、不敢冒险的企业最终付出了惨重代价。

世界著名的剃须刀生产商吉列公司的剃刀，被称成是"掌握全世界男人的胡子"的产品，全球市场的份额达到 70% 以上，但是吉列公司也曾犯过甘于保持现状的错误。20 世纪末，刮胡刀行业出现了一种新产品——不锈钢刀片。吉列公司担心不锈钢刀片的耐用性会减少许多刀片消耗量，降低其总利润，有可能会影响自己主力产品超级蓝刀片的销量，所以迟迟没有进入不锈钢刀片市场。然而，之后的几年里，吉利公司为它的迟延进入不锈钢刀片市场付出了惨重的代价，其利润在 1963 年及 1964 年急剧下降，投资报酬率从 40% 降到 30% 以下。

后来吉列公司改变策略，才挽回颓势。富士胶卷和柯达胶卷曾经也红极一时，但随着数码相机的出现，它们逐渐消失在历史长河之中。

可怕的是企业出现危机苗头的时候，很多企业经营者和高层通常会归咎于外部因素，如经营环境、竞争、市场约束、顾客需求改变等，实际上是他们没有能力适应变化，试图保持现状。对于内部出现的享乐主义苗头，任正非说：

"华为公司发展到目前的规模，面临的挑战只会更大。要么停滞不前，逐渐消失，要么励精图治，更上一层楼，在世界一流企业之林占一席之地。正所谓不进则退，成功不是走向未来的可靠向导，我们需要将危机意识更广、更深地传播到每一个华为人身上。"任正非把这种危机意识贯彻到每一个华为人身上，并沉淀为一种基因。

华为面对内外部竞争对手的追赶，不敢有半点懈怠。因而他们不断地进行创新，不断地优化管理，这样公司就不可能出现太胖的羊、太懒的羊。商业竞争的实质就是和平时期的战争，在激烈竞争中任何企业都不可能常胜不败。爱立信、思科为了在竞争中活下去，不得不忍痛裁员，压缩市场。电信市场大浪淘沙，如今只剩下三四家。但"战争"仍在继续，稍松一口气就有可能被超过。

德鲁克提出告诫："不要想当然地以为明天就是今天的延伸。"

9.3.2 保持合理的增长速度

华为发展总是保持着一定的、合理的增长速度，任正非认为这是追求长期有效的增长的保证。他说："我们的发展必须高于行业平均增长速度和行业主要竞争对手的增长速度。"

任正非认为，只有保持合理的增长速度，华为才能长远地生存下去，因为短期生存下去对华为来说是没有问题的。

【辅助阅读】华为从短中长期构建"持续有效增长"优势

华为的持续有效增长目标一般从短期、中期和长期三个方面来衡量。任正非对此作出了说明："持续有效增长，短期看财务指标，中期看财务指标背后的能力提升，长期看格局以及商业生态环境的健康、产业的可持续发展等。商业成功永远是我们生命全流程应研究的问题。管理要权衡的基本问题是现在和未来、短期和长期。如果眼前的利益是以损害企业的长期利益，甚至危及企业的生存为代价而获得的，那就不能认为管理决策做出了正确的权衡和取舍，这种管理决策就是不负责任的。”

对于华为必须保持合理的增长速度，任正非给出了解释。首先，他认为：“没有合理的成长速度就没有足够的利润来支撑企业的发展。”事实上，任何一个企业都是如此。他从华为发展的角度进一步进行了说明：

“我们的企业生存在信息社会里，由于信息的广泛传播，人们的智力得到更大的开发和更大的解放，能够创造出更多的新产品和新技术来服务于这个世界。信息网络的加速庞大，使得所有新产品和新技术的生命周期越来越短。”不难看出，任正非想要华为快速抓住短暂的机会窗，以获取规模效益。他认为合理的增长能够让企业获取持续发展的能力，否则“企业的发展会越来越困难。没有全球范围的巨大服务网络，没有推动和支撑这种网络的规模化的管理体系，就不能获得足够利润来支撑它的存在和快速发展”。

其次，任正非强调：“没有合理的成长速度，就没有足够的能力给员工提供更多的发展机会，从而吸引更多企业所需的优秀人才。”他解释说：

“人才的发展是马太效应，当我们企业有很好的经济效益时，就能更多地支撑人才加入，有了更多的优秀人才进入华为，由于我们有较高的管理水平，就会使人才尽快地成长起来，创造更多的财富。以更多的财富进一步支撑更多的人才加入，使我们的企业管理更加优化，我们的企业就有了持续发展的基础。”

最后，他总结道：“没有合理的成长速度，就会落后于竞争对手，最终将导致公司的死亡。”

基于上述原因，华为一再坚持，在稳健的脚步中，保持合适的前进速度。当然，华为还从多个方面保证公司能够有合理的增长速度。

第一，在前进和扩张中消化内部矛盾。任正非十分注重华为内部的管理，认为它是企业发展和壮大的推动力与牵引力。因而，他不断强调和优化华为的管理水平，建立了各种管理机制和体系，例如“以客户为中心”的业务流程，IT系统，各类大平台以及精兵组织等。任正非说：“要建立一个扩张机制，不能建立一个停下来的机制。整个公司必须在前进中调整，在前进中交接班，决不允许停下来整顿，停下来交接班。”他所说的停下来的机制就是充满管理矛盾的机制。

第二，不为短期利益所动，抓住核心竞争力发展。任正非要华为做到出淤泥而不染，不被外界所诱惑。这也引出了其著名的观点，即：“公司的发展要聚焦主航道。”对于华为来说主航道上的业务就是企业的核心竞争力，任正非说：“不利于提升企业核心竞争力的事华为坚决不做，在一些与企业核心竞争力不相关的利益面前，华为是经得住诱惑的。可以说，为了核心竞争力华为失去了很多机会与利益，但如果没有核心竞争力，我们将永久地失去发展的机会。”用他的话来说，这些年华为一直在减少自己的多余动作。

第三，不断提升核心竞争力，获得持续增长。华为紧紧围绕核心竞争力发展，不断积聚优势，获得了全球广阔的市场和利润；然后又不断在核心竞争力上加大投入，就这样华为形成了“投入、再前进、再提升、再扩大”的良性竞争力。任正非指出：“核心竞争力不断提升的必然结果就是生存和发展能力不断被提升。”

第四，从以规模为中心，转向有效益的增长。大规模的增长，并不意味着能为企业带来高额的利润。有效益的增长才是核心。著名研究机构 Strategy Analytics 的研究报告指出：2016 年第三季度，全球智能手机总利润为 94 亿美元。其中苹果的利润份额达到 91%；华为则为 2 亿美元，占比为 2%，也创造了历史。该季度苹果市场份额为 12.1%，而 Android 设备市场份额为 87.5%。我们可以看出，安卓阵营的市场规模庞大，但效益远不如苹果公司。

叫好不叫座显然不是华为愿意看到的。任正非也强调：“对于有效增长的考核，不能光看销售额，还要看大客户销售比例的提升。要提高合同质量，压缩合同风险，逐步使我们从农民的广种薄收，转向有效益的扩张。”同时他也要求每个代表处、地区部以及每条产品线，以正的现金流、正的利润和正的人的效益增长为中心作为增长的考核依据。

当前华为的经营，已经从过去的盲目追求规模，转向注重效益、效率和质量上来，真正实现了有效增长。

9.3.3　追求合理的利润率和利润目标

没有利润，就不能用密集弹药攻击、前进，但过高的利润也不是华为所追求的。任正非要求华为在增长和利润之间取得合理的均衡，最好能在一定利润率水平上持续成长。

《华为公司基本法》指出：我们将按照我们的事业可持续成长的要求，设立每个时期的足够高的合理的利润率和利润目标，而不单纯追求利润的最大化。

【辅助阅读】华为以贡献大小评定项目大小

华为“以贡献定报酬”的一个突出表现就是“以贡献大小评定项目大小”。该理念在华为已经有了多年的实践历史，而正式提出却是在 2014 年 7 月召开的华为“后备干部项目管理与经营短训项目座谈会”上。当时，任正非明确指出：“今后，华为要按贡献来评定项目大小。”

在华为，项目大小与规模无关，不是看订单金额是多少，而是要看公司能够从中赚多少钱。赚大钱的是大项目，赚小钱的是小项目。也就是说，如果员工执行得当，帮助企业节省了资源，扩大了盈利，那么，小项目是可以变成大项目的，小代表处也可以变成大代表处。

以贡献大小评定项目大小，这个贡献实际上就是利润。我们说任何企业的发展要追求利润，华为自然也不例外。任正非曾隔三差五地教训华为的手机业务部门，让他们只汇报利润，不要汇报市场规模。这就是追求利润的表现。对于那些交不出利润的业务领域，华为往往会进行缩减。再比如，华为会把优质资源向优质客户倾斜，暂时放弃一部分低端客户需求。这意味着华为瞄准高利润领域，放弃单薄利润。其“向管理要效益”的理念，实际上就是以利润为导向，让干部作出贡献。他说：“管理者不要追求个人要做出的伟大贡献，把大家的贡献组装在一起产生贡献，我们要的是山头，我们要的是利润，我们不是要的名誉。”可见，华为对利润十分敏感和关注。

2015 年，戴尔 670 亿美元并购 EMC，阿朗和诺基亚合并，都预示着危机的到来，开始抱团取暖。华为也意识到了危机，在危机意识的催动下，任正非也积极行动，鞭策华为人提高人均效益。他说：“我认为冬天对我们来说不一定是坏事，因为我们没有走到恶性化的边缘。正好，这使我们冷静下来，抓住这个提高人均效益的好机会，确保冬天过去，春天到来时，我们的组织结构和战略队形保持不乱。”他的话从侧面反映出利润是企业“过冬”的保障。

这也可以解释华为在某些时候一再强调以利润为导向。任正非到日本代表处座谈时，有员工认为日本代表处交付的都是新产品、新技术的项目，导致交付投入大，而公司又对效益提升有要求，请求在效益提升上松绑。任正非则说：

“把你们的奖金等反算到日本代表处来，我们将来会把非洲的战争费用、艰苦补贴费用平摊到各区域部，非洲要买好的吉普车以躲避战争及被绑架的危险，日本代表处也要出钱，这样算下来，你们必须多赚钱，发达地区不赚钱，难道还让非洲补贴你吗？赚不到钱，说明你没有本事。如果你们是亏损的，我为什么要支持你们发展呢。所以你们要改变这个现实，你们才有可能发展，你们的发展是需要靠自己赚来机会，靠非洲的钱来投日本的战略，你这个理解是错误的。非洲的弟兄充满了干劲，争抢了市场。但不能把他们抢来的粮食运到日本来呀，日本战略投入需要你们努力，你看日本的贡献利润率还是比较低的。”

可以看出，任正非对日本代表处的要求，就是要有合理的利润产出，不能单靠其他艰苦地区产生的微薄利润来投资、发工资。华为强调追求长期有效增长，因而主张业务导向，以利润为导向，但是不为利润所动。只要市场需求，就抓住机会，加大投入，以获取持续的利润。利润是企业发展的源泉，企业应“不在非战略点上浪费自己的竞争力”。高配、低价、薄利的手机销售模式曾经风靡一时，如果后劲不足，我们认为这是典型的赔本赚吆喝。反观步步高旗下的OPPO和vivo，不追求极致的配置，不做低端市场，“高价、高体验、卖得好”的策略让它们有更高的利润。步步高的这些利润被用于渠道建设，结果渠道又回馈大量的利润。追求合理的利润能够为企业带来良性循环。华为在利润的回报上有清晰的认识。

2014年，任正非在消费者BG管理团队午餐会上发表《大机会时代，千万不要机会主义》的讲话，他指出：“你们说要做世界第二，我很高兴。为什么呢？苹果年利润500亿美金，三星年利润400亿美金，你们每年若是能交给我300亿美金利润，我就承认你们是世界第三。你们又说电商要卖2 000万部手机，纯利润是1亿美金，一部手机赚30元，这算什么高科技、高水平？现在你们赚个几亿美金就开始牛起来了，拿自己的长板去比别人的短板，还沾沾自喜。所以电商也不要说销售额，以后汇报就说能做到多少利润。销售额是为了实现利润需要的，不是奋斗的目标。”

任正非指出利润不能等同于销售额，他要求华为终端将利润作为奋斗目标。之后，华为终端聚焦中高端手机，并利用全球能力中心孵化新技术。紧接着，华为P9、Mate8相继突破4 000元；2016年11月3日华为Mate9上市，其保时捷版更是突破了万元大关。2016年11月14日，华为宣布P9的全球发货量已经突破了900万台。足见任正非指出华为终端要向中高端突围、关注利润决策之高。

华为只追求合理的利润，并有着自己的利润目标。其核心思想就是“深淘滩、低作堰”，在追求合理利润的前提下，让利给客户、友商。同时将多余的利润分发给奋斗者，或进行投资。华为 2015 年员工的总开支接近 1 008 亿元人民币，加上净利润 369 亿元（分红 + 股票升值给员工），达到 1 377 亿元。华为的首席管理科学家黄卫伟在与任正非对话时说：“您的持股比例只有 1.4%，所以华为为什么不追求利润最大化?”黄卫伟代任正非回答说：“实现这么多利润，‘我’在其中只占 1.4%，与其如此，不如把利润全投在长期上，把事业做大。”这句话说到了任正非的心坎上，也道出了华为追求的“利润均衡”观。

任正非说：“华为坚守理想和目标，不把钱看成中心，认为钱不是最重要的，理想才是最重要的。因而，华为不以‘利润最大化’作为企业经营目标，拒绝短视和机会主义，只抓战略机遇，对非战略机遇或短期捞钱机会主动放弃。”

9.4 寻求动态平衡，保持组织活力

华为从来不是一个静态的组织，任正非认为只有在变动中，公司才能持续发展，才不会死亡。华为追求的是不断耗散能量，而又不断创造能量的管理模式，通过这种动态的循环，赋予长久的生命力。事实上，任何企业的发展都不是静态的过程，那些固守原有管理制度的组织，无一不走向衰败和灭亡。

9.4.1 认清“熵”与组织疲劳

为了让华为长久地生存和发展下去，任正非一度把物理学理念直接引入企业管理中，成就了华为独特的思想文化和发展战略。这个物理学概念就是“熵”。任正非在 2016 年 10 月 28 日华为研发将士出征大会讲话中再次强调，要华为人了解何为熵死，何为热力学第二定律。

熵原本是热力学第二定律的概念，却被华为用于研究企业的发展之道，可以说熵才是任正非企业经营哲学的核心。

【辅助阅读】熵与热力学第二定律

熵是物理学概念，是一种能量的称呼，其单位是卡/摄氏度。热力学第二定律（熵增定律）在 1850 年由德国物理学家鲁道夫·克劳修斯首次提出，是指在一个系统内分子的热运动，总是从集中、有序的排列状态，向分散混乱的无序状态增加。它强调了能量在空间中分布得越均匀，熵就越大。克劳修斯同时指出，当一个体系的能量完全均匀分布时，其熵值最大，但也是能量差消失的时候。这就是熵增，例如一盆冷水和一盆热水交融后，达到一个固定的温度，其原有特性也随之消失。

可是看出，熵给我们的启示是：在一个封闭的系统中，一切有序的事物，最终走向无序，继而达到一种寂静状态。也就是停滞不前，最终因不适应外界环境而灭亡。对企业来说也存在着熵和熵死。一个故步自封、循规蹈矩的组织，会自发地熵增，逐渐积重难返走向瓦解和死亡。美国《财富》杂志指出：世界 500 强企业平均寿命为 40 至 50 年。在美国大约有 62% 的企业寿命不超过五年，中小企业寿命不到七年，只有 2% 的企业存活达到 50 年。在 1900 年美国排名前 25 的公司，到 20 世纪 60 年代，只剩下 2 家。在 1961 年财富 500 强中排名前 25 的公司，如今只剩 6 家。曾经辉煌一时的公司，摩托罗拉、诺基亚、索尼、北方电讯等巨无霸顷刻间倒塌。而中国企业的状况更加惨不忍睹，新创业的公司只有不到 2 年的寿命，一大半的企业活不过五年，十几、二十年的民营企业更是屈指可数。彭剑锋教授指出，这些企业大多数都死于“熵增”。人们把这种现象称之为“熵死”。

任正非对“熵死”有着深刻的认识。在一次与一位人大教授交流管理话题时，这位教授向他介绍了热力学第二定律。任正非敏锐地发现，对于企业的发展来说也是一个熵增的过程，由有序逐步走向无序，并丧失发展动力。任正非意识到，避免熵增在于不断地吸纳外部的能量，进而抵御组织疲劳。2012年，与2012实验室座谈时，任正非指出："我们总有一天能量耗尽，就会死亡，所以我们要做开放系统。就可能是我们建立了一个封闭的系统，封闭系统必然要能量耗尽，要死亡的我们一定要避免建立封闭系统。我们一定要建立一个开放的体系，特别是硬件体系更要开放。我们不开放就是死亡。"因而他强调要向外界，例如向美国学习他们的伟大。可见，任正非一语道破天机。

面对熵增，任正非采取了不断加温、不断耗散的办法，打破了熵的死循环。这就好比一盏灯，不断地给它加油，持续燃烧着而不会熄灭。张瑞敏将其称为负熵。在管理中引进负熵，可以让企业保持可持续的发展。我们摘录了一段关于任正非的讲话，以便更好地理解熵、熵增和负熵。

任正非说："华为现在越来越秩序化了，也越来越结构化了，越来越讲流程了，这些东西是对的。"这里强调的是"熵增"。他接着说："但秩序与活力永远是一对矛盾，什么时候该打破秩序，什么时候应该更注重激发活力，其实是很难的一件事情。各个层面的管理者、领导者经常都会面对着打破秩序，构建活力，约束匪性；然后又是构建规则，培植英雄，又要打掉英雄的重复化选择，周而复始，循环式演进。"这里讲的是"负熵"。

他又说："二十多年的华为发展史，我有另外一个总结，就是不断培植英雄，又不断地否定英雄、打掉英雄的过程。没有英雄的华为一定会死亡，但遍地是英雄的华为也一定会崩溃。活力与秩序之间，打破秩序的僵化与激发英雄气永远是一对矛盾，不是通过一次变革就能解决。华为的七千人大辞职就是一次重大变革，是华为历史上一个重要的里程碑式的变革，但是这就终结了吗？非也。我相信未来还会有无数次的变革，而且面对的问题永远是相同的——构建秩序与激发活力，在两极冲突之间来回'翻烧饼'，在左右矛盾之中寻求动态平衡。这既是宿命，亦是挑战，是从来无解的千古话题，也是领导者与管理者的使命所在。”这段话介绍了熵、熵增的关系，以及引入“负熵”来建立耗散结构。

所以说一个封闭的系统是一个死亡的系统，任正非为什么反复强调华为要不断进行自我批判，以及公司每隔几年就要进行一次变革，就是因为这个原因。

任正非把“热力学第二定律”从自然科学引入到管理学里来，就是要不断激活队伍，防止“熵死”。他决不允许出现组织“黑洞”，不能让它吞噬了华为的光和热，吞噬了活力。从认识和理解“熵”再到用“耗散结构”避免熵死，是华为保持近 30 年的活力和战斗力的关键因素。

9.4.2 长期坚持“耗散结构”制度

华为马上就 30 年了，任正非重提华为如何才能避免“熵死”。他给出的答案是“耗散结构”，他说：“公司的运作应该是一种耗散结构，应该让公司在稳定与不稳定、平衡与不平衡间交替进行，这样公司才能保持活力。”

这意味着华为不强调严厉、苛刻的管理，而是强调让能量缓慢而不断地释放，避免各种管理矛盾集中爆发，从而引起公司的动荡。

【辅助阅读】华为的“耗散结构”

我们生命体是典型的耗散结构，通过开放与外界进行新陈代谢，保持机体活力。避免熵死的方法之一就是建立耗散结构。耗散结构是诺贝尔奖得主普利高津（Ilya Prigogine）在研究热力学第二定律基础上提出的。他认为：“处于平衡状态下的开放系统，在与外界环境交换物质和能量的过程中，通过能量耗散过程和系统非线性动力学机制，能量到一定程度，熵流可能为负，系统总熵可以小于零，则系统通过熵减就能形成新的有序结构。”可见，在耗散机构中，能避免熵死。

也就是说，耗散结构强调的是一个开放的系统，在这个系统中，无论是物理的、化学的、生物学的，还是社会的系统，通过与环境的交换，就能保持动态平衡，避免消亡。这是任正非和华为所推崇的理想组织结构。任正非在2011年的公司市场大会上说："我们有能量一定要把它耗散掉，通过耗散，使我们自己获得一个新生。什么是耗散结构？你每天去锻炼身体跑步，就是耗散结构。为什么呢？你身体的能量多了，把它耗散了，就变成肌肉了，就变成坚强的血液循环了。能量消耗掉了，肥胖病也不会有了，身体也苗条了，这就是最简单的耗散结构。那我们为什么要耗散结构呢？大家说，我们非常忠诚这个公司，其实就是公司付的钱太多了，不一定能持续。因此，我们把这种对企业的热爱耗散掉，用奋斗者，用流程优化来巩固。奋斗者是先付出后得到，与先得到再忠诚，有一定的区别，这样就进步了一点。我们要通过把我们潜在的能量耗散掉，从而形成新的势能。"

与华为齐名的海尔集团，也在践行这种做法。他们推倒金字塔，建立倒三角结构，让组织的每一个单元都与外界充分结合，自主地发展、演进。其"人单合一"，实现了人和价值创造合一，在动态中平衡的充满活力的系统。

"人单合一"中的"人"是指员工；"单"是指用户价值；"合一"就是指员工的自我价值通过创造的用户价值实现。在海尔"人单合一"中，每个员工直接面对用户，创造用户价值。员工不从属于某个岗位，而是依用户而存在。随着海尔的不断探索，"人"的含义不局限于企业内部，他们可以是创业者和动态合伙人，由员工自己做老板，拥有现场决策权、用人权和分配权"三权"。"单"也有了新的含义，首先，"单"是靠员工自己创造，而不是上级分配；其次，以"单"为牵引动态优化，而不是封闭固定的。

人单合一模式颠覆了企业、员工和客户三者之间的关系。传统模式下，客户听员工的，员工听企业的；人单合一模式下，这种关系反了过来。具体体现为企业平台化、员工创客化、用户个性化。企业平台化，即企业成为共创共赢的平台；员工创客化，即员工成为主动为客户创造价值的动态合伙人；客户个性化，即客户全流程参与产品定制。

海尔的人单合一模式打开了封闭系统，建立了一个开放、动态、非垂直的组织管理模式。可以看出，这是典型的耗散结构。海尔的这种耗散结构为海尔带来了显而易见的优势。任正非作为张瑞敏的老朋友，对海尔集团的“耗散结构”有着深刻的认识和理解，而且也有着独特做法。

2013 年 1 月 14 日，华为召开 2013 年市场大会，大会分别奖励了优秀人员。在此次表彰会上，还有一项特殊的表彰——“从零起飞奖”。在过去的一年里，有一些团队经过奋斗取得重大突破，但结果差强人意。“从零起飞奖”就是这些团队的负责人践行“不达底线目标，团队负责人零奖金”的承诺。

会上主持人宣布了包括余承东在内的从零起飞奖获奖人员的名单，并宣布他们 2012 年年终奖金为“零”。其实他们在过去一年内取得了巨大的进步，但他们自愿放弃奖金。2012 年公司的销售收入距目标还差 2 亿元，按制度规定，轮值 CEO 郭平、胡厚崑、徐直军，CFO 孟晚舟，包括任正非和孙亚芳，都没有年度奖金。

任正非在讲话中说：“我很兴奋给他们颁发了从零起飞奖，因为他们 5 个人都是在作出重大贡献后自愿放弃年终奖的，他们的这种行为就是英雄。再加上公司全体员工的努力，我们除了胜利还有什么路可走？未来人力资源政策的改进还会更加激励我们。我们在讲热力学第二定律的时候，就是反复说要拉开差距，现在人力资源政策刚刚在拉开差距，以后人力资源政策还会有进一步的改进，会让优秀员工得到更多的鼓励。”

华为的从零起飞奖是其“耗散结构”的最好体现。通过奖金主动或被动清零，激励人们胸怀抱负，更加努力前进，避免了贪图安逸带来的停滞不前。其实，任正非就是想要通过转型和优化，在不断变化中，让组织有更多的机会、动力与外部进行能量交换，消除因为封闭组织产生的“熵”，从而保持组织的活力。

任正非作为一个管理大师，深知如何用金钱把人们的欲望转化为动力，让

17 万华为人向着同一个目标前进。这就是为什么任正非只拿华为 1.4% 的股份，剩下的全都分给奋斗者们。事实上，我们前面的几章都是华为建立“耗散结构”的具体体现，例如开放合作等。

任正非和张瑞敏的变革都是对“耗散结构”的实践。张瑞敏曾这样形容说：“海尔在传统经济做到一定的高峰了，现在需要到一个新的阶段，但不是爬一个新的高峰，而是把它完全转变为一个生态系统；不是下一座山，而是把这座山峰改造成森林。而森林是一个系统，其间的树木可能每天都有生死，但生态系统可以生生不息。”

9.4.3 也谈华为为什么不上市

华为坚守三十年，一直不上市，其中缘由耐人寻味。我们认为这与任正非一贯的公司治理理念密不可分。那就是他追求的企业必须是一个“耗散结构”的公司，因为只有这种结构才能让华为一直长存下去。关于上市，任正非指出，如果公司上市之后，公司的发展事务必须以股东为中心，股东们眼中更加看重盈利能力。这容易对公司的治理形成掣肘，从短期来看，公司可能会获得丰厚的报酬，但从长远看，公司极有可能陷入“熵增”。这些都有先例，例如 20 世纪 80 年代的苹果公司、IBM 公司以及更早时期的通用公司，他们都经历过因资本“入侵”而导致的“熵死”，虽然他们在后来经过改革，走出了困境，但有不计其数的公司倒在资本的脚下。

这一切都不能不让任正非担忧。他说：“我们都听过传统经济学中的大量理论，这些理论都宣称股东具备长远视野，他们不会追求短期利益，并且会在未来做出十分合理、有据可循的投资。但事实上，股东是贪婪的，他们希望尽早榨干公司的每一滴利润。”在他看来，华为之所以能够持续发展，一个重要原因是华为没有上市。这让华为能够不断完善管理，让组织保持活力。

【辅助阅读】华为轮值 CEO 制度

华为轮值 CEO 制度始于 2004 年，设计 EMT 的初衷来自于任正非管理思想的转变。1999 年孙亚芳被选为华为董事长，负责公司对外事物；而任正非负责做企业内部管理。2000 年后，华为高层的人事变动，让任正非开始思考团队管理企业模式。任正非说："过去的传统是授权予一个人，因此公司命运就系在这一个人身上。成也萧何，败也萧何。非常多的历史证明了这是有更大风险的。""授权一群聪明人作轮值的 CEO，让他们在一定的边界内，有权利面对多变世界做出决策，这就是轮值 CEO 制度。"对于轮值 CEO 制度，任正非评价道："轮值期结束后并不退出核心层，就可避免一朝天子一朝臣，使优秀员工能在不同的轮值 CEO 下，持续在岗工作。一部分优秀的员工使用不当的情况不会发生，因为干部都是轮值期间共同决策使用的，他们不会被随意更换，使公司可以持续稳定发展。同时，受制于资本力量的管制，董事会的约束，又不至于盲目发展，也许是成功之路。不成功则为后人探了路，我们也无愧无悔。"2012 年，演变为郭平、徐直军、胡厚崑三人轮值 CEO。

轮值 CEO 制度背后是严密的决策机制，是价值观统一前提下的轮值，而非"轮流执政"，一旦 EMT 形成决议，当值 CEO 必须遵从。这也是华为应对不上市而进行的管理尝试和实践。面对外界上市的质疑，2014 年 4 月，任正非再次发言辟谣上市传闻。他说："任何公司的发展是不是只有上市一条路，允不允许一些企业缓慢地积累增长，这些企业是以管理经营为主，而不是以资本经营为主。外界对华为上市问题议论纷纷，我负责澄清一下。董事会 20 多年来，从未研究过上市问题，因为我们认为上市不适合我们的发展。"任正非还表示，未来 5 到 10 年内，华为都不会谈上市问题，不会参与任何资本游戏，而将致力于行政改革，推动机关从管控型向服务、支持型转变，形成一个适应

现代需求的现代化管理企业。

华为作为全球最大的电信设备商和全球领先的信息和解决方案提供商，在国际上本就享有很高的知名度，上市不过是锦上添花。相反，不上市却能保住华为的许多优势。例如能够坚持管道战略，妥善地布局互联网时代的发展，从而为公司带来更广阔的发展空间。此外，作为一家由内部员工持股且持续配股的公司，华为不仅能够很好地传承和发扬艰苦奋斗精神，还能够不断地吸引优秀人才加盟，共同推动公司发展。

华为不是第一家拒绝上市诱惑的公司。在世界上拥有700多名合伙人、闻名全球的管理咨询公司——麦肯锡公司，其领导者马文·鲍尔在更早以前就做出了不上市的决定。

从20世纪60年代末期到70年代初，一些服务性公司纷纷公开上市，比如同为服务公司的阿瑟利特尔公司和博思公司，这些企业上市之后大赚特赚。这时，麦肯锡内部的合伙人对公开上市这件事情私下讨论不少，为了给大家安定，马文·鲍尔决定表明自己的态度。他指出，企业上市后就要对股东负责，由此产生的经济业绩方面的压力会促使麦肯锡选择一些赚钱的项目，但这与麦肯锡追求专业化的服务的根本价值观相背离。此外，上市会促使麦肯锡接受一些不恰当的客户委托，从而损坏麦肯锡的声誉。

尽管不上市已经作为一种基调被定了下来，但马文在退休时担心更换领导后公开上市的问题再次浮出水面，于是他再次公开地表明自己的态度。他说："我相信，早晚有一天会有合伙人想把公司的股份出售给公众或者某家银行，这样就可以把以前合伙人所建立的良好信誉兑换成金钱，如果真出现了这样的事，我们这些老一辈的合伙人在九泉之下也无法安息。公开上市的行为只能满足某些合伙人的贪欲，却彻底违背了我们麦肯锡人代代相传、一代比一代更强、更专业的根本方针，也违背了我们建设一个能够长盛不衰的公司的初衷。"

随后，马文将自己拥有的麦肯锡的股份回售给其他合伙人，使麦肯锡拥有良好的财务发展基础，从而巩固了麦肯锡专业管理咨询公司的地位。

麦肯锡以优秀的服务质量和专业的服务方式赢得了广泛的声誉，尽管利润并没有公开上市那么多，但麦肯锡的管理咨询顾问们至少可以自主决定如何向客户提供服务。任正非与马文的想法可谓不谋而合。与麦肯锡一样，华为了弥补不上市所带来的缺憾，任正非坚持向华为员工授予公司股权，这种内部股权制度将员工的利益与企业捆绑，极大地调动了华为员工的工作积极性和能动性，也保证了华为的自主建设和管理能力。

追求公司的可持续发展，建立一个耗散机构的公司是任正非和华为的终极目标。对于上市，任正非总结说："猪养得太肥了，连哼哼声都没了。科技企业是靠人才推动，公司过早上市，就会有一批人变成百万富翁、千万富翁，他们的工作激情就会衰退，这对华为不是好事，对员工本人也不见得是好事，华为会因此而增长缓慢，乃至于队伍涣散。"

1. 黄卫伟．以奋斗者为本．北京：中信出版社，2014.

2. 杨少龙．华为靠什么．北京：中信出版社，2014.

3. 田涛，吴春波．下一个倒下的会不会是华为．北京：中信出版社，2012.

4. 彭剑锋，蔡菁．IBM：变革之舞．北京：机械工业出版社，2013.

5. 程东升，刘丽丽．华为真相．北京：当代中国出版社，2004.

6. 李信忠．华为的思维．北京：东方出版社，2007.

7. 张利华．华为研发．北京：机械工业出版社，2009.

8. 程东升，陈海燕．任正非管理日志．北京：中信出版社，2008.

9. 吴春波．华为没有秘密．北京：中信出版社，2014.

10. 周留征．华为哲学．北京：机械工业出版社，2015.

11. 李玉琢．一路直行：我的企业理想．北京：当代中国出版社，2013.

12. 刘劲松，胡必刚．华为能，你也能．北京：北京大学出版社，2015.

13. 黄卫伟．以客户为中心．北京：中信出版社，2016.

14. [美] 罗恩·阿什肯纳斯，戴维·尤里奇，托德·吉克，史蒂夫·克尔．无边界组织．姜文波，刘丽君，康至军译．北京：机械工业出版社，2015.

15. ［美］德鲁克．公司的概念（珍藏版）．慕凤丽译．北京：机械工业出版社，2009.

16. ［美］德鲁克．管理：使命、责任、实务．王永贵译．北京：机械工业出版社，2009.

17. ［美］德鲁克．管理的实践（珍藏版）．齐若兰译．北京：机械工业出版社，2009.

18. ［美］德鲁克．成果管理．朱雁斌译．北京：机械工业出版社，2006.

19. ［加］明茨伯格．卓有成效的组织（珍藏版）．魏青江译．北京：中国人民大学出版社，2012.

20. ［美］杰克·韦尔奇等．商业的本质．蒋宗强译．北京：中信出版集团，2016.

21. ［美］罗宾斯，库尔特．管理学．李原等译．北京：中国人民大学出版社，2012.

22. ［美］拉斯洛·博克．重新定义团队．宋伟译．北京：中信出版集团，2016.

23. IBM 全球企业咨询服务部．软性制造．北京：东方出版社，2008.

24. IBM 中国商业价值研究院．未来的企业．北京：东方出版社，2009.

25. ［美］戴维·帕门特．关键绩效指标 KPI 的开发、实施和应用．王世权，秦锐，张丹等译．北京：机械工业出版社，2012.

26. ［美］比尔·费舍尔，［意］翁贝托·拉戈，刘方．海尔再造．曹仰锋译．北京：中信出版社，2015.

27. ［美］埃里克·施密特，乔纳森·罗森伯格，艾伦·伊戈尔．重新定义公司．靳婷婷译．北京：中信出版集团，2015.

28. ［英］李德·哈特．隆美尔战时文件．钮先钟译．北京：民主与建设出版社，2015.

29. ［美］伊丽莎白·哈斯·埃德莎姆. 麦肯锡传奇. 魏青江，方海萍译. 北京：机械工业出版社，2010.

30.《华为人》，1997－2016，第 7、21、44、51、59、66、70、72、75、81、85、90、94、103、107、113、114、123、130、134、141、158、162～325 期.

实业转型升级成果：华为系列培训课程

课程 1：华为组织运营管理

课程介绍：创立以来，华为持续不断地坚持组织优化和管理变革，花费数百亿资金学习、植入 IBM、HAY Group、西门子等企业的组织文化，并通过自我迭代、演化，逐渐发展成一套具有华为特色的组织运营方法，实现了以确定性来应对任何不确定性的规范管理体系，构建了强大的组织能力。	**学习目标**：了解华为战略决策、组织建设、业务运作、规章制度背后的顶层设计逻辑，掌握组织建设能力并保持组织活力的方法。 **授课对象**：总经理、人力资源干部、高级主管

课程 2：华为业务设计与管理

课程介绍：华为如何以客户为中心，以市场为驱动，打通端到端，使全体华为人着力于价值创造？华为的战略、组织和运营机制如何确保导向冲锋，提升一线战斗力？华为的市场铁三角与后方组织平台之间如何实现同步连接和敏捷化资源调动？华为如何一步步蚕食行业巨头的市场，做到了世界第一？	**学习目标**：了解华为如何满足客户需求，如何以市场机会驱动公司发展，掌握构建企业市场竞争力的关键方法。 **授课对象**：总经理、高级主管、市场部经理

课程 3：华为干部九大能力训战

课程介绍：任正非说，经过对公司几十位成功的高级领导进行访谈，从各方面归纳总结他们为什么成功，他们具有哪些素质，从而得出了华为成功干部需要的九条。因此，华为干部九大能力不是从哪本书上抄来的，也不是从海外来的，而是从华为干部身上归纳总结来的，是教育培养员工以及引导干部进行自我学习总结的好方法。	**学习目标**：了解华为管理者训战的九大能力结构模型，掌握将秀才变成将军的训战方法。 **授课对象**：公司经营管理层、人力资源干部、中基层主管、班组长

课程 4：华为干部管理八大手段

课程介绍：华为成功的一大关键就是有一大批始终保持着危机感和饥饿感，具有使命感和责任担当意识的干部群体。当下，许多干部表现出的权力硬化、拉帮结派、实施责任转包、只作原则性管理、不能深入一线，以及各种半退休状态等问题，严重影响企业的发展。为此我们要借鉴华为经验，抓住企业中关于“人”的主要矛盾点，探索干部群体的系统管理方法。	**学习目标：**了解华为如何激活干部群、导向冲锋，如何对干部群体优胜劣汰，掌握华为干部管理的八大手段。 **授课对象：**总经理、高层管理者、人力资源干部

课程 5：华为绩效管理法

课程介绍：面对绩效管理中因“分利不均”引发各类矛盾或者“分利无效”导致群体不作为等普遍性问题，华为构建了完整的实践型绩效管理体系。华为绩效管理不仅实现了科学的利益分配，而且通过价值评价手段，传递公司核心价值观和价值评价导向，牵引员工表现出公司所倡导的奋斗行为，使 17 万知识分子紧密团结在一起，力出一孔、利出一孔。	**学习目标：**了解华为绩效管理中关于价值创造、价值评价与价值分配的管理方法，掌握如何设计出驱动全员艰苦奋斗的绩效管理体系。 **授课对象：**公司经营管理层、人力资源干部、中基层主管

课程 6：打造华为狼性奋斗者

课程介绍：华为的成功得益于拥有一个庞大、勤劳、勇敢的奋斗群体，这个群体的特征是艰苦奋斗、开放进取和善于学习。华为是如何建立规则制度并激发群体奋斗的？华为又是如何植入狼性文化和打造狼性团队的？本课程将全面解读华为“以奋斗者为本”的人力资源管理体系。	**学习目标：**了解华为如何做到对人的能力的有效管理，以及如何通过人力资源制度激发奋斗者将其能力转化为价值贡献。 **授课对象：**公司经营管理层、人力资源干部、中基层主管、核心业务骨干

课程 7：华为高价值工作法

课程介绍：在华为改变命运的道路只有两条，一是努力奋斗，二是做出重大贡献。华为从来就不承认茶壶中的饺子，也就是不能为客户输出任何有益结果的能力是不被认可的，同样，不能为客户创造价值的多余动作也要被去除。华为人如何在工作中以价值创造为指引，如何始终保持较高的人均效益？华为的执行力如何对准客户需求，全流程打通，并转化为企业竞争力？	**学习目标：**了解华为如何做到层层落实以形成高效执行力，掌握华为人以客户为中心的高价值工作方法。 **授课对象：**公司经营管理层、人力资源干部、中基层主管、班组长、核心业务骨干

图书在版编目（CIP）数据

华为业务管理方法论 / 易生俊，孙科柳，蒋业财著. —北京：中国人民大学出版社，2017. 3
ISBN 978-7-300-24189-0

Ⅰ. ①华… Ⅱ. ①易… ②孙… ③蒋… Ⅲ. ①通信-邮电企业-企业管理-经验-深圳 Ⅳ. ①F632. 765. 3

中国版本图书馆 CIP 数据核字（2017）第 024156 号

华为管理方法论丛书
华为业务管理方法论
易生俊 孙科柳 蒋业财 著
Huawei Yewu Guanli Fangfalun

出版发行	中国人民大学出版社		
社　　址	北京中关村大街 31 号	**邮政编码**	100080
电　　话	010－62511242（总编室）		010－62511770（质管部）
	010－82501766（邮购部）		010－62514148（门市部）
	010－62515195（发行公司）		010－62515275（盗版举报）
网　　址	http://www. crup. com. cn		
	http://www. 1kao. com. cn（中国 1 考网）		
经　　销	新华书店		
印　　刷	涿州市星河印刷有限公司		
规　　格	170 mm×230 mm 16 开本	**版　　次**	2017 年 3 月第 1 版
印　　张	25 插页 2	**印　　次**	2017 年 3 月第 1 次印刷
字　　数	308 000	**定　　价**	59. 80 元